जिगरी दुश्मन

उपनिवेशवाद के साये में

आत्म-क्षय और आत्मोद्धार

भारतीय भाषा कार्यक्रम

CSDS

विकासशील
समाज अध्ययन
पीठ

वाणी प्रकाशन

जिगरी दुश्मन

उपनिवेशवाद के साये में आत्म-क्षय और आत्मोद्धार

आशिस नंदी

अनुवाद : अभय कुमार दुबे

सामयिक विमर्श

वाणी प्रकाशन

4695, 21-ए, दरियागंज, नयी दिल्ली 110 002

फ़ोन : +91 11 23273167 फ़ैक्स : +91 11 23275710

शाखाएँ

अशोक राजपथ, पटना 800 004, बिहार

कॉफ़ी हाउस कैम्पस, महात्मा गांधी मार्ग, इलाहाबाद 211 001, उत्तर प्रदेश

महात्मा गांधी अन्तरराष्ट्रीय हिन्दी विश्वविद्यालय, वर्धा 442 001, महाराष्ट्र

www.vaniprakashan.in
marketing@vaniprakashan.in
sales@vaniprakashan.in

JIGARI DUSHMAN
by Aashis Nandi
Translated by Abhay Kumar Dubey

ISBN : 978-93-88684-37-8
Social Science

प्रथम संस्करण 2019

मूल्य : ₹ 250

सिटी प्रेस, दिल्ली-110 095 में मुद्रित

वाणी प्रकाशन का लोगो मक़बूल फ़िदा हुसेन की कूची से

प्रफुल्ल नलिनी नंदी और
सरला नंदी के लिए

अनुवादकीय

मनोविज्ञान, रचनात्मक साहित्य, जीवनीपरक तथ्यों और दर्शन के औज़ारों से तैयार की गयी आशिस नंदी की इस कालजयी कृति का अनुवाद करना आसान काम नहीं था। फिर भी यह उद्यम मैंने इसलिए किया कि इस पुस्तक का अध्ययन किये बिना हिंदी की बौद्धिक दुनिया अपने मानस का विउपनिवेशीकरण करने का सिलसिला शुरू नहीं कर पाएगी। दरअसल, उपनिवेशवाद एक ऐसी संरचना है जो हमें अपना विरोध करने की शर्तें भी थमाती है। राजनीतिक और सैनिक दृष्टि से पराजित हो कर दृश्य से ग़ायब हो जाने के बावजूद यह संरचना हमें संस्कृति और चिंतन की दुनिया में नियंत्रित करती रहती है। यह एक ऐसा संगीन यथार्थ है जो आधुनिकता, सेकुलरवाद, राष्ट्रवाद, वामपंथ, दक्षिणपंथ, उदारतावाद, परम्परानिष्ठता और सामाजिक न्याय के साथ-साथ बहुसंख्यकवाद और अल्पसंख्यकवाद के सामयिक विमर्शों से गुज़रते हुए हमें इस बात का एहसास ही नहीं होने देता कि उपनिवेशवाद से लड़ते रहने के बावजूद हम अंततः एक उपनिवेशित मानस बने रहने के लिए अभिशप्त रहते हैं।

अनुवाद की प्रक्रिया में अगर समय-समय पर स्वयं आशिसदा, गिरधर राठी और रविकांत की मदद नहीं मिलती तो शायद मैं इस काम में विफल हो जाता। पांडुलिपि को सुधारने और छपने योग्य बनाने में मनोज मोहन, कंचन शर्मा और चंदन शर्मा ने भी सहायता की। कहना न होगा कि अनुवाद की ख़ामियों की ज़िम्मेदारी केवल मेरी है।

— **अभय कुमार दुबे**

पावस, 2018

अनुक्रम

प्राक्कथन

अल्बेयर कामू ने एक बार लिखा था, 'हमारे समय की विचित्रता यह है कि एक अजीब सी अदला-बदली के ज़रिये बेगुनाही पर ख़ुद को वाजिब ठहराने की ज़िम्मेदारी थोप दी गयी है।' इस पुस्तक के दोनों निबंध उसी बेगुनाही का औचित्य-प्रतिपादन और बचाव करते हैं जो आधुनिक पश्चिमी उपनिवेशवाद और भारत में उसके विभिन्न मानस-पुत्रों के मुक़ाबले खड़ी है।

आधुनिक उपनिवेशवाद की महान विजयों का श्रेय फ़ौजी और प्रौद्योगिकीय सामर्थ्य से ज़्यादा सेकुलर पदानुक्रम रचने की उसकी क्षमता को मिलना चाहिए। पारम्परिक व्यवस्था से बेमेल इन पदानुक्रमों ने बहुतों के लिए नये क्षितिजों की तरफ़ जाने का रास्ता खोला, ख़ासकर उनके लिए जो इस व्यवस्था के दायरे में शोषित थे या हाशिये पर धकेल दिये गये थे। इन लोगों के लिए नयी व्यवस्था एक अधिक समतामूलक और न्यायसंगत संसार की तरफ़ पहले क़दम की तरह थी। यही थी वह ख़ूबी जिसमें उसका मनोवैज्ञानिक आकर्षण निहित था। इसीलिए, युरोप ही नहीं पूर्व के भी सबसे बेहतरीन आलोचनात्मक दिमाग़ों ने मान लिया कि एक असभ्य दुनिया से आधुनिक संरचनाओं का परिचय कराने के ज़रिये उपनिवेशवाद ग़ैर-पश्चिम से आधुनिक आलोचनात्मक-विश्लेषणात्मक मानस का साक्षात्कार करा रहा है। कार्ल मार्क्स को लगता था कि उत्पीड़न, हिंसा

और सांस्कृतिक विच्छिन्नता से इतिहास न केवल नवीन प्रौद्योगिकीय और सामाजिक शक्तियाँ पैदा करेगा, बल्कि एशिया और अफ्रीका में एक नयी सामाजिक चेतना भी उद्‌भूत होगी। यह दावा 'उस नृशंस विधर्मी देवता' की याद दिला देता है 'जो मक़तूलों की खोपड़ियों के अलावा किसी और प्याले से अमृत पीने के लिए तैयार नहीं था।' एक तरह से यह दावा उन अर्थों में समालोचनात्मक था जिनमें विको से मार्क्स तक सामाजिक आलोचना की पश्चिमी परम्परा समालोचनात्मक थी, और उन अर्थों में विवेकसम्मत था जिनमें उत्तर-देकार्तवादी युरोप विवेकसम्मत था। अतएव, इस दावे के अनुसार एक दिन ऐसा आना लाज़िमी था जब आदिम समाज के अनैतिहासिक लोग ख़ुद को प्रकृति के स्वामी, और तदनुरूप अपने प्रारब्ध के स्वामी की तरह भी देखना सीख जाएँगे।

कई दशक गुज़रने के बाद जब दुनिया ने आधुनिक प्रौद्योगिकी का वह अद्‌भुत नमूना देख लिया जिसे हम द्वितीय विश्व-युद्ध के नाम से जानते हैं, और जब आधुनिक संस्कृतियों की मुठभेड़ वियतनाम के रूप में हमारे सामने आ गयी, तो यह ज़ाहिर हो गया कि मनुष्य के ऊपर आधिपत्य जमाने की मुहिम महज़ राजनीतिक आर्थिकी के दुर्गुणों का ही नतीजा नहीं थी। दरअसल, वह तो उस विश्व-दृष्टि का नतीजा थी जिसके तहत मानव की ग़ैर-मानव और उप-मानव पर, पुरुषत्व की स्त्रीत्व पर, वयस्क की बालक पर, ऐतिहासिक की अनैतिहासिक पर, और आधुनिक या प्रगतिशील की पारम्परिक या असभ्य पर परम श्रेष्ठता में यक़ीन किया जाता है। अब यह उत्तरोत्तर स्पष्ट होता जा रहा है कि जनसंहार, पर्यावरण विनाश और जातिसंहार जैसे प्रकरण नयी सेकुलर तरतमताओं के साथ घनिष्ठता से जुड़े भ्रष्ट विज्ञानों और मनोरोगी प्रौद्योगिकियों की देन के अलावा कुछ और नहीं हैं। इन तरतमताओं ने दुनिया की प्रमुख सभ्यताओं को खोखले कर्मकाण्डों में घटा दिया है। अब यह समझा जा सकता है कि इंसानी लालच और हिंसा की प्राचीन शक्तियों को सेकुलर मुक्ति के अतिशय-मानवकेंद्रित (एंथ्रोपोसेंट्रिक) मताग्रहों में नयी वैधता मिल गयी है। प्रगति, सामान्यीकरण और अति-पौरुष की विचारधाराओं एवं विज्ञान-प्रौद्योगिकी की संचित वृद्धि का दावा करने वाली सैद्धांतिकी ने भी इस वैधता में योगदान किया है।

लेकिन, यह समझ इतनी प्रभावशाली नहीं थी कि इसके असर में हर कोई प्रगति के सिद्धांत का दामन छोड़ने के लिए तैयार हो जाता। फिर भी इसने कुछ लोगों को अतीत की उस सार्वभौमिकता को कनखियों से देखने का साहस ज़रूर

प्रदान किया जिसके दायरे में उपनिवेशवाद की शुरुआती आलोचनाएँ प्रस्तुत की गयी थीं। यही कारण है कि अब कुछ लोगों के लिए बुनियादी सामाजिक समालोचना के साथ ग़ैर-आधुनिक संस्कृतियों और परम्पराओं के बचाव को जोड़ना मुमकिन हो गया है। अब समालोचनात्मक परम्पराओं और मानवीय तर्कपरकता की बहुलता की बात की जा सकती है। एक लम्बे अरसे के बाद अब शायद हम मानने लगे हैं कि बुद्धि के बारे में देकार्त और प्रश्नांकित करने के मामले में मार्क्स के विमर्श के अलावा भी ज्ञान की कुछ संरचनाएँ मौजूद हैं।

यह समझ एक ऐसे समय में सामने आयी है जब ग़ैर-आधुनिक संस्कृतियों पर किये जाने वाले आक्रमण ने उनके अस्तित्व को ही संकटग्रस्त कर दिया है। अपने रक्तरंजित रिकॉर्ड के साथ बीसवीं सदी जैसे-जैसे समाप्ति की ओर बढ़ी, एकल विश्व बनाने का उन्नीसवीं सदी का सपना पुनः, लेकिन इस बार एक दुःस्वप्न की तरह, उभरा। इसी दुःस्वप्न की प्रेतछाया आज एक ऐसी दुनिया के अंदेशे के रूप में हम पर मँडरा रही है जो पूरी तरह समरूप, प्रौद्योगिकी के ज़रिये नियंत्रित, और नीचे से ऊपर तक स्थापित पदानुक्रमित संरचनाओं की गिरफ़्त में होगी। इस अंदेशे के दायरे में दुनिया को आधुनिक और आदिम, सेकुलर और ग़ैर-सेकुलर, वैज्ञानिक और अवैज्ञानिक, विशेषज्ञ और ग़ैर-जानकार, सामान्य और असामान्य, विकसित और अल्पविकसित, हरावल और उसके अनुयायियों, विमुक्त और रक्षणीय जैसी ध्रुवीयताओं में परिभाषित करने का ख़तरा भी शामिल है।

जिसे हम ब्रेव न्यू वर्ल्ड के नाम से जानते हैं, वह इसी अंदेशे का फलितार्थ है। यही है वह विचार जिसकी आजमाइश सबसे पहले उपनिवेशों में की गयी थी। इसके वाहक वे लोग थे जिनका आचरण उपनिवेशों को जीतने वाले लुटेरे-नरेशों की पहली पीढ़ी जैसा नहीं था, बल्कि वे मददगार की भूमिका में सामने आना चाहते थे। इन मददगारों का किरदार नेकनीयत और कठोर परिश्रमी था। वे मध्यवर्गीय मूल के मिशनरी, उदारतावादी, आधुनिकतावादी होने के साथ-साथ विज्ञान, समता और प्रगति में यक़ीन करने वाले थे। जहाँ तक लुटेरे-नरेशों का सवाल है, वे तो वैसे ही हो सकते थे जैसे हर जगह होते हैं। वे लूटमार, अंगभंग और हत्याओं के अलावा कर भी क्या सकते थे। उनके इन कारनामों के पीछे दूसरों को सभ्यता थमाने के लक्ष्य की प्रेरणाएँ यदाकदा ही होती थीं। उनके क़त्लो-ग़ारत के पीछे ज़्यादातर नस्लवाद और पूर्व के लोगों (जैसे यहूदी) को हीन मानने की

भौंडी अवधारणाएँ ही थीं। ये लुटेरे-नरेश मिडिल किंगडम और बर्बरों, शुद्ध और अशुद्ध, काफ़िर और बहुदेववादी, यवन और म्लेच्छ संबंधी समझ के विभिन्न संस्करणों से लैस थे, और इसी समझ के आधार पर उन्होंने अन्य सभ्यताओं का सामना किया। उनसे इससे ज़्यादा की उम्मीद भी नहीं थी। किसी ज़माने में यह नस्लवाद कितना भी भौंडा, ज़ालिम अथवा बेवक़ूफ़ाना रहा हो, आज यह पराजय का सामना कर रहा है। इसलिए अब उपनिवेशवाद के उस दूसरे रूप पर विचार करने का समय आ गया है जिसे तीसरी दुनिया की कम से कम छह पीढ़ियाँ अपनी मुक्ति की पूर्व शर्त के रूप में देखती रही हैं। यह उपनिवेशवाद इंसानी जिस्म के साथ-साथ उसकी रूह को भी उपनिवेशित कर लेता है। वह उपेनिवेशित समाजों के भीतर ऐसी शक्तियों को उन्मुक्त कर देता है जिनके प्रभाव में वे समाज अपनी सांस्कृतिक प्राथमिकताएँ हमेशा के लिए बदल डालते हैं। इस प्रक्रिया में ये शक्तियाँ आधुनिक पश्चिम की अवधारणा को एक भौगोलिक और लौकिक वजूद से बदल कर एक मानसिक श्रेणी बना देती हैं। यही कारण है कि आज पश्चिम हर जगह मौजूद है। वह पश्चिम के भीतर है और बाहर भी। वह संरचनाओं में तो है ही, वह दिमाग़ों में भी है।

मेरी यह रचना मुख्यत: दूसरे उपनिवेशीकरण और उसके ख़िलाफ़ प्रतिरोध की कहानी कहती है। इसीलिए ये निबंध समकालीन राजनीति में भी झाँकते हैं। आख़िरकार हमारा सरोकार एक ऐसे उपनिवेशवाद से है जो साम्राज्यों के अंत के बाद आया था। एक समय था जब दूसरा उपनिवेशीकरण पहले को वैध ठहराता हुआ दिखता था। लेकिन, अब यह अपनी उन जड़ों से स्वतंत्र हो गया है। यही कारण है कि पहले उपनिवेशीकरण से संघर्ष करने वाले लोग भी अकसर ग़लती से दूसरे उपनिवेशीकरण को स्वीकार कर लेते हैं। इसीलिए मैं चाहता हूँ कि पाठक इन पृष्ठों को इतिहास के तौर पर न पढ़ कर एक चेतावनीमूलक कथा की तरह पढ़ें। ये पृष्ठ चेतावनी देते हैं कि उपनिवेशवाद-विरोध का परम्परागत रूप मानस के उपनिवेशीकरण के पक्ष में दी गयी एक दलील भी हो सकता है। अगर इन पृष्ठों पर दिया गया विवरण युरोप के रैडिकल सामाजिक आलोचकों और ज्ञानोदय की हस्तियों का 'विकृत' चित्र उपस्थित करता हुआ दिखे, तो मान लेना चाहिए कि यह भी उसी कहानी का ही एक हिस्सा है। जब नये क़िस्म का उत्पीड़न अपनी तात्कालिकता के साथ सामने खड़ा हो और सांस्कृतिक पराजय का अंदेशा सिर पर हो, तो दोनों बातें एक-सी नहीं लगतीं। इसी तरह अगर मैंने

इन पृष्ठों पर कुछ जाने-माने प्रतिक्रियावादियों को उनकी प्रचलित खलनायकी के रंगों में पेश नहीं किया है, तो इसका भी कारण यही है। वक़्त ने इन खलनायकों को या तो नखदंत विहीन कर दिया है, या फिर वे उपनिवेशवाद-प्रताड़ितों के अनिच्छुक सहयोगी जैसे लगने लगे हैं।

यह पुस्तक उपनिवेशवाद के ख़िलाफ़ मानस के स्तर पर किये जाने वाले प्रतिरोध को गम्भीरता से लेती है। लेकिन इसमें कुछ नयी ज़िम्मेदारियाँ भी अंतर्निहित हैं। आज 'पश्चिमीकरण' तो एक अपमानजनक शब्द बन गया है, लेकिन मंच पर संस्कृति-संक्रमण के कहीं नफ़ीस और अधिक परिष्कृत माध्यम आ गये हैं। इनसे न केवल उपनिवेशवाद के प्रति अनुरूपता के प्रारूप पैदा होते हैं, बल्कि असहमति के 'अधिकारिक' मॉडल भी निकलते हैं। आज आधुनिक विश्व द्वारा सुनिश्चित और प्रोत्साहित शैली में उपनिवेशवाद-विरोधी होना सम्भव है। ऐसे उपनिवेशवाद-विरोध को 'समुचित', 'स्वस्थचित्त' और 'तर्कपरक' क़रार दिया जाता है। विरोध में खड़ा होने के बावजूद यह असहमति नियंत्रित और पूर्वानुमानित होती है। इसी तरह आज कल एक ग़ैर-पश्चिम भी विकल्प के रूप में उपस्थित है जो दरअसल पश्चिम की ही गढ़ंत है। कोई चाहे तो दो स्थितियों के बीच चुनाव कर सकता है : वह चाहे तो कार्ल विट्टफ़ोगल और एडवर्ड सईद को जोड़ कर प्राच्य निरंकुशता का हमदर्द बन सकता है, या चाहे तो कामू और जार्ज ऑरवेल को जोड़ कर क्रांतिकारियों का पसंदीदा कर्ता हो सकता है। और, अगर किसी को दोनों में से कोई पसंद न हो तो वह सेसिल रोड्स और रुडयार्ड किपलिंग के कुलीन, अर्ध-सभ्य, अर्ध-बालक की तरफ़दारी कर सकता है। हर एक की हिकारत झेलने वाला भूरा साहब भी इस कुलीन, अर्ध-सभ्य, अर्ध-बालक के बरअक्स भूरा ज़्यादा और साहब कम लगता है। दरअसल, शत्रुता निभाते हुए भी ये विकल्प विजेताओं के लिए श्रद्धांजलि जैसे लगते हैं। ध्यान रहे कि फ्रांज फ़ानो द्वारा रचित पश्चिम का सर्वाधिक आक्रामक खण्डन ज्याँ-पॉल सार्त्र की ललित शैली में लिखा गया था। पश्चिम ने केवल आधुनिक उपनिवेशवाद ही पैदा नहीं किया, वह उपनिवेशवाद की सभी व्याख्याओं में भी व्याप्त है। यहाँ तक कि व्याख्याओं की व्याख्याओं पर भी उसकी छाप है।

मैंने शुरू में कहा था कि ये पृष्ठ बेगुनाही को वाज़िब ठहराते हैं। मेरा यह बयान एक ऐसे संसार में बुलंद से भी बुलंद आवाज़ में सुना जाना चाहिए जहाँ प्रगति

की लफ़्फ़ाज़ी ने आंतरिक उपनिवेशवाद की हक़ीक़त का दोहन उन समाजों की संस्कृति के साथ भितरघात करने के लिए किया है जो बाह्य उपनिवेशवाद की शिकार हैं। इन समाजों में आंतरिक उपनिवेशवाद बाह्य उपनिवेशवाद का ख़तरा दिखा कर ख़ुद का नैरंतर्य सुनिश्चित करता है। (लेकिन, यह एक ऐसी दुनिया भी है जो समझती जा रही है कि उत्पीड़न का दोनों में कोई भी रूप तब तक ख़त्म नहीं किया जा सकता जब तक उसके दूसरे रूप का उन्मूलन न कर दिया जाए।) जब मैं बेगुनाही की बात करता हूँ तो मेरे दिमाग़ में 'प्रामाणिक' क़िस्म की वह बेगुनाही होती है जिसकी चर्चा मनोविश्लेषक रोलो मे ने की थी। बेगुनाही की यह क़िस्म एक बच्चे की मासूमियत जैसी तो होती है, पर वह दुष्टता की अपनी समझ से पैदा होने वाले यथार्थ का दामन नहीं छोड़ती। वह साथ में यह भी समझती है कि किस तरह वह दुष्टता के साथ 'शरीक़े-जुर्म' भी रही है। यही है वह बेगुनाही जिसने उपनिवेशवाद को अंतिम रूप से पराजित किया था, भले ही आधुनिक मानस उसका श्रेय विश्व-इतिहास की शक्तियों, पूँजीवाद के आंतरिक अंतर्विरोधों और राजनीतिक व्यवहार-बुद्धि या हुक्मरानों द्वारा 'ख़ुद का अपने ही हाथों ख़ात्मा कर लेने' को देता रहे।

इसमें कोई शक नहीं कि दीन को इस धरती का मालिकाना हक़ मिल कर रहेगा, लेकिन केवल दीनता के दम पर नहीं। उसे भी अपनी श्रेणियाँ और अवधारणाएँ बनानी होंगी। यहाँ तक कि मानस के धरातल पर एक प्रतिरक्षा खड़ी करनी होगी ताकि उसके ज़रिये पश्चिम को सार्वभौमिकता के आधुनिक विचारों के बाहर स्थित पारम्परिक विश्व-दृष्टि के दायरे में एक यथोचित रूप से प्रबंधित हो सकने वाली शै में बदला जा सके। इन श्रेणियों में पहली अवधारणा तो यह होनी चाहिए कि पश्चिम की अपनी गढ़ंत प्रताड़ित ख़ुद-ब-ख़ुद तैयार करे— इस गढ़ंत का पश्चिम ऐसा होगा जो ग़ैर-पश्चिम द्वारा भोगी जाने वाली पीड़ा के अनुभव की शर्तों पर ग़ैर-पश्चिम का अर्थ-ग्रहण कर सकेगा। विद्वत्ता के परिष्कृत दायरों की निगाह में यह अवधारणा कितनी भी नीरस क्यों न हो, पर यह उन करोड़ों लोगों के लिए एक हक़ीक़त है जिन्होंने पिछली दो सदियों में बड़ी क़ीमत चुका कर पश्चिम के साथ रहना सीखा है।

दूसरे, पश्चिम की यह वैकल्पिक गढ़ंत इतनी अपरिष्कृत भी नहीं है। अगर एक ग़ैर-पश्चिम है जो लगातार पश्चिमी होने की दावत देता रहता है और अपने हासिल किये गये पश्चिमीपन के दम पर पश्चिम को पराजित करना चाहता है,

तो पश्चिम की एक ऐसी ग़ैर-पश्चिमी गढ़ंत भी है जो पश्चिम के दूसरे आत्म पर खरा उतरने की दावत देते हुए उस ग़ैर-पश्चिम के प्रति सच्ची है जिसने दूसरे आत्म के साथ ही गठजोड़ बना रखा है। अगर आधुनिकीकृत पश्चिम के भीतर आत्म-घृणा के मनोभावों से निबटने का सबसे पसंदीदा तरीक़ा पश्चिम को उसी के खेल में हराना है, तो एक ऐसा पश्चिम भी है जिसे उससे बाहर के असभ्यों ने गढ़ा है— उस असभ्य ने जो इस नाटक में न अभिनेता बनना चाहता है और न ही प्रति-अभिनेता। इन पृष्ठों में मैंने उन दूसरे पश्चिमों का मर्म पकड़ने की कोशिश की है। अगर उनके पश्चिमों को अनूदित और उन पर टीका करते समय इन बाहरी लोगों की अपनी बिम्ब-योजना, मिथकों और स्वैरकल्पनाओं की ख़ामोश घुसपैठ होती लगे, तो मान लेना चाहिए कि यह मेरी कारिस्तानी है। दरअसल, यही है वह तरीक़ा है जिसके अनुसार कुछ समाजों में अनुवाद और टीकाएँ सम्पन्न की जाती हैं। भले ही कुछ संस्कृतियों में ऐसा अनिवार्यतः न होता हो, पर अनुवाद करते समय भीतरी आत्म के साथ और टीका करते समय भीतर की आवाज़ के प्रति निष्ठा का संबंध कुछ संस्कृतियों में यथार्थपरक ही होता है। यही है वह एकमात्र तर्क जो मैं इन निबंधों में अपनाए गये अपने उस रवैये के बचाव में पेश कर सकता हूँ जिसके तहत मैंने पश्चिम को एकल राजनीतिक अस्तित्व के रूप में, हिंदू धर्म को भारतीयता के रूप में, अथवा इतिहास और ईसाइयत को पश्चिमी के रूप में दिखाया है। इनमें से कोई भी दावा सच्चा तो नहीं है, पर यथार्थ अवश्य है। इसी के साथ मैं अपनी यह आस्था भी व्यक्त करना चाहूँगा कि इस रचना में ऐसी प्रत्येक अवधारणा एक द्वि-अर्थी मुहावरे की तरह है। एक तरफ़ तो वह एक उत्पीड़ित संरचना का अंग है, और दूसरी तरफ़ उसका उस संरचना के प्रताड़ितों से गठजोड़ भी है। इसी के मुताबिक़ पश्चिम न केवल साम्राज्यिक विश्व-दृष्टि का अंग है, वरन् उसकी शास्त्रीय परम्पराओं और उसके आलोचनात्मक आत्म से कभी-कभी आधुनिक पश्चिम का प्रतिरोध भी निकलता है। इसी तरह हिंदू धर्म को भारतीयपन के रूप में वी.एस. नैपॉल द्वारा बताए गये तरीक़े से भी समझा जा सकता है, और उस तरीक़े से भी जैसे रवींद्रनाथ ठाकुर ने उसकी समझ बनाई थी। एक समय था जब इन भिन्नताओं को मामूली समझ कर नज़रअंदाज़ किया जा सकता था, पर आज इन्हीं भिन्नताओं में उत्तरजीविता के सुराग़ दिखाई देते हैं। ख़ास तौर से उस सूरत में जब आधुनिक पश्चिम ने अपनी ताबेदारी करने वाले नक़लचियों और प्रशंसकों

को पैदा करने के साथ-साथ सर्कस के पालतू पशुओं जैसे विरोधियों को भी पैदा किया हो। इस पश्चिम ने ऐसे त्रासद प्रति-अभिनेताओं को भी जन्म दिया है जो सीज़रों की सराहनापूर्ण आँखों के लिए ग्लैडियेटरों की तरह बहादुरी का आख़िरी कारनामा अंजाम देते हैं। लेकिन, इस किताब के दोनों निबंध उन लोगों की प्रशंसा में लिखे गये हैं जिन्होंने न अभिनेता बनना स्वीकार किया और न प्रति-अभिनेता। इन लोगों ने एक ऐसा पश्चिम गढ़ा जिसने उन्हें वैकल्पिक पश्चिम के साथ रहने की गुंज़ाइश दी, और साथ ही जो पश्चिम के उस आत्म के मोहक आग़ोश में जाने से लगातार इंकार करते रहे जो उसका प्रधान आत्म है।

कहने का तात्पर्य यह है कि इन पृष्ठों पर अंकित उपनिवेशित भारतीय उपनिवेशवाद के सरल-हृदय शिकार ही नहीं रह जाते, बल्कि वे उत्पीड़न के विरुद्ध एक नैतिक और संज्ञानात्मक उद्यम के सहभागी भी बनते हैं। वे अपने लिए विकल्प चुनते हैं। और, जिस हद तक वे पश्चिम के भीतर अपना विकल्प चुनते हैं, उस हद तक उन्होंने उपलब्ध साक्ष्यों को ठोक-बजा कर फ़ैसले भी दिये हैं। कुछ को सज़ा सुनाई गयी है और कुछ को रिहा कर दिया है। जहाँ तक हमारी जानकारी है— अगर पूर्व एक सभ्यता के रूप में बचा रहता है तो अंशतः वह एक हद तक पश्चिम की भौगोलिक परिधियों के बाहर जारी पुनर्मूल्यांकन का नतीजा होगा। दूसरी तरफ़, पश्चिम के स्थापित विरोधी यानी प्रति-अभिनेता अपनी तल्ख़ लफ़्फ़ाज़ी के बावजूद सार्वभौमिकता के प्रभुत्वशाली मॉडल के दायरे के बाहर नहीं जा पाते। उन्हें चेतना के प्रभुत्वशाली रूपों के भीतर आत्मसात कर लिया गया है। अगर आप चाहें तो यह भी कह सकते हैं कि वे सजावटी क़िस्म के असहमतों की बँधी-बँधाई भूमिका में क़ैद कर लिए गये हैं। मेरा ख़याल है कि पिछली दो सदियों में प्रचलित की गयी सार्वभौमिकता के मुक़ाबले आधुनिकता (जिसके हथियारबंद संस्करण को कभी-कभी उपनिवेशवाद भी कहा जाता है) के शिकार हुए सरल-हृदय बाहरी लोगों की सार्वभौमिकता कहीं उच्च स्तर की है।

इन्हीं सब कारणों से मुझे यह घोषित करने में कोई हिचक नहीं है कि ये निबंध इतिहास के एक वैकल्पिक मिथकीय संस्करण की नुमाइंदगी करते हैं। इस संस्करण में इतिहास के मूल्यों का निषेध और अवज्ञा निहित है। मुझे उम्मीद है कि इस प्रक्रिया में ये निबंध उपनिवेशवाद के प्रति एक आम भारतीय के मानस के कुछ अंशों को व्यक्त करने में कामयाब होंगे। मैं उस मॉडल को ख़ारिज

करता हूँ जिसके तहत उपनिवेशवाद के उत्पीड़ित को इतिहास की चूलों के साथ बँधे हुए भोले-भाले और हताश इंसान की तरह पेश किया जाता है। मैं तो उस उत्पीड़ित को अपनी उत्तरजीविता की लड़ाई अपने तरीक़े से लड़ते हुए देखता हूँ। यह संघर्ष वह कभी तो सचेत रूप से चलाता है, और कभी विकल्प-निर्दिष्टि के अभाव में पैदा होने वाली स्वत:प्रेरित स्थिति के वश में आ कर। मेरी कोशिश तो इस संघर्षरत उत्पीड़ित की मान्यताओं और विश्व-दृष्टि को उसकी तमाम समृद्ध असंगतियों के साथ व्यक्त करने की है। हो सकता है कि इस तरह का संघर्ष वैसा न हो जैसे उपनिवेशवाद विरोधी संघर्ष की हम कल्पना करते हैं, पर मुझे नहीं लगता कि इस उत्पीड़ित को इसकी परवाह भी है।

दूसरे निबंध में इसीलिए बाबू (भूरा साहब) तक को एक अनिच्छुक-सी मान्यता दी गयी है। वह एक ऐसे मध्यवर्ती की तरह है जो पश्चिम को अपने समाज के नाम पर संसाधित करते हुए एक हज़म की जा सकने लायक़ गोली में घटा देता है। इस भूरे साहब के दोनों आत्म, हास्यजनक और हानिकारक, उसके समाज को गोरे साहब से बचाने की भूमिका निभाते हैं। यहाँ तक कि गोरा साहब अपनी चमड़ी के रंग के आधार पर नहीं बल्कि सम्भवत: अपने सामाजिक-राजनीतिक चुनावों के आधार पर परिभाषित होता हुआ नज़र आता है। एक बात तो तय है कि इन पृष्ठों में भूरे साहब को उस तरह से षड्यंत्र में सहभागी और लाइलाज उत्पीड़नकारी के तौर पर नहीं दिखाया गया है जैसा आम तौर पर उसे समझा जाता है। यहाँ तो वह एक ऐसे सह-उत्पीड़ित के रूप में सामने आता है जो प्रांतिक संस्कृति के दायरे में एक मूर्त जीवन-शैली गुज़ारते हुए ख़ुद को बरबाद करने में लगा हुआ है। इस सह-उत्पीड़ित का दामन उसी इतिहास की चूलों में फँसा हुआ है जिसका वह दम भरता रहा है। आख़िरकार यह एडॉल्फ़ आइख़मेन का युग है जिसमें एक रुडयार्ड किपलिंग की हैसियत नायकत्व की आभा से वंचित ऐसे पैदल सिपाही से ज़्यादा नहीं हो सकती जो तोपों में चारे की तरह इस्तेमाल होता है। मुक्ति का ऐसा प्रत्येक सिद्धांत, चाहे सेकुलर हो या ग़ैर-सेकुलर, अगर उपनिवेशिक की इस गिरावट को नहीं समझता तो उसे उत्पीड़क की श्रेष्ठता को अप्रत्यक्ष रूप से मान्यता देने और उसके साथ सहयोग करने वाला समझा जाना चहिए।

मेरा बुनियादी तर्क सरल है। आधुनिक स्वामी और ग़ैर-आधुनिक दास के बीच चयन दास का ही होना चाहिए। इसलिए नहीं कि स्वैच्छिक दरिद्रता का ही

चुनाव करना बेहतर होता है, या दुःख भोगने वाले की श्रेष्ठता पर मुहर लगानी ज़रूरी है। न ही महज़ इसलिए कि दास उत्पीड़ित होता है, या उसे श्रम करना पड़ता है (मार्क्स के अनुसार इसी श्रम के कारण वह अपने स्वामी के मुक़ाबले कम बेगानापन महसूस करता है)। दरअसल, दास का चुनाव इसलिए भी किया जाना चाहिए कि वह उच्चतर संज्ञान की नुमाइंदगी करता है जिसके दायरे में मजबूरीवश ही सही पर मालिक का भी इंसान की तरह विनियोग होता है। जबकि, स्वामी की संज्ञानात्मकता दास को महज़ एक वस्तु के रूप में देखने के अलावा अपने दायरे से बहिर्वेशित कर देती है। समझने की बात यह है कि परम्परागत उत्पीड़न के विपरीत आधुनिक उत्पीड़न अंततः आत्म और शत्रु के बीच, शासक और शासित के बीच या देवताओं और दानवों के बीच मुठभेड़ नहीं है। वह तो अमानवीकृत आत्म और विषयकृत शत्रु के बीच, प्रौद्योगिकीय नौकरशाह और उसके मूर्तिमान शिकार के बीच, और छद्म शासकों और अपने 'कर्ताओं' पर प्रक्षेपित उनके अन्य भीषण आत्मों के बीच चलने वाला संघर्ष है।

यहीं जा कर जिहादी अभियानों और ऑश्विट्ज़ के बीच एवं हिंदू-मुसलमान दंगों और आधुनिक युद्धों के बीच अंतर समझ में आता है। इसी वज़ह से इन पृष्ठों पर केवल उत्पीड़ितों की चर्चा की गयी है। विजेताओं की चर्चा अगर की भी गयी है तो उन्हें प्रच्छन्न उत्पीड़ितों की तरह दिखाया गया है जिनका मानस के धरातल पर लाइलाज सीमा तक क्षय हो चुका है।

मेरी यह रचना मुख्यतः उन मानसिक संरचनाओं और सांस्कृतिक शक्तियों की पड़ताल है जिन्होंने ब्रिटिश भारत में उपनिवेशवाद की संस्कृति के साथ सहयोग किया या उनका विरोध किया। साथ ही इसमें उत्तर-औपनिवेशिक चेतना के अध्ययन का आशय भी निहित है। इसमें भारतीय परम्पराओं के उन तत्त्वों पर विचार किया गया है जो औपनिवेशिक अनुभव के कारण अब पहले जितने मासूम नहीं रह गये हैं। यह रचना उन सांस्कृतिक और मनोवैज्ञानिक रणनीतियों पर भी ग़ौर करती है जिनकी मदद से यह समाज उपनिवेशवाद के अनुभव के बावजूद बचा रह पाया, और उसे अपने आत्म की प्रतिरक्षामूलक पुनर्परिभाषा बहुत ज़्यादा करने के चक्कर में नहीं फँसना पड़ा। इस पुस्तक के कुछ हिस्सों के लिए भारत में उपनिवेशवाद 1757 में पलासी की लड़ाई में पराजय से शुरू होता है और 1947 में ख़त्म होता है जब अंग्रेज़ औपचारिक रूप से यह मुल्क

छोड़ कर चले गये। लेकिन, किताब के कुछ अन्य हिस्सों के लिए उपनिवेशवाद की शुरुआत 1820 के आख़िरी सालों में होती है जब संस्कृति के औपनिवेशिक सिद्धांत के अनुकूल बैठने वाली नीतियाँ पहली बार लागू की गयीं और उसका ख़ात्मा 1930 के दशक में होता है जब गाँधी ने इस सिद्धांत की कमर तोड़ दी। किताब में कुछ ऐसे भी हिस्से हैं जिनके लिए उपनिवेशवाद की शुरुआत 1947 में होती है, यानी उस समय जब औपनिवेशिक संस्कृति को मिलने वाले बाह्य समर्थन का ख़ात्मा हो गया। उपनिवेशवाद के इस रूप का प्रतिरोध आज भी जारी है।

कहना न होगा कि मैंने यहाँ उपनिवेशवाद के तहत भारतीय मानस का सम्पूर्ण चित्र उकेरने की कोशिश नहीं की है। मैंने तो कुछ ख़ास बिंदुओं को रेखांकित करने के लिए चुनिंदा मिसालों का इस्तेमाल किया है। सूचनाकारों का चुनाव भी उसी के मुताबिक़ किया गया है। मेरे ये मुद्दे राजनीतिक हैं। उनके संकेतित तात्पर्य सार्वजनिक राजनीति के साथ-साथ संस्कृतियों और सांस्कृतिक ज्ञान की राजनीति में निहित हैं। और, दोनों धरातलों पर इन दोनों का ताल्लुक़ राजनीति की उन आधुनिक श्रेणियों से है जिन्हें आम तौर पर मानव-निर्मित दुःखों का विश्लेषण करने के लिए इस्तेमाल किया जाता है। यहाँ एक अलिखित मान्यता काम कर रही है कि नीतिगत रूप से संवेदनशील और सांस्कृतिक रूप से स्थापित वैकल्पिक सामाजिक ज्ञान आधुनिक समाज-विज्ञानों के दायरे के बाहर पहले से ही अंशतः उन लोगों के भीतर उपलब्ध है जो इन विज्ञानों के उपभोक्ता या प्रयोक्ता रहे हैं, या जिन्हें इन विज्ञानों ने अपना 'विषय' बनाया है। अतः इन पृष्ठों पर दो तरह के उपनिवेशवाद अंकित हैं। एक के प्रति अधीनस्थता की जाँच दूसरे के प्रति अधीनस्थता से सचेत हो कर की गयी है।

यह रूपरेखा बता देती है कि इस पुस्तक में जीवनीपरक तथ्यों का आंशिक और तक़रीबन बेपनाह इस्तेमाल क्यों किया गया है। साथ में यह रूपरेखा यह भी बताती है कि किताब में आधुनिक मनोविज्ञान और समाजशास्त्र से उधार ली गयी कुछ अवधारणाओं का जानबूझ कर बेजा इस्तेमाल क्यों किया गया है। यहाँ मेरा मक़सद भारतीय अनुभवों को समायोजित, परिवर्तित या दोबारा चमका कर मौजूदा मनोवैज्ञानिक और सामाजिक सैद्धांतिकी में फ़िट करके सांस्कृतिक सापेक्षतावाद या संस्कृतियों के आर-पार काम करने वाले अधिक सापेक्षतावादी मनोविज्ञान के पक्ष में बेहतर दलील देने का नहीं था। मेरा उद्देश्य तो समकालीन

ज्ञान की कुछ प्रासंगिक श्रेणियों को भारतीय शब्दावली में समझने की कोशिश करते हुए उन्हें सार्वभौमिकता की स्पर्धारत सैद्धांतिकी में शामिल करने का है। पश्चिमी उपनिवेशवाद के पराधीनों ने जो काम बिना आत्मसचेत हुए किया था, मैंने उसी को सचेत रूप से और अपने व्यावसायिक ज्ञान के बोझ को पूरी तरह से उतारे बिना करने की कोशिश की है। उपनिवेशित भारतीयों ने प्राच्यवादियों को दुरुस्त करने या उनका विस्तार करने की कोशिश में दिमाग़ खपाते रहने के बजाय एक अपने तरह की बिखरी हुई शैली में विमर्श की एक वैकल्पिक भाषा तैयार करने का प्रयास किया। यही था उनका उपनिवेशवाद विरोध, और इसे भी अपना बनाया जा सकता है। पुस्तक में एक जगह मैंने ईश्वर चंद्र विद्यासागर (1820–91) की मिसाल दी है। विद्यासागर पर पश्चिम के बुद्धिवादी विचार की गहरी छाप थी और वे ख़ुद अज्ञेयवादी आस्थाओं के धनी थे, लेकिन फिर भी उन्होंने एक परम्परानिष्ठ पण्डित की भाँति जीवन गुज़ारा और अपनी असहमति का सूत्रीकरण देशज शब्दावली में किया। उन्होंने *मनुसंहिता* को जान लॉक और डेविड ह्यूम के बजाय *पाराशरसूत्र* के बरअक्स रख कर देखा। यह था उनका तरीक़ा जिसके ज़रिये उन्होंने न केवल भारतीय सामाजिक समस्याओं पर, बल्कि बुद्धिवाद के विदेशज विचार पर ग़ौर किया। (शायद मैं यह मानने की ग़लती कर रहा हूँ, पर मुझे लगता है कि बुद्धिवाद भी अपने इस अनूठे संस्करण से कुछ तो सीख ही सकता है।) इस कहानी का दूसरा हिस्सा एक नायकत्वविहीन लेकिन दुष्टता के नये अनुभवों के प्रति संवेदनशीलता विकसित कर लेने वाले समालोचनात्मक परम्परावाद के बारे में है जिस पर मैंने ज़ोर दिया है। भले ही यह 'प्रति-पक्षांतरण' या उलटी अदला-बदली का ही किसी क़ीमत पर भी निबट न सकने वाला प्रकरण लग रहा हो, फिर भी मुझे उम्मीद है कि यह पुस्तक उस समालोचनात्मक चेतना की धारा में योगदान करेगी। इस चेतना का ताल्लुक़ नयी परम्पराएँ रचने के लिए परम्पराओं की व्याख्या करने की परम्परा से है।

मैं मानता हूँ कि इन पृष्ठों में मैंने अपने सुराग़ समकालीन समाज-विज्ञान से भी हासिल किये हैं और उसके साथ विवाद भी किया है। लेकिन मेरा संवाद या बहस मुख्यत: उन लोगों से है जिन्होंने भारतीय चेतना को ढाला या ढाल रहे हैं। इस बहस का संबंध समाज-विज्ञान के पेशेवर दायरों से कम ही है। आधुनिक उपनिवेशवाद एक कहीं ज़्यादा गम्भीर मसला है और उसे इन दायरों के भरोसे नहीं छोड़ा जा सकता।

कुछ लोगों को तब तक तसल्ली नहीं होती जब तक उन्हें किसी पद्धति में निहित अपना हित-साधन करने वाले तत्त्वों की जानकारी न मिल जाए। मैं ख़ुद को भी ऐसे ही लोगों में शुमार करता हूँ। दरअसल, इस रवैये से मुझे एक ख़ास तरह का और कुछ नाजायज़ सा फ़ायदा मिल जाता है। मेरा ख़याल है कि इस पुस्तक की विशुद्ध पेशेवर समालोचना कारगर साबित नहीं होगी। अगर आपको यह नापसंद है तो आपको इससे उसी तरह भिड़ना होगा जिस तरह से लोग मिथकों से भिड़ते हैं। यानी, उन्हें या तो और अधिक विश्वसनीय क़िस्म के मिथकों की रचना करनी होगी, या उन्हें पुनर्जीवन देना होगा।

जो भी हो, मिथकों के भी अपने पूर्वग्रह होते हैं। इसलिए मैं उन मिथकों की चर्चा करना चाहता हूँ जिनका ताल्लुक़ मुझसे है। इन पृष्ठों में मैंने जानबूझ कर अपनी चर्चा जीवंत परम्पराओं पर केंद्रित की है, और एक ऐसी द्वंद्वात्मकता को रेखांकित किया है जिसमें एक तरफ़ शास्त्रीयता, विशुद्धता और उन्नासिकता है, और दूसरी तरफ़ लोकोन्मुख, संकर और निम्नासिक संस्कृति है। जैसा कि मैं पहले ही कह चुका हूँ कि मैं पश्चिम की शक्ति से जूझने वाले अ-वीरोचित भारतीय की तस्वीर खींचना चाहता हूँ। ऐसे भारतीयों को शास्त्रीय के साथ लोकोन्मुख और विशुद्ध के साथ संकर के होने से एक बृहत्तर शस्त्रागार का लाभ मिल जाता है। उत्तर-औपनिवेशिक भारत का यह वासी मानस के धरातल पर होने वाले युद्ध में बिना किसी भेदभाव के इन सभी का इस्तेमाल करता है।

दूसरे, इस मुक़ाम पर मैं अपने कुछ ऐसे सरोकारों पर टिप्पणी करना चाहता हूँ जो बाक़ायदा अकादमीय क़िस्म के हैं। बीस साल से भी ज़्यादा समय से मैंने मनोवैज्ञानिक मानवशास्त्र और फ्रॉयडियन सामाजिक मनोविज्ञान जैसे अकादमीय अनुशासनों से नज़दीकी संबंध क़ायम रखा है। अगर मैंने यह किताब पाँच साल पहले लिखी होती तो इसकी सैद्धांतिक रूपरेखा काफ़ी-कुछ इन्हीं अनुशासनों से उधार ली गयी होती। चूँकि इस तरह के शास्त्र के पास अपनी स्पष्ट परम्परा होती है, इसलिए यह कहना ज़रूरी होगा कि यह किताब इस परम्परा से किस जगह हटी है। यहाँ मैंने भारतीय व्यक्तित्व या संस्कृति की व्याख्या करने का प्रयास नहीं किया है, और न ही स्वास्थ्य, देशजता अथवा विदेशजता की किसी निर्धारित समझ के तहत औपनिवेशिक शासन में उनके प्रारब्ध की चर्चा की है। बजाय इसके मैं मान कर चला हूँ कि व्यक्तित्व और संस्कृति के बीच कुछ निरंतरताएँ होती हैं, जिनमें मैंने राजनीतिक और नीतिगत सम्भावनाएँ देखी हैं।

कभी इन सम्भावनाओं को स्वीकार किया जाता है, और कभी नहीं। दूसरे शब्दों में कहें तो मैं गहन मनो-शास्त्र (डेफ़्थ साइको-लॅजी) की समालोचनात्मक धार बरक़रार रखने की कोशिश करते हुए आलोचना का केंद्र विशुद्ध मनोवैज्ञानिक से हटा कर मनो-राजनीतिक पर ले गया हूँ। दरअसल, इन पृष्ठों में मानस के रहस्यों का उद्घाटन करने की परम्परागत मनोवैज्ञानिक तकनीकों के ऊपर पड़ा परदा हटाने का प्रयास भी किया गया है।

बहरहाल, इसका मतलब यह है कि मैंने भारतीय व्यक्तित्व की मोटा-मोटी तथ्यगत रूपरेखा को वैसा का वैसा ही मान लिया है। पिछले पच्चीस सालों में मनोचिकित्सकों, मनोविश्लेषकों, मानवशास्त्रियों, दार्शनिकों और यहाँ तक राजनीतिक अर्थशास्त्रियों के एक प्रतिष्ठित सिलसिले ने भारतीय मानस के विभिन्न आयामों का अध्ययन किया है। यह ज्ञान अब भारतीय आत्म-छवि का हिस्सा बन चुका है। इसके आधार पर अपनी बात कही जा सकती है। इसीलिए मैंने भारतीय आत्म के कई आयामों के बारे में ऐसी कोई चर्चा नहीं की है जिससे शायद मेरे विश्लेषण को एक तरह की पूर्णता का आभास मिल सकता था। न ही मैंने उन व्यक्तिगत साक्ष्यों के साथ पूरा न्याय किया है जिन्हें मैं अतीत से अपने पक्ष में निकाल कर लाया था, और न ही मैंने विश्लेषण में प्रयुक्त पाठीय परम्पराओं के साथ पूरा इंसाफ़ किया है। इस लिहाज़ से मैं कई सिरों को ढीला-ढाला छोड़ने का दोषी हूँ जिन्हें कसने का काम मेरे नाज़ुक मिज़ाज पाठक दो तरह से कर सकते हैं : भारतीय मानस और संस्कृति के बेहतर ज्ञान के आधार पर, या फिर अपनी अंतर्ज्ञानमूलक समझ के माध्यम से। इन कमियों के बावजूद मुझे यह उम्मीद ज़रूर है कि सम्भवत: मैंने वर्तमान सभ्यता में जीवित रहने के कम से कम एक सम्भव तात्पर्य के सुराग़ अवश्य मुहैया करा दिये हैं। जिस हद तक मैं इस तात्पर्य को सांस्कृतिक सापेक्षतावाद की बेड़ियों से आज़ाद करा पाया हूँ और जिस हद तक एक वैकल्पिक सार्वभौमिकता होने के उसके दावे की पुन:स्थापना कर पाया हूँ, उस हद तक इन पृष्ठों पर अंकित भारतीय परम्परा की यह व्याख्या न केवल व्यर्थ नहीं जाएगी, बल्कि अन्य आक्रांत संस्कृतियों के लिए भी प्रासंगिक रहेगी। आख़िरकार, मेरी यह कृति इस मान्यता पर आधारित है कि मनुष्य द्वारा निर्मित सभी दुःख एक जैसे ही हैं और उनकी ज़िम्मेदारी हर किसी को उठानी होगी।

आख़िर में मैं अपनी भाषा में 'सेक्सिज़म' के अंदेशों पर कुछ कहूँगा। यह

मसला मुझे थोड़ा परेशान करता रहा है इसलिए इस बारे में मैं अपनी स्थिति आख़िरी तौर पर साफ़ करना ज़रूरी समझता हूँ। अंग्रेज़ी मेरी भाषा नहीं है। हालाँकि धीरे-धीरे मुझे यह भाषा रुचिकर लगने लगी है, पर एक ज़माने में तो इसे मुझ पर थोपा ही गया था। आज भी मैं अकसर अपने विचारों का सूत्रीकरण अपनी भाषा बांग्ला में करने के बाद उनका अंग्रेज़ी में अनुवाद करके लिखता हूँ। मुश्किल यह है कि तीस साल की मेहनत के बाद जब मैं इस भाषा पर समुचित महारत हासिल कर चुका हूँ, तो मुझ पर इसे थोपने वालों की संतानें कह रही हैं कि उन्हीं के पितामहों ने मुझे ग़लत अंग्रेज़ी सिखाई थी। और, अब मुझे यह भाषा दोबारा सीखनी चाहिए। लेकिन, अब मेरी उम्र ऐसा करने की नहीं रही। इसलिए मेरी भाषा से आहत होने वालों को यह याद करके ख़ुद को तसल्ली देनी चाहिए कि मेरे सोच की भाषा में स्त्री और पुरुष को देखने की परम्पराएँ अलग तरह की हैं।

पहले निबंध 'उपनिवेशवाद का मानस' के कुछ हिस्से 1982 में *सकाइट्री,* 45(3) में प्रकाशित हो चुके हैं। इसका लेखन भारतीय समाज-विज्ञान अनुसंधान परिषद के निमंत्रण पर किया गया था। परिषद ने इसके लिए कुछ आर्थिक मदद भी दी थी। यह निबंध आंद्रे बेते, मनोरंजन मोहंती, सुमित और तनिका सरकार, केनिची नाकामूरा, डब्ल्यू.एच. मॉरिस-जोंस और वीणा दास द्वारा की गयी विस्तृत समालोचना और सुझावों से लाभान्वित हुआ है।

दूसरा निबंध 'अनुपवेशित मानस' जुलाई, 1978 में वर्ल्ड ऑर्डर मॉडल्स प्रोजेक्ट द्वारा संस्कृति, सत्ता और रूपांतरण पर पूना में हुए आयोजन में मेरी प्रस्तुति का विकसित रूप है। इसके शुरुआती संस्करण का एक हिस्सा अक्टूबर, 1978 के द *टाइम्स ऑफ़ इण्डिया* और 1982 के *आल्टर्नेटिव्ज़,* 8(1) में प्रकाशित हुआ था। निबंध के मौजूदा संस्करण को एम.पी. सिन्हा, गिरि देशिंग्कर, गिरधर राठी और आर.ए.पी. शास्त्री की टिप्पणियों और सुझावों से काफ़ी लाभ पहुँचा है। प्राक्कथन में फ़रवरी, 1983 के द *टाइम्स ऑफ़ इण्डिया* में छपे लेख की सामग्री का इस्तेमाल किया गया है।

पाण्डुलिपि तैयार करने का श्रेय भुवन चंद्र और एम.के. रियाल को जाता है। सुजित देब और तरुण शर्मा ने ग्रंथावली संबंधी काम किया है। पत्नी उमा और बेटी अदिति के बिना मैंने यह कृति अपेक्षाकृत जल्दी पूरी कर ली होती, लेकिन तब इसका रूप कुछ और होता।

एक

उपनिवेशवाद का मानस

अंग्रेज़ों के ज़माने में लिंग, आयु और विचारधारा

I

साम्राज्यवाद एक मनोभाव था, न कि एक नीति। उसकी बुनियाद नैतिक थी, न कि बौद्धिक ....

—डी.सी. समरवेल[1]

उपनिवेशवाद के साथ हमारा परिचय कोई दो सौ साल का तो हो ही चुका है। इस दौरान यह हक़ीक़त हमारे सामने अब पहले से कहीं ज़्यादा साफ़ होती गयी है कि उपनिवेशवाद की शिनाख़्त करने के लिए केवल आर्थिक लाभ और राजनीतिक सत्ता को ही आधार नहीं बनाया जा सकता। मसलन, इस तथ्य से इंकार नहीं किया जा सकता कि जापान को अपने मंचूरियायी उपनिवेश के कारण

---

[1] डी.सी. समरवेल (1329), *इंग्लिश थॉट इन द नाइंटींथ सेंचुरी*, लोंगमैन ग्रीन, न्युयॉर्क : 186.

हमेशा घाटा उठाना पड़ा। इसी तरह इंडोचीन, अल्जीरिया और अंगोला के उपनिवेश कई साल तक फ्रांस और पुर्तगाल की राजनीतिक सत्ता को मज़बूत करने के बजाय कमज़ोर करते रहे। लेकिन, इसका मतलब यह नहीं है कि मंचूरिया, इंडोचीन, अल्जीरिया और अंगोला की स्थितियों को हम उपनिवेश जैसा न मान कर उससे कुछ कम समझने लगें। न ही इससे यह साबित होना चाहिए कि उपनिवेशों की स्थापना के पीछे आर्थिक लाभ और राजनीतिक सत्ता एक अहम मक़सद के रूप में मौजूद नहीं थी। दरअसल, उपनिवेशवाद को आर्थिक और राजनीतिक लाभ हासिल करने की कोशिशों का नतीजा तो समझा ही जाना चाहिए, पर साथ ही यह भी समझना चाहिए कि उन कोशिशों से होने वाले फ़ायदे लाज़िमी तौर पर उसी पैमाने के नहीं निकलते थे, बल्कि कभी-कभी उनका परिणाम आर्थिक या राजनीतिक नुक़सान में भी निकलता था।[2]

इस निबंध की दलील यह है कि उपनिवेशवाद को उसकी पहली विलक्षणता उपनिवेशक और उपनिवेशित में पाई जाने वाली एक ख़ास तरह की मन:स्थिति से प्राप्त होती है। चेतना का यह रूप उपनिवेशों से आर्थिक और राजनीतिक फ़ायदा निचोड़ने की उस तमन्ना से तो बनता ही है जो ज़रूरी नहीं कि हमेशा पूरी होती हो, पर इस चेतना की रचना में कुछ और तत्त्वों की भूमिका भी होती है। उपनिवेशीकरण की राजनीतिक आर्थिकी के महत्त्व से इंकार किये बिना यह मानना पड़ेगा कि उपनिवेशवाद के भदेसपन और निरर्थकता की अभिव्यक्ति मुख्यत: मानस के धरातल पर होती है। साथ ही राजनीतिक मनोविज्ञान का दायरा भी इसे प्रमुखता से व्यक्त करता है, क्योंकि आधुनिक उपनिवेशवाद द्वारा विश्व-मंच पर उभरने के बाद से ही उन चरों का एक हद तक राजनीतीकरण हो गया है जिनके ज़रिये मन:स्थितियों का वर्णन किया जाता है। इसीलिए इन पृष्ठों में उपनिवेशवाद के तहत शासकों और शासितों की मनोवैज्ञानिक रूपरेखा का संधान करते हुए उपनिवेशवाद को एक ऐसी साझा संस्कृति के तौर पर परिभाषित करने की कोशिश की गयी है जिसकी शुरुआत सम्भवत: न तो किसी समाज पर थोपे गये विजातीय शासन से होती है, और न ही जिसका अंत विदेशी शासकों के चले जाने से होता है। मिसाल के तौर पर मैं भारत की चर्चा करूँगा। भारत एक ऐसा देश है जहाँ ब्रिटिश साम्राज्यवाद की

[2] फ़िलहाल मैं इस हक़ीक़त को नज़रअंदाज़ कर रहा हूँ कि आज के ज़माने में औपनिवेशिक समाजों के हाथ से प्रथम विश्व में राजनीतिक और आर्थिक सत्ता का खेल निकल चुका है.

पूर्ण विकसित विचारधारा के प्रभुत्व से पचहत्तर साल पहले ही औपनिवेशिक राजनीतिक आर्थिकी अपना काम करने लगी थी। दूसरी तरफ़, ब्रिटिश राज के औपचारिक ख़ात्मे के पैंतीस साल बाद भी भारतीय जीवन के कई क्षेत्र उपनिवेशवादी विचारधारा की जकड़ में बने हुए हैं।

कहा जाता है कि औपनिवेशिक अवस्था ने ख़ुद को जायज़ ठहराने के लिए साम्राज्यवाद का सिद्धांत गढ़ा है, लेकिन यह दावा केवल आंशिक रूप से सही है। इसी कारण से राजनीति और संस्कृति के बीच इस तरह की विच्छिन्नताएँ सम्भव हुई हैं। दरअसल, उपनिवेशवाद एक ऐसी मनोवैज्ञानिक स्थिति भी है जिसकी जड़ें उपनिवेशक और उपनिवेशित की सामाजिक चेतनाओं के शुरुआती रूपों में मिलती हैं। इसीलिए उपनिवेशवाद एक निश्चित सांस्कृतिक नैरंतर्य का प्रतिनिधित्व करते हुए अपने कंधों पर अतीत का एक सांस्कृतिक बोझ भी ढोता रहता है।

सबसे पहली बात तो यह है कि उपनिवेशवाद में कुछ ऐसी संहिताएँ अंतर्निहित हैं जिनमें शासक और शासित दोनों ही साझीदार होते हैं। ये संहिताएँ मुख्य तौर पर पाले के दोनों तरफ़ मौजूद बुनियादी सांस्कृतिक प्राथमिकताओं को बदल डालने की भूमिका निभाते हुए औपनिवेशिक संस्कृति के दायरे में उन उपसंस्कृतियों को केंद्रस्थ कर देती हैं जिनका किरदार एक-दूसरे का सामना कर रही संस्कृतियों के तहत अप्रभावी या मातहत क़िस्म का था। इसी के साथ-साथ ये संहिताएँ प्रत्येक संस्कृति के केंद्र से उन उपसंस्कृतियों को निष्कासित कर देती हैं जो उनके भीतर महत्त्वपूर्ण हैसियत रखती थीं। इस प्रक्रिया में बनी नयी प्राथमिकताओं के आईने में देखा जा सकता है कि दुनिया की कुछ सबसे प्रभावशाली औपनिवेशिक प्रणालियाँ उन समाजों द्वारा ही क्यों रची गयीं जो खुली राजनीतिक व्यवस्था, उदारतावाद और बौद्धिक बहुलतावाद से प्रतिबद्ध थे। यह एक ऐसी विच्छिन्नता है जो आधुनिक वैज्ञानिक-बुद्धिसंगत विश्व-दृष्टिकोण में निहित बुनियादी अंतर्विरोध के समांतर चलती है। यह विश्व-दृष्टि अपनी सीमाओं में तो पूरी तरह बुद्धिसंगत रहती है, लेकिन जब विश्व-प्रभुत्व हासिल कर लेती है तो इसी अंतर्विरोध के तहत वह ज्ञान की अन्य परम्पराओं के प्रति वही बुद्धिसंगत रवैया अपनाने से लगातार इंकार करती रहती है। दरअसल यह उसी व्याख्या का दूसरा पक्ष ही है।[3] इससे यह भी स्पष्ट हो जाता है कि

---

[3] इस दूसरे अंतर्विरोध के लिए देखें, पॉल फ़ेयरबेंड (1978), *साइंस इन अ फ्री सोसाइटी*, एनएलबी, लंदन. भारत और चीन के संदर्भ में यह मुद्दा क्लॉड अलवारिस (1979) की रचना *होमो फ़ेबर : टेक्नॉलॉजी ऐंड कल्चर इन इण्डिया, चाइना ऐंड द वेस्ट, 1500-1972*, एलाइड पब्लिशर्स, नयी दिल्ली में साफ़ तौर पर उभर कर आता

आख़िर उपनिवेशवाद राजनीतिक स्वतंत्रता की औपचारिक प्राप्ति के बाद भी कभी ख़त्म होता क्यों नहीं दिखाई देता। एक मन:स्थिति के रूप में उपनिवेशवाद बाहरी ताक़तों द्वारा शुरू की गयी एक देशज प्रक्रिया है। उसके स्रोत शासकों और शासितों के ज़ेहन की गहराइयों में दफ़्न हैं। शायद इसीलिए जिसकी शुरुआत इंसानों के दिमाग़ में होती है, उसका ख़ात्मा भी दिमाग़ों की ज़मीन पर ही करना पड़ता है।

दूसरी बात यह है कि उपनिवेशवाद की संस्कृति में असहमति–प्रबंधन की एक विशेष शैली निहित रहती है। ज़ाहिरा तौर पर कोई भी औपनिवेशिक प्रणाली ख़ुद को टिकाए रखने के लिए सामाजिक–आर्थिक और मनोवैज्ञानिक पारितोषिकों और दण्डों का इस्तेमाल करने के ज़रिये उपनिवेशितों को नये सामाजिक मूल्य और संज्ञानात्मक श्रेणियाँ स्वीकार करने की तरफ़ ले जाती है। लेकिन बाहरी तौर पर दिये जाने वाले ये प्रोत्साहन और हतोत्साहन कभी न कभी भाँप लिए जाते हैं, और फिर इनका विरोध होने लगता है। इनकी उत्पीड़न और प्रभुत्व के मुखर सूचकों की तरह शिनाख़्त कर ली जाती है। इनके उलट आंतरिक पुरस्कारों और दण्डों के परिणामस्वरूप भुगते जाने वाले दूसरे दर्जे के मनोवैज्ञानिक लाभ और हानि उपनिवेशवाद के तहत कहीं ज़्यादा ख़तरनाक और स्थायी साबित हुए हैं। यह दूसरी बात है कि हमेशा अवचेतन के धरातल पर रहने वाले इन नुक़सान–फ़ायदों को सदैव नज़रअंदाज़ किया गया है। उपनिवेशवाद अपने शिकारों के साथ एक ख़ास तरह की चरम हिंसा करता है जिसकी शिनाख़्त करने से यह मानसिकता सबसे ज़्यादा हिचकती है। इस हिंसा के परिणामस्वरूप एक ऐसी संस्कृति की रचना होती है जो शासितों को लगातार ध्यान दिलाती रहती है कि शासितों के खिलाफ़ संघर्ष उन्हीं के द्वारा निर्धारित मनोवैज्ञानिक सीमाओं में रह कर ही करना चाहिए। यह कोई अनायास ही नहीं है कि हमारे समय के कई उपनिवेशवाद विरोधी आंदोलनों ने जिन अवधारणाओं के विशिष्ट संस्करणों का इस्तेमाल किया है, उनके स्रोत अक्सर साम्राज्यिक संस्कृति में निहित रहे हैं। यानी विरोध करते समय भी ये आंदोलन उन अवधारणाओं के सांस्कृतिक उद्‌गम के प्रति कृतज्ञता व्यक्त करते रहते हैं। यहाँ मेरा तात्पर्य न केवल उपनिवेशित

है. और देखें, आशिस नंदी (1980), 'साइंस, एथॉरिटेरियनिज़्म ऐंड कल्चर : ऑन द स्कोप ऐंड लिमिट्ज़ ऑफ़ आइसोलेशन आउटसाइड द क्लिनिक', एम.एन. रॉय स्मृति व्याख्यान, *सेमिनार*, मई, 1981 (261); और शिव विश्वनाथन (1982), 'साइंस ऐंड द सेंस ऑफ़ अदर', विज्ञान और प्रौद्योगिकी के लिए नयी विचारधाराओं पर हुए संवाद के लिए लिखा गया आलेख, लोकायन प्रोजेक्ट, दिल्ली, अनुलिपि पत्र.

समाजों के अभिजन को प्रेरणा देने वाले पश्चिमी उदारतावाद की प्रकट एपोलोनियन संहिताओं से है, बल्कि उनके विपरीत समझी जाने वाली डायनीज़ियन संहिताओं से भी है जिनसे राजकौशल, दैनंदिन राजनीति, प्रभावी राजनीतिक विधियों और उपनिवेशवाद के ख़िलाफ़ क्रांतिकारी आंदोलनों को रास्ता दिखाने वाले यूटोपियायों का जन्म होता है।

निबंध के बाक़ी हिस्से में इन्हीं दो प्रक्रियाओं की पड़ताल करते हुए दो बातों पर ग़ौर किया गया है। पहली, किस तरह ब्रिटिश भारत में औपनिवेशिक विचारधारा का शीराज़ा ब्रिटेन में होने वाले संस्थागत भेदभाव की दो बुनियादी श्रेणियों— लिंग और आयु के सांस्कृतिक तात्पर्यों पर खड़ा किया गया था। दूसरा, इन तात्पर्यों ने अपने ख़िलाफ़ खड़े पारम्परिक भारतीय श्रेणियों और गाँधी के रूप में उनके नये संस्करणों का किस तरह मुक़ाबला किया।

II

पश्चिमी उपनिवेशवाद द्वारा लैंगिक और राजनीतिक प्रभुत्व के बीच की जिस सजातीयता का सतत इस्तेमाल एशिया, अफ्रीका और लातीनी अमेरिका में किया है, वह औपनिवेशिक इतिहास का अनभिप्रेत उत्पाद नहीं है। इसका संबंध पश्चिम की कारिस्तानियों से पैदा हुईं अन्य उत्पीड़नकारी परिस्थितियों के साथ जुड़ा है। दास-प्रथा के अमेरिकी अनुभव में इसके सबसे ज़्यादा दस्तावेज़ी प्रमाण मिलते हैं। पश्चिमी संस्कृति का बहुत बड़ा हिस्सा ऐसा है जिसके तहत पुरुष-मानस में निहित द्वि-लैंगिकता (बाईसेक्शुअलिटी) मान्य नहीं है। द्वि-लैंगिकता के निषेध ने लैंगिक और राजनीतिक प्रभुत्व के बीच सजातीयता को पुष्ट किया और इसी आधार पर युरोप में मध्ययुग के बाद विकसित हुए प्रभुत्व, शोषण और क्रूरता के मॉडल स्वाभाविक और वैध ठहराए गये। खुद उपनिवेशवाद की संगति भी पश्चिम के मौजूदा सेक्स संबंधी स्टीरियोटाइपों (नियत प्रकारों) और उनकी नुमाइंदगी करने वाले जीवन-दर्शन के साथ बैठती है। इस सजातीयता के ही परिणामस्वरूप एक ऐसी सांस्कृतिक सहमति बनी जिसके तहत राजनीतिक और सामाजिक-आर्थिक प्रभुत्व पुरुष और पुरुषत्व के स्त्री और स्त्रीत्व पर प्रभुत्व का प्रतीक बन गया।

भारत में ब्रिटिश हुकूमत के शुरुआती सालों, यानी मोटे तौर पर 1757 से 1830 के बीच, ऐसी स्थिति नहीं थी। इस दौरान ब्रिटिश मध्यवर्ग के बजाय

मुख्यतः सामंती पृष्ठभूमि के लोग हुकूमत की संस्कृति पर हावी थे। इसलिए लैंगिक और राजनीतिक प्रभुत्व की सजातीयता औपनिवेशिक संस्कृति के केंद्र में नहीं थी।[4] ज़्यादातर हुक्मरानों और उनकी प्रजा ने उस समय तक औपनिवेशिक शासन को मर्दानगी का पर्याय मानने का विचार आत्मसात नहीं किया था। औपनिवेशिक हुकूमत का तात्पर्य पत्नी के ऊपर पति के अधिकार या लॉर्ड के विशेषाधिकार की तरह नहीं ग्रहण किया जाता था। यहाँ मेरा सरोकार उपनिवेशवाद की माइक्रो-राजनीति (व्यष्टिगत राजनीति) से न होकर उसकी मैक्रो-राजनीति (समष्टिगत राजनीति) से है। व्यक्ति के तौर पर परपीड़ा में मज़ा लेने वाले और नस्लवादी क़िस्म के अंग्रेज़ों की भारत में कमी नहीं थी। लेकिन ब्रिटिश हुकूमत स्थापित हो जाने के बावजूद ब्रिटिश संस्कृति का बोलबाला नहीं हुआ था। शासक-संस्कृति के दायरे में नस्ल आधारित क्रम-विकासवाद अभी अप्रकट ही था। भारत में रहने वाले ज़्यादातर अंग्रेज़ घरों और दफ़्तरों में भारतीयों की ही तरह रहते थे, भारतीय पोशाक पहनते थे और भारतीय रीति-रिवाज़ों पर चलते हुए उसी प्रकार का धार्मिक आचरण भी करते थे। उनमें से बहुतों ने भारतीय स्त्रियों से शादियाँ की थीं। भारतीय देवी-देवताओं की पूजा-अर्चना करते हुए ये अंग्रेज़ ब्राह्मणों की जादुई शक्तियों से भयभीत और चमत्कृत भी रहते थे। अपनी लुटेरी प्रवृत्तियों के लिए शोहरतयाफ़्ता पहले दो गवर्नर जनरलों को भारतीय वस्तुओं से अपने लगाव के लिए भी जाना जाता था। उनके शासन के तहत ब्रिटिश भारत की राजनीति पर पारम्परिक भारतीय जीवन-शैली का प्रभुत्व था।

---

[4] उपनिवेशों में युरोपीय मध्यवर्गीय संस्कृति के मनोवैज्ञानिक प्रभुत्व की शिनाख़्त सबसे पहले फ्रांज़ फ़ानो ने की थी. देखें 1967 में प्रकाशित उनकी रचना *ब्लैक स्किन : व्हाइट मास्क्ज़,* अनु. सी.एल. मार्कमैन, ग्रोव, न्युयॉर्क; और, गुस्ताव जहोदा (1961), *व्हाइट मैन,* ऑक्सफ़र्ड युनिवर्सिटी प्रेस, लंदन : 102, 123; रेनात ज़ाहर (1974), *फ्रांज़ फ़ानो : कोलोनियलिज़म ऐंड एलियेनेशन,* मंथली रिव्यू प्रेस, न्युयार्क : 45पा.. जेम्स मॉरिस (1971) ने अपनी रचना *हेविंज़ कमांड : एन इम्पीरियल प्रोग्रेस,* फ़ेबर ऐंड फ़ेबर, लंदन : 38 में भारत के संदर्भ में कहा है : '1835 तक अंग्रेज़ों में एक तरह का दम्भ दिखने लगा था, और यह बड़तरी का लहज़ा दक्षिणपंथी हेकड़ी का नतीजा नहीं था. यह हेकड़ी तो बाद में सामने आयी, पर उस समय तो इसका स्रोत उच्च-नैतिकतावादी वामपंथ था. हाल ही में मताधिकार से लैस हुए मध्यवर्गों का सत्ता में उदय हो रहा था, और अंततः आगे चल कर विक्टोरिया के शासनकाल में साम्राज्यवादी शिद्दत के मामले में ये मध्यवर्ग सभी को पीछे छोड़ देने वाले थे.'

मध्यवर्गीय संस्कृति और साम्राज्यवाद के सार के बीच इसी सह-संबंध के संदर्भ में मनोवैज्ञानिक जे.डी. अनविन की यह कथित उक्ति समझी जानी चाहिए : 'केवल यौन दमन का शिकार समाज ही ... अपना विस्तार करता रह सकता है.' (*हेविंज़ कमांड* : 30). लेकिन, ब्रिटिश इण्डिया की राजनीतिक संस्कृति ब्रिटिश सामंतवाद और ब्रिटिश मध्यवर्गीय संस्कृति की द्वंद्वात्मकता का फलितार्थ थी. यहाँ मैंने इस द्वंद्वात्मकता के विस्तार में जाने से परहेज़ किया है.

अंग्रेज़ों की भारतीय फ़ौज भी कभी-कभार देवी-देवताओं की पूजा किया करती थी। इसका कम से कम एक सबूत तो फ़ौज द्वारा मंदिर की आमदनी से लाभ कमाने के रूप में मिलता ही है। ऊपर से अंग्रेज़ों के क़ब्ज़े वाले भारत में मिशनरी गतिविधियों पर पाबंदी लगी हुई थी। अदालतों में भारतीय क़ानूनों का बोलबाला था और शिक्षा-प्रणाली भी भारतीय थी।[5]

उधर 1830 के दशक तक ब्रिटेन में भी साम्राज्य के विचार को शक की निगाह से देखा जाता था। भारत जैसे उपनिवेशों का भ्रमण करने वालों को यहाँ के अंग्रेज़ अधिकारी 'कुछ-कुछ विदूषकों' जैसे लगते थे।[6] ईस्ट इंडिया कम्पनी के सरबराहों का मक़सद भारत पर हुक़ूमत करना नहीं, बल्कि माल कमाना था।[7] इसीलिए चाँदी काटने में उन्होंने किसी तरह की मुरव्वत नहीं दिखायी। लेकिन, उपनिवेशवाद की बाक़ायदा शुरुआत तो तब हुई जब राजनीति की ब्रिटिश-भारतीय संस्कृति के दोनों पक्षों ने ब्रिटिश मध्यवर्ग की इंजीली भावना का पालन करते हुए अंग्रेज़-प्रभुत्व को सांस्कृतिक तात्पर्यों के आईने में देखना शुरू कर दिया।[8] ऐसा ख़ास तौर से तब हुआ जब ब्रिटिश हुक्मरानों और उनके प्रभाव से संक्रमित भारतीयों ने औपनिवेशिक भूमिका के पारिभाषिक अर्थों को आत्मसात कर लिया। फिर वे सुधारवादी जोश के साथ लैंगिक और राजनीतिक ऊँच-नीच के बीच सजातीयता की वही भाषा बोलने लगे। परिणामस्वरूप ब्रिटिश राज को इंसानी दिमाग़ों पर क़ब्ज़े के लिए होने वाली लड़ाई बड़ी हद तक जीतने का मौक़ा मिल गया।

---

[5] उदाहरणार्थ, हरिहर शेठ (1982), *प्राचीन कल्किवतार परिचय,* ओरिएंट बुक, कलकत्ता, नया संस्करण; विनय घोष (1953), *कलकत्ता कल्चर,* बिहार साहित्य भवन, कलकत्ता; मॉरिस, *हेविंज़ कमांड* : 75-6.

[6] मॉरिस, *हेविंज़ कमांड* : 20, 24. मॉरिस यह नतीजा निकालते हैं : 'कुल मिलाकर अंग्रेज़ साम्राज्यिक अर्थों में नहीं सोच रहे थे. वे अमीर थे. वे विजेता थे. वे प्रशंसित थे. अभी तक उन्हें अपने उद्योगों के लिए बाज़ारों की क़िल्लत का सामना नहीं करना पड़ा था. समरनीति के लिहाज़ से उन्हें कोई ख़तरा नहीं था और वे घरेलू समस्याओं में व्यस्त थे. अपनी ताजपोशी के समय महारानी ने ... यह माना जा सकता है कि तटों से परे अपने स्वामित्व के बारे शायद ही दिमाग़ खपाया हो. वह तो अपने द्वीप की महारानी थी. ... वेल्श, स्कॉट और आइरिश लोग भी रानी से नावाकिफ़ थे। दुनिया उसके राज्य को सिर्फ़ 'इंग्लैण्ड' के नाम से जानती थी. नहीं, 1837 में इंग्लैण्ड को साम्राज्य की कोई ज़रूरत नहीं लग रही थी और कुल मिलाकर ब्रिटिश लोगों की उपनिवेशों में कोई दिलचस्पी नहीं थी. प्रधानमंत्री लॉर्ड मेलबर्न ने इसीलिए पूछा था कि कनाडा जैसे देश, जहाँ की सलमॅन मछली मक्खी जितना भी नहीं उठ सकती, में हमसे दिलचस्पी की उम्मीद क्यों होनी चाहिए' : 25-26, 30.

[7] मॉरिस, *हेविंज़ कमांड* : 71-2.

[8] 1857 के सिपाही विद्रोह के बाद यह ज़रूर हुआ कि उस 'सार्वभौमिकतावाद' को मंच पर जगह ख़ाली कर देनी पड़ी जिससे अनुप्राणित हो कर भारतीय समाज के ब्रिटिश सुधारक सक्रिय थे. उसकी जगह भारतीय संस्कृति

इस सांस्कृतिक विनियोग के लिए एक सर्वाधिक महत्त्वपूर्ण प्रक्रिया वह थी जिसे मनोविश्लेषण की भाषा में आक्रामक के साथ तादात्म्य स्थापित करना कहते हैं। एक उत्पीड़नकारी स्थिति में यह प्रक्रिया प्रगति के सिद्धांत का उलट पहलू बन जाती है। इसे अपने अहं का बचाव करने के लिए इस्तेमाल की जाने वाली ओंटोजेनेटिक (मानव-प्रगत्यात्मक) वैधता कहा जाता है। बचपन में अपने से ज़्यादा ताक़तवर और निर्बाध वैधता का उपभोग करने वाले वयस्कों के अनिवार्य प्रभुत्व से घिरा एक बच्चा अपनी परनिर्भर हैसियत के कारण अकसर इसी ओंटोजेनेटिक वैधता का आसरा लेता है। औपनिवेशिक संस्कृति में आक्रामक के साथ तादात्म्य के कारण शासक और शासितों के बीच एक अभंग युग्मीय रिश्ता बन जाता है। अंग्रेज़ी राज मानता था कि भारतवासी प्रच्छन्न रूप से असभ्य हैं और उन्हें खुद को कुछ और सभ्य बनाना पड़ेगा। दूसरी तरफ़ अंग्रेज़ों को दोस्त समझने वाले हों या दुश्मन, बहुत से भारतीय भी खुद को उन्हीं जैसा बना लेने में ही अपनी मुक्ति देखते थे। अंग्रेज़ों के पास एक युद्धप्रिय नस्ल की विचारधारा थी जिसकी कसौटियों पर फ़िट होने के लिए पौरुष के अतिरेक, प्रकट साहस और बेइंतहा वफ़ादारी का प्रदर्शन एक शर्त थी। इसे पूरा करने के लिए तैयार कई भारतीय जातियाँ और उप-संस्कृतियाँ ब्रिटिश मध्यवर्ग में प्रचलित

के प्रति 'सहिष्णुता' के दूसरे चरण ने ले ली, क्योंकि अंग्रेज़ों को दूसरे विद्रोह का डर सता रहा था. पर यह नया सापेक्षतावाद साफ़ तौर पर भारतीय संस्कृति और ब्रिटिश पब्लिक स्कूल संस्कृति के उत्पादों के बीच फ़र्क़ करता था. भारतीय संस्कृति शिशुवत् और अनैतिक की तरह देखी जाती थी और ब्रिटिश पब्लिक स्कूल के उत्पाद मिताहारी, साहसी, आत्म-नियंत्रित और 'वयस्क पुरुष' के रूप में देखे जाते थे. देखें, लेविस डी. वुरगैफ़्ट, 'अनदर लुक एट प्रोस्पेरो ऐंड कैलिबान : मैजिक ऐंड मैजिकल थिंकिंग इन ब्रिटिश इण्डिया' : 5-6, अनुलिपित्र. वुरगैफ़्ट ने अपना विश्लेषण आंशिक रूप से फ्रांसिस हचिंस (1967) की रचना *द इल्यूज़न ऑफ़ परमानेंस, ब्रिटिश इम्पीरियलिज़म इन इण्डिया,* प्रिंसटन युनिवर्सिटी प्रेस, प्रिंसटन पर आधारित किया था. यह अलग बात है कि सहिष्णुता की तरफ़ झुकने के बावजूद उपनिवेशितों के बीच बुनियादी संबंध की प्रकृति में कोई परिवर्तन नहीं हुआ. अल्बर्ट मेमी द्वारा वर्णित अफ्रीका की ही तरह 'अच्छे' और 'बुरे' उपनिवेशिक एक ही मशीन में दो अलग-अलग दाँतों के रूप में अहम भूमिकाएँ निभा रहे थे. देखें, मेमी (1967) की रचना *द कोलोनाइज़र ऐंड कोलोनाइज़्ड,* अनु. हावर्ड ग्रीनफ़ील्ड, बीकन, न्यूयार्क; साथ ही वुरगैफ़्ट की रचना के पृष्ठ 12-13 पर भी नज़र डालें. सी. नॉर्थकोट पार्किंसन (1965) ने अपनी रचना *ईस्ट ऐंड वेस्ट,* मेंटोर, न्युयॉर्क में इसका निष्कर्ष स्पष्ट रूप से पेश किया है : 'जो युरोपियन सुविज्ञ, सक्षम और शिष्ट थे, उन्हीं ने सबसे गम्भीर क्षति पहुँचाई.'

यह पूरी प्रक्रिया एक बड़े डिज़ाइन का अंग थी जिसके तहत पूर्व के बारे में युरोप की प्राक्-आधुनिक समझ को ख़ारिज करते हुए उपनिवेशवाद की ज़रूरतों के मुताबिक़ पूर्व का युरोपीय चेतना में समावेश किया जा रहा था. देखें नीचे का दूसरा हिस्सा. यह जानना दिलचस्प होगा कि अठारहवीं सदी के युरोपियन दार्शनिकों, मसलन वॉल्तेयर जैसी हस्तियों के लिए, चीन सम्भवतः दुनिया की सबसे विकसित संस्कृति थी, पर उन्नीसवीं सदी तक युरोपियन बुद्धिजीवी चीनियों को आदिम मानने लगे.

सेक्शुअल स्टीरियोटाइपों की नक़ल करने लगी थीं। हालाँकि सभी भारतीय ख़ुद को युद्धप्रिय नस्ल की विचार-श्रेणी में फ़िट करने के लिए तैयार नहीं थे, पर उन्होंने पारम्परिक भारतीय राज-कौशल में छिपे बैठे इस विचार को पुनर्जीवन देकर महत्त्वपूर्ण ढंग से केंद्रस्थ करने की भूमिका अवश्य निभायी। उन्नीसवीं सदी के कई सामाजिक, धार्मिक और राजनीतिक सुधार-आंदोलनों ने क्षत्रियत्व को शासकों और शासितों के बीच 'सच्चे' इंटरफ़ेस की तरह पेश करने की कोशिश की ताकि उसे प्रामाणिक भारतीयता का नया और लगभग अनन्य मानक बनाया जा सके। इन कोशिशों में सुधार आंदोलनों ने ही नहीं, बल्कि साहित्यिक और कला आंदोलनों ने भी भाग लिया। उपनिवेशवाद का मनोवैज्ञानिक बोझा ढोने वाले भले ही मानने के लिए तैयार न हों, क्षत्रियत्व पर दिये जाने वाले इस नये बल के उद्‌गम और निष्पादन के प्रमाण भारतीय समाज की उन सर्वाधिक ताक़तवर धाराओं में मिलते हैं जो अंग्रेज़ों के साथ सहयोग कर रही थीं। इन धाराओं की नुमाइंदगी अधिकतर राजे-रजवाड़े तो कर ही रहे थे, उपनिवेशवाद के ख़िलाफ़ अत्यंत निर्वीर्य प्रतिरोध करने वाले कुछ तत्त्व भी इसी के प्रतिनिधि थे। (इन प्रतिरोधी ताक़तों का एक उदाहरण बंगाल, पंजाब और महाराष्ट्र के अर्ध-पश्चिमीकृत मध्यवर्गीय शहरी युवकों के नेतृत्व में चले बेहद साहसी पर निष्प्रभावी आतंकवाद के रूप में देखा जा सकता है)।

इस दौरान चेतना के धरातल पर हुए परिवर्तन को औपनिवेशिक भारत के लिए केंद्रीय बन चुकी तीन अवधारणाओं के रूप में पेश किया जा सकता है। ये थीं : *पुरुषत्व, नारीत्व* और *क्लीवत्व*। पुरुषत्व और नारीत्व के विलोम-युग्म की जगह औपनिवेशिक राजनीतिक संस्कृति में धीरे-धीरे पुरुषत्व और क्लीवत्व के विलोम-युग्म ने ले ली। पुरुषत्व के भीतर नारीत्व की स्थिति को मर्दों की राजनीतिक अस्मिता के परम-निषेध की तरह देखा जाने लगा। इसे नारीत्व से भी ज़्यादा खतरनाक रोग की संज्ञा दे दी गयी। प्राक्-आधुनिक ईसाइयत समेत कुछ अन्य संस्कृतियों की भाँति भारत में भी अच्छे और बुरे उभयलिंगियों के बारे में मिथक प्रचलित थे, और उन्हीं के मुताबिक़ उभयलैंगिकता को आदरणीय या घृणित समझा जाता था। लेकिन औपनिवेशिक राजनीतिक संस्कृति में सभी तरह की उभयलैंगिकता को एक ही खाने में रख कर अविभेदित पुरुषत्व के मुक़ाबले खड़ा करने का प्रयास किया गया। इस परिवर्तन में निहित पीड़ा की बेहतरीन अभिव्यक्ति रवींद्रनाथ ठाकुर (1861-1941) के उपन्यास *चार अध्याय* में मिलती

है। उपन्यास के नायक की नैतिक और राजनीतिक दुविधाएँ क्रांतिकारी राष्ट्रवादी ब्रह्मबांधव उपाध्याय (1861-1907) के जीवन पर आधारित हैं। उपाध्याय कैथॅलिक धर्मशास्त्री होने के साथ-साथ वेदांती भी थे। उपन्यास के पहले संस्करण में रवींद्रनाथ द्वारा लिखित एक भूमिका भी शामिल थी। यह मर्मस्पर्शी भूमिका कई भारतीयों को अपमानजनक लगी, इसलिए इसे बाद के संस्करणों से हटा लिया गया। रवींद्रनाथ ने इसके ज़रिये अपने क्रांतिकारी मित्र की निजी त्रासदी को समझ लिया था कि कैसे अपने ही देशवासियों के लिए संघर्ष की प्रक्रिया में उपाध्याय को *स्वभाव* और *स्वधर्म* जैसे स्व-विकसित विचारों को छोड़ना पड़ा। उल्लेखनीय है कि *चार अध्याय* की रचना के सत्ताइस साल बाद रवींद्रनाथ ने सांस्कृतिक परिवर्तन की इसी प्रक्रिया पर अपने एक और उपन्यास *गोरा* में ग़ौर किया। इस रचना के नायक की रचना भी सम्भवतः उपाध्याय के किरदार के आधार पर की गयी है और इसमें रवींद्रनाथ की तरफ़ से पाठकों को एक तदनुरूप राजनीतिक संदेश भी मिलता है।[9]

यह सांस्कृतिक परिवर्तन गाँधी से पहले हुए कई प्रतिरोध आंदोलनों का विनियोग करने में कामयाब रहा। अंग्रेज़ों को परास्त करके भारतीय पुरुषत्व का उद्धार करने की कामना रखने वाले इन सभी आंदोलनों ने बेहद मुश्किल परिस्थितियों से संघर्ष किया, ताकि सत्ता के हिंसक खेल और 'निर्मम राजनीति' में मिलने वाली अपमानजनक पराजय की ऐतिहासिक स्मृति से एक ही बार में छुटकारा पाया जा सके। औपनिवेशिक संस्कृति के प्रभुत्वशाली दायरों में मर्दानगी की संरचना पर आक्रामकता, उपलब्धि, नियंत्रण, प्रतियोगिता और सत्ता का रंग

---

[9] रवींद्रनाथ ठाकुर (1961), *चार अध्याय, रचनावली,* पश्चिम बंगाल सरकार, कलकत्ता : 875-923; *गोरा, रचनावली* : 1-350. ब्रह्मबांधव उपाध्याय के लिए देखें स्मरण आचार्य का संक्षिप्त लेख 'उपाध्याय ब्रह्मबांधव : रवींद्र-उपन्यासेर वितर्किता नायक', *देश,* 49(20), 20 मार्च, 1982 : 27-32. *चार अध्याय* में दिखाई गयी अतिवादी राजनीति पर उपाध्याय की आलोचना पर रवींद्रनाथ की अनुक्रिया के लिए देखें उनकी रचना 'कैफ़ियत' (1935), इसे शुद्धसत्व बसु (1979), *रवींद्रनाथेर चार अध्याय,* भारती प्रकाशन, कलकत्ता : 7-10 में दोबारा प्रकाशित किया गया है. बसु इस उपन्यास का एक दिलचस्प और राजनीतिक रूप से प्रासंगिक विश्लेषण भी करते हैं.

मैं इस ओर इशारा करने के लिए रामचंद्र गाँधी का कृतज्ञ हूँ कि अपने गुरु रामकृष्ण परमहंस के अर्धनारीपन का स्पष्ट निषेध करने वाले पौरुषपूर्ण हिंदू धर्म के पैरोकार विवेकानंद भी अपने छोटे से जीवन के आख़िरी दौर में तकलीफ़ के साथ यह एहसास करने लगे थे कि उनका हिंदू धर्म किस तरह के सांस्कृतिक परिवर्तनों का कारण बन रहा है. देखें, वेंडी ओ'फ़्लाहर्टी (1980), *सेक्शुअल मेटाफ़र ऐंड एनिमल सिम्बल्ज़ इन इण्डियन मायथॉलॅजी,* मोतीलाल बनारसीदास, दिल्ली और (1980), *वुमॅन, ऐंड्रोजिंज़ ऐंड अदर मिथिकल बीस्ट्ज़,* युनिवर्सिटी ऑफ़ शिकागो, शिकागो.

अंतिम रूप से चढ़ ही चुका था। इस आंदोलनकारी उद्यम ने इसे एक दूसरे दर्जे की वैधता और प्रदान कर दी।[10] (यहाँ मैं संरचनागत परिवर्तनों के उस क्षण को नज़रंअदाज़ कर रहा हूँ जिसका इस चेतना के समांतर आगमन हो रहा था। केनेथ बैलहैशेट ने हाल ही में एक तरह की दूरवर्त्ती अंतरंगता का वर्णन किया है जिसका एक पक्ष ब्रिटिश फ़ौजियों और प्रशासकों का था, और दूसरा भारतीय स्त्रियों का। इस अंतरंगता को अधिकारिक प्रोत्साहन ही नहीं, नियोजित रूप से संस्थाबद्ध रूप भी दिया गया था।[11] इसी के साथ मैं एक समांतर प्रक्रिया को भी नज़रअंदाज़ कर रहा हूँ जिसकी कई लेखकों ने ख़ामोश शिनाख़्त की है।[12] इन लेखकों ने महसूस किया है कि भारत में अंग्रेज़ औरतें आम तौर पर अंग्रेज़ पुरुषों के मुक़ाबले विशिष्टता और नस्ली श्रेष्ठता में ज़्यादा डूबी रहती थीं। अंग्रेज़ मर्दों ने भारतीय पुरुषों के साथ एक अचेत क़िस्म की समलैंगिक-ऐंद्रिकता वाला आपसी रिश्ता क़ायम कर लिया था। इसलिए ये गोरी औरतें अपने अवचेतन में भारतीय पुरुषों से सेक्शुअल होड़ करती रहती थीं। गोरे मर्दों और भारतीय पुरुषों के बीच इस आपसी बंधन का फ़ायदा उदारतावादी राजनीतिक संस्थाओं ने ही नहीं बल्कि

[10] बावजूद इसके कि भारत में ये तमाम ख़ूबियाँ पारम्परिक रूप से स्त्रीत्व के साथ जोड़ कर देखी जाती थीं. इस विषय पर देखें मेरी रचना 'वुमॅन वर्सेज़ वुमॅनलीनेस इन इण्डिया : एन ऐसे इन पॉलिटिकल ऐंड सोशल साइकोलॅजी', *साइकोऐनैलिटिक रिव्यू*, 1978, 63(2) : 301-15; यह रचना (1980), *एट द एज ऑफ़ साइकोलॅजी : ऐसेज़ इन पॉलिटिक्स ऐंड कल्चर*, ऑक्सफ़र्ड युनिवर्सिटी प्रेस, नयी दिल्ली : 32-46 में भी संकलित है. यही कारण है कि अपनी नेकनियती के बावजूद एम.सी. मलिक (1913) अपनी रचना *ओरिएंट ऐंड ऑक्सीडेंट : अ कम्परेटिव स्टडी*, लंदन में लिखते हैं : 'दोस्ताना रुख़ रखने वाले युरोपियन भी भारतीय प्रकृति और आचरण में पौरुष के अभाव पर अफ़सोस करते हैं. कई सदियों से धार्मिक, आध्यात्मिक और राजनीतिक उपदेशकों द्वारा किये गये दमन और हतोत्साहनकारी सामाजिक परिस्थितियों के बावजूद किसी पौरुष का बच जाना ताज्जुब की बात ही होनी चाहिए, ख़ासकर तब जब व्यक्तियों द्वारा पौरुष के किसी भी प्रदर्शन को माता-पिता, शिक्षकों, आध्यात्मिक बाबाओं और राजनीतिक शासकों द्वारा अधीरता और निष्ठाहीनता कह कर हतोत्साहित किया जाता हो ....' इसे समकालीन भारत की एक छोटी-मोटी त्रासदी ही समझा जाना चाहिए कि उसके बेहतरीन प्रतिनिधियों में से एक सत्यजित राय ने भी अपनी फ़िल्म *शतरंज के खिलाड़ी* में मलिक की समझ से निकलने वाली इसी चेतना को कुछ नफ़ीस ढंग से व्यक्त किया है. राय विशुद्ध राजनीति पर आधारित अंग्रेज़ी राज्य-कौशल के मुक़ाबले नाचने-गाने और कविता करने वाले पराजित नवाब के प्रति एक तरह के द्वैध से ग्रस्त लगते हैं. इसी विषय पर *शतरंज के खिलाड़ी* की मेरी समीक्षा देखें, 'बियांड ओरिएंटल. डिस्पोटिज़्म : पॉलिटिक्स ऐंड फ़ेमिनिटी इन सत्यजित राय' *संडे*, वार्षिकी, 1981 : 56-8.

[11] कैनेथ बैलहैशेट (1980), *रेस, सेक्स ऐंड क्लास अण्डर द राज*, वीडनफ़ेल्ड ऐंड निकल्सन, लंदन. इस निबंध में अपने तर्क और बैलहैशेट की रचना के बीच संबध की चर्चा मैंने (1982) इस पुस्तक की समीक्षा में की है. देखें, *जर्नल ऑफ़ कॉमनवेल्थ ऐंड कम्परेटिव पॉलिटिक्स*, 20(2) : 56-8.

[12] ई.एम. फ़ोर्स्टर (1967), जो ख़ुद समलैंगिक थे, की रचना *अ पैसेज टू इण्डिया*, ऑर्नल्ड, लंदन में यह प्रच्छन्न मान्यता लगभग व्यक्त होने के कगार पर दिखती है.

'निष्क्रिय प्रतिरोध' और 'असहयोग' करने वाले आंदोलनकारियों द्वारा भी उठाया गया। पुरुषत्व के दो आदर्शों के कारण विक्टोरियन संस्कृति में हुई टूट ने भी इस मामले में इन लोगों की सहायता की। बैलहैशेट और अन्य लेखकों की मदद से कहा जा सकता है कि अपनी सेक्शुअल ताक़त दिखा कर मर्दानगी का मुजाहिरा करने की अपेक्षा निचले वर्गों से की जाती थी; जबकि दूसरी तरफ़ ऊँचे वर्गों के लिए सेक्शुअल संयम, इंद्रिय-निग्रह और आत्म-नियंत्रण के माध्यम से अपने पुरुषत्व की पुष्टि करना उचित समझा जाता था। पुरुषत्व का पहला आदर्श स्पेनी और पुर्तगाली शासकों के साथ-साथ कुछ हद तक लातीनी अमेरिका व अफ्रीका के फ्रांसीसी उपनिवेशवाद के अनुरूप था। दूसरे आदर्श का जिन बातों के साथ मेल बैठता था उनमें मर्दानगी की पारम्परिक भारतीय अवधारणा की एक धारा भी थी। अपनी बौद्धिक शक्तियों और आत्म-निग्रही संन्यासीपन के कारण ब्राह्मण की हस्ती अधिक हिंसक, 'वीर्यवान' और सक्रिय क़िस्म के क्षत्रिय के मुक़ाबले पारम्परिक प्रति-पौरुष के वाहक की तरह उभरती थी। आधुनिक समझ को भले ही यह बात कुछ अजीब सी लगे, पर इस तरह के क्षत्रिय की हस्ती ब्रह्माण्ड में स्त्रीभाव की प्रतिनिधि मानी जाती थी। एक जीवन-शैली के रूप मे क्षत्रियत्व की सीमाएँ तय करने का यही पारम्परिक भारतीय तरीक़ा था। ग़लतफ़हमी से बचने के लिए मैं यहाँ उस भाषा का इस्तेमाल नहीं कर रहा हूँ जिसके तहत सेक्शुअलिटी या सकारात्मक उभयलैंगिकता का त्याग अति-पौरुष का अंग माना जाता था।)

इस तरह की संस्कृति में उपनिवेशवाद को परम दुष्टता की तरह देखने की प्रवृत्ति नहीं थी। अधीनस्थ प्रजा ने मान लिया था कि उपनिवेशवाद व्यक्ति द्वारा अपने नपुंसीकरण और सत्ता की राजनीति के वैध खेल में पराजय का परिणाम है। शासक औपनिवेशिक शोषण को एक ऐसे जीवन-दर्शन के सांयोगिक और अफ़सोसनाक उप-उत्पाद के तौर पर देखते थे जो उनकी निगाह में राजनीतिक और आर्थिक संगठन के श्रेष्ठतर रूपों के साथ समरस था। भारत के हुक्मरान जानबूझ कर या बेख़बरी में इसी तरह की सहमति हासिल करना चाहते थे। अगर वे ख़ुद को नैतिक रूप से विकलांग मान लेते तो फिर महाद्वीपीय आकार की इस राज्य-व्यवस्था पर कामयाबी से राज कैसे कर पाते! आख़िरकार उनकी कारगुज़ारियों और ख़ुद उन्हीं की तत्कालीन संस्कृति की अहम कसौटियों पर खरे उतरने वाले 'सच्चे' मूल्यों के बीच एक विच्छिन्नता थी, जिससे एक अपराध-बोध निकल सकता था। इस अंदेशे से बचाव की ख़ातिर इन शासकों को अपने

इर्द-गिर्द कुछ परकोटे बनाना ज़रूरी था। दूसरी तरफ़ अगर उनकी प्रजा को उनके साथ दीर्घकालीन सहकार के रास्ते पर चलना था तो उसे औपनिवेशिक निज़ाम की विचारधारा को किसी न किसी रूप में स्वीकार करना ही था। भले ही यह स्वीकारोक्ति व्यवस्था के सहभागियों के रूप में होती, या विरोध में खड़े प्रति-सहभागियों के रूप में। उपनिवेशवाद के हाथों नाइंसाफ़ी झेलने के लिए अभिशप्त प्रजा केवल इसी तरीक़े से थोड़ा बहुत आत्मगौरव बचा कर रख सकती थी।

इस तरह की सांस्कृतिक सहमति विकसित होने की सूरत में होता यह है कि उपनिवेशक एक ख़ामोश क़िस्म के भय का शिकार हो जाता है। उसे लगता रहता है कि स्थापित नियमों के दायरे में प्रति-सहभागी बन कर उपनिवेशित लोग अपनी 'मर्दानगी' का उद्धार करने के बजाय इस सहमति को ठुकरा कर किसी वैकल्पिक तरीक़े की खोज न कर डालें। इस वैकल्पिक विचार के तहत उत्पीड़ित उस कमज़ोर, गिरे हुए और विकृत इंसान की तरह आचरण नहीं करता जो मर्दानगी की तयशुदा मात्रा के आधार पर हुक्मरानों की इजारेदारी तोड़ने की कोशिश में लगा रहता है। उपनिवेशकों को डर सताता रहता है कि अगर ऐसा हुआ तो उनकी प्रजा कहीं उन्हें नैतिक और सांस्कृतिक रूप से कमतर न समझने लगे। जाहिर है कि अगर ऐसा हुआ तो फिर शासितों की तरफ़ से शासकों को भी तो उनकी कमतरी की जानकारी मिलेगी।[13] जिस उपनिवेशवाद के पास लोगों को सभ्य बनाने का ठेका न हो, वह भी कोई उपनिवेशवाद हुआ। वह तो उपनिवेशितों से भी ज़्यादा उपनिवेशकों को अक्षम बनाने वाला साबित होता है।

---

[13] मैंने अपनी रचना 'ऑप्रेशन ऐंड ह्यूमन लिबरेशन : टूवर्ड्स अ थर्ड वर्ल्ड यूटोपिया', जो *द पॉलिटिक्स ऑफ़ अवेयरनेस : ट्रेडिशंस, टिरनी ऐंड यूटोपियाज़* (प्रकाशित होने वाली है) में संकलित की गयी है, में इस विषय पर संक्षेप में विचार किया है. इसी लेख के एक पूर्व-संस्करण के लिए देखें, *आल्टरनेटिव्ज़,* 1978-9, 4(2) : 165-80. इस विषय पर मेमी के संवेदनशील लेखन के लिए देखें, *द कोलोनाइज़र ऐंड कोलोनाइज़्ड.* उपनिवेशकों द्वारा दूसरों को सभ्यता थमाने के मिशन की अनुपस्थिति या क्षय का सबसे अच्छा उदाहरण मंचू सम्राटों द्वारा चीन की विजय में मिलता है. विजेताओं का एक छोटा-सा समूह एक-दो पीढ़ी के दौरान ही चीनी समाज इस तरह घुलमिल गया कि जो उपनिवेशवाद था उसे भीतरी उत्पीड़न का मसला समझा जाने लगा. इसी तरह चीन के कुछ हिस्सों पर जापानी क़ब्ज़े का कहीं ज़्यादा ताज़ा उदाहरण भी है जो सभ्यता थमाने की थियरी से मेल नहीं खाता, हालाँकि जापानियों ने इस तरह की कुछ कोशिशें ज़रूर की थीं. दिलचस्पी की बात यह है कि इन प्रयासों के मुख्य पहलुओं में से एक था जापानियों के बेहतर आधुनिकीकरण पर बल और अन्य एशियन समाजों को आधुनिक बनाने की जापान की कथित 'ज़िम्मेदारी'. जाहिर है कि जापानी समाज में आधुनिक पश्चिम का योगदान उससे कहीं ज़्यादा है जितना आम तौर पर माना जाता है.

इसी तरह अपने शुरुआती चरण में भारत के ब्रिटिश विजेता भी भारतीय समाज के साथ एकीकृत होने के सभी चिह्न प्रदर्शित करते हैं. संभवत: एकीकरण की यह प्रक्रिया स्वेज नहर के निर्माण के कारण रुकी होगी,

III

अब मैं मनुष्य के बचपन और उपनिवेशित अवस्था के बीच पाई जाने वाली गौण सजातीयता की चर्चा करूँगा। आधुनिक औपनिवेशिक व्यवस्था निरपवाद रूप से इसका इस्तेमाल ज़रूर करती है।[14] पिछले दो सौ साल के दौरान उपनिवेशकों के बारे में मिली जानकारी के अनुसार उनका आगमन जिन समाजों से हुआ था उनकी पेचीदा बनावट नाना प्रकार की सांस्कृतिक और नीतिविषयक परम्पराओं से मिल कर तैयार हुई थी। जैसा कि हम पहले ही देख चुके हैं कि उन्होंने उपनिवेशवाद की वैधता क़ायम करने के लिए अपनी संस्कृति के कुछ पहलुओं को प्रमुखता दी और कुछ को पृष्ठभूमि में रखा।[15] मसलन, असीसी के संत फ्रांसिस जिस परम्परा के वाहक माने जाते हैं, उसके आधार पर किसी ठेठ दुनियावी मिशन का शीराज़ा खड़ा करना मुश्किल था। उपनिवेशकों को इसके लिए संत ऑगस्टीन और इग्नेशियस लोयोला की शरण में जाना ज़रूरी था। इसी तरह जोहानेस एकहार्ट, जॉन रस्किन और लियो टॉलस्टॉय के चिंतन से प्रगति के औपनिवेशिक सिद्धांत के लिए आवश्यक वैधता हासिल नहीं हो सकती थी, क्योंकि ये सभी विचारक उच्च-प्रौद्योगिकी की सर्वशक्तिमानता के ख़िलाफ़ होने के साथ-साथ चरम प्रतियोगिता और उपलब्धि के अतिरेक

क्योंकि इस नहर के कारण अंग्रेज़ों का अपनी सांस्कृतिक आधार-भूमि से पहले के मुक़ाबले कहीं अधिक गहन सम्पर्क हो गया होगा. इसका एक दूसरा कारण भारतीय समाज में अंग्रेज़ स्त्रियों का आगमन भी था. भारतीय जाति-प्रथा और भारतीय समाज के बड़े हिस्सों के सांस्कृतिक आत्म-विश्वास के मिले-जुले प्रभाव के साथ इन स्त्रियों के संयोग ने सजातीय विवाह जारी रहने की गारंटी की होगी.

[14] इस सजातीयता के बारे में मेरी कुल मिलाकर जो समझ है उसे मैंने 'रिकंस्ट्रक्टिंग चाइल्डहुड : अ क्रिटीक ऑफ़ द आइडियोलॅजी ऑफ़ एडल्टहुड' में व्यक्त किया है. यह रचना द *पॉलिटिक्स ऑफ़ अवेयरनेस : ट्रेडिशंस, टिरनी ऐंड यूटोपियाज़* में संकलित है. इसका एक संक्षिप्त संस्करण *रिसर्जेंस*, मई, 1982 और द *टाइम्स ऑफ़ इण्डिया*, 2, 3 और 4 फ़रवरी, 1982 में प्रकाशित हुआ था. भारत के संबंध में इस तरह के संबंध की चर्चा के लिए देखें, ब्रूस मैज़लिश (1975), *जेम्स ऐंड जॉन मिल : फ़ादर ऐंड सन इन द नाइंटींथ सेंचुरी*, बेसिक बुक्स, न्युयॉर्क, ख़ास तौर से इसका अध्याय 6 : 116-45. पश्चिम द्वारा नयी दुनियाओं के आत्मसातीकरण की कुल जमा तस्वीर के संक्षिप्त परिचय के लिए देखें (जिसने शैशव, आदिमपन और औपनिवेशिक अधीनस्थता के बीच सजातीयता के लिए संदर्भ का आधार रचा), माइकल टी. राइन (1981), 'एसिमिलेटिंग न्यू वर्ल्ड्स इन द सिक्सटींथ ऐंड सेविंटींथ सेंचुरीज़', *कम्परेटिव स्टडीज़ इन सोसाइटी ऐंड हिस्ट्री*, 23(4) : 519-38. राइन ने 'प्राचीनों के साथ विदेशजों के बीच में भ्रम नहीं तो तुलना करने की प्रवृत्ति' का ज़िक्र तो किया ही है, साथ ही पैशाचिकीय विद्या के तत्कालीन युरोपीय सिद्धांत के साथ इसके संबंध की चर्चा भी की है.

[15] मेमी ने *कोलोनाइज़र्स ऐंड द कोलोनाइज़्ड* में उस प्रक्रिया का चित्रात्मक वर्णन किया है जिसके ज़रिये उपनिवेशकों की शासक संस्कृति में नये दावेदार एक धक्के के साथ प्रवेश कर पाते थे.

को भी ख़ारिज करते थे। निजी उद्यम के अति-संगठित संस्करण को भी आड़े हाथों लेने वाला यह चिंतन आक्रामक धर्म-प्रचार में यक़ीन रखने वाले सम्प्रदायों से भी उसी आधार पर सहमत नहीं था जिसके बिना पर एरिक एरिकसन ने उन्हें छद्म-प्रजाति की संज्ञा दी थी। उपनिवेशवादियों के लिए ज़रूरी था कि वे अपनी वैधता के लिए जेरेमी बेंथम और जेम्स मिल जैसे उपयोगितावादियों को टटोलें। वे समाजवादी चिंतक भी उनके काम आ सकते थे जो उपनिवेशवाद को प्रगति की तरफ़ बढ़ने वाले एक अनिवार्य क़दम और सामंतवाद के इलाज की तरह देखने के लिए तैयार थे। एक तरह से वे सभी विचारक उपनिवेशवाद के अनुकूल थे जिन्होंने उसके अनुभव को प्रगति के मताग्रही खाँचे में फ़िट करने की कोशिश की थी। (बचपन की मासूमियत को आदिम साम्यवाद के प्रोटोटायप की तरह पेश करके मार्क्स ने प्रगति के सिद्धांत में प्रमुख योगदान किया था। मार्क्स द्वारा प्रगति के सिलसिले का सूत्रीकरण इस तरह किया है : प्रागैतिहासिक युग से ऐतिहासिक युग तक, और बचकाने या निचले स्तर के कम्युनिज़म से वयस्क कम्युनिज़म तक। मार्क्स के लिए भारत 'छोटे-छोटे अर्ध-बर्बर और अर्ध-सभ्य समुदायों' से ज़्यादा का देश कभी नहीं था। उनका कहना था कि इसी बनावट के कारण भारत में 'इंसानी दिमाग़ छोटे से छोटे दायरे में सीमित हो कर अंधविश्वास के एक बेतहाशा औज़ार में बदल' गया है। इसीलिए इस देश के किसान 'गरिमाहीन, जड़ और पूरी तरह से लकवाग्रस्त जीवन' जीने के लिए बाध्य हैं। मार्क्स की दलील के अनुसार 'इन छोटे-छोटे समुदायों' द्वारा 'प्रकृति-पूजा का एक ऐसा पशुवत रूप अपनाया गया है कि जिस इंसान को क़ुदरत का मालिक होना चाहिए था वह वानर *हनुमान* और गाय *शबला* की उपासना में घुटनों के बल गिर गया है।' मार्क्स के मुताबिक़ इसीलिए 'इंग्लैंड इतिहास का एक बेख़बर औज़ार बन गया, भले ही उसने कैसे भी अपराध क्यों न किये हों।'[16] इरादतन न भी हो, पर इस तरह का नज़रिया लाज़िमी तौर पर नस्लवादी विश्व-दृष्टिकोण को मज़बूती देता था। साथ ही इससे उपनिवेशवाद के आधारभूत उस रवैये की जम कर पुष्टि होती थी जिसे एथनोसेंट्रिज़म यानी अपनी संस्कृति के

[16] कार्ल मार्क्स (1971), 'द ब्रिटिश रूल इन इण्डिया' (1853), कार्ल मार्क्स और फ्रेड्रिक एंगेल्स, *आर्टीकिल्स इन ब्रिटेन*, प्रोग्रेस पब्लिकेशंस, मास्को : 166-72, ख़ास तौर से देखें : 171-2.

मानकों के आधार पर परायी संस्कृतियों की समझ बनाने की संज्ञा दी जाती है।[17] ऐसी ही लेकिन कुछ कम असरदार सांस्कृतिक भूमिका फ्रॉयड के उन शुरुआती अनुयायियों ने भी निभाई थी जो आदिमकालीनता और शैशव के बीच सजातीयता की खोज करने 'आदिम' समाजों में गये थे।[18] फ्रॉयड के ये चेले भी उस जैविक उसूल के सांस्कृतिक और मनोवैज्ञानिक निहितार्थों का पता लगाने के फेर में थे जिसके मुताबिक़ 'व्यक्ति की जैविक प्रगति का इतिहास नस्ल की प्रगति के इतिहास का संक्षिप्त रूप' समझा जाता है। साथ ही ये लोग पूरी तरह समाजीकृत और 'सामान्य' पुरुष-वयस्क की विचारधारा की शिनाख़्त भी करना चाहते थे। उपयोगितावादियों और मार्क्सवादियों से फ्रॉयड के ये शिष्य केवल एक मायने में अलग थे कि उन्होंने आदिमकालीनता और शैशव को स्पष्ट रूप से संरचनागत जटिलता के अभाव और 'अपरिवर्तनशील इतिहास' जैसे निकृष्ट मानकों के समकक्ष नहीं माना था।[19])

यह उस ज़माने की बात है जब पश्चिमी ईसाइयत समेत सामाजिक दर्शन के स्पर्धारत पश्चिमी स्कूलों के बीच धुआँधार नूरा-कुश्ती हो रही थी। लेकिन इसका अंदाज़ा लगाना मुश्किल नहीं है कि इनके बीच युरोप की कौन-सी धारा प्रबल थी। समझदार युरोपीय बुद्धिजीवियों के बीच इस सवाल पर पूर्ण सहमति थी कि उपनिवेशवाद एक बुराई (लेकिन अनिवार्य क़िस्म की) है। युरोप के लिए यह आशावाद का दौर था। घोर अनुदारपंथियों और उपनिवेशवाद के पैरोकारों को तो यक़ीन था ही कि एक न एक दिन उनका सांस्कृतिक मिशन पूरा हो जाएगा और बर्बर सभ्य बन जाएँगे। पश्चिमी समाज के रैडिकल आलोचक भी मानते थे कि कुछ समाजों को वयस्क बनाने के लिए उपनिवेशवाद को एक अनिवार्य चरण की भूमिका निभानी ही होगी। उनके और साम्राज्यवादियों के

---

[17] इन्हीं कल्पनाओं से एशियायी उत्पादन विधि के सिद्धांत को उसका आधार मिला. गिरि देशिंग्कर ने मुझे जानकारी दी कि इस मार्क्सवादी दोहरे फँसाव से बच निकलने के लिए चीनी कम्युनिस्ट पार्टी को 1927 में एक अधिकारिक प्रस्ताव पारित करना पड़ा कि चीन एक एशियायी समाज नहीं है. देखा जा सकता है कि वैज्ञानिक समाज-विज्ञान का प्रभाव किस क़दर था. इस जानकारी के लिए मैं गिरि देशिंग्कर का आभारी हूँ.

[18] आदिमपन पर एक अन्य दृष्टि से विचार करना भी सम्भव है. हरबर्ट मारक्यूज़ (1969) ने अपनी रचना *इरोज़ ऐंड सिविलाइज़ेशन,* स्फ़ेयर, लंदन में क्रमोबेश इसी वैचारिक दायरे में किसी समकालीन मार्क्सवादी के भीतर बहुरूपी विकृत शिशु की फ्रॉयड द्वारा प्रतिपादित अवधारणा के राजनीतिक इस्तेमाल के ज़रिये यह दिखाया है. मारक्यूज़ से पहले विल्हेल्म रीश ने मनोविश्लेषण में, डी.एच. लारेंस ने साहित्य में और सल्वाडोर डाली ने कला में महा-फ्रॉयडियन ढाँचे के तहत आदिमपन की सम्भावनाओं का संधान किया था.

[19] इस विषय पर चर्चा के लिए देखें, ओ. मानोनी, 'साइकोएनैलिसिस ऐंड डिकोलोनाइज़ेशन ऑफ़ मेनकाइंड', जे. मिलर (सम्पा.) (1972), *फ्रॉयड,* वीडनफ़ील्ड ऐंड निकलसन : 86-95.

बीचं केवल एक मसले पर मतभेद था। उन्हें उपनिवेशितों से कृतज्ञता के बोध की अपेक्षा नहीं थी कि उपनिवेशकों ने उनका आधुनिक दुनिया से परिचय कराया है।[20] ज़ाहिर है कि युरोपीय सभ्यता की निगाह में उपनिवेशकों की छवि ख़ुदग़र्ज़ों, लूटपाट करने वालों और एथनोसेंट्रिक क़िस्म के विध्वसंकों जैसी नहीं थी। न ही यह सभ्यता उपनिवेशकों को सांस्कृतिक शत्रुता की बीमारी का स्वैच्छिक वाहक मानती थी। उसके लिए तो उपनिवेशिक ज़्यादा से ज़्यादा बदनीयत क़िस्म के लोग थे जिन्होंने इतिहास में एक ख़राब औज़ार की भूमिका निभाई और जिन्होंने अनजाने में दुनिया के वंचितों के उत्थान को अंजाम दिया।

जिस समय यह विचारधारा विकसित हो रही थी, उपनिवेशवाद के पहले चरण में उसी के समांतर पश्चिम एक बड़ी सांस्कृतिक पुनर्रचना से गुज़र रहा था। यह वही दौर था जब स्पैनी और पुर्तगाली समाज उपनिवेशवाद को एक अहम सांस्कृतिक प्रक्रिया और जीवन-शैली की तरह ग्रहण करने लगे थे। फ़िलिप एरीज़ की दलील है कि शैशव की आधुनिक अवधारणा सत्रहवीं सदी के युरोप की उपज है।[21] इससे पहले बच्चे को वयस्क के छोटे संस्करण के रूप में देखा जाता था। लेकिन इसके बाद बच्चा वयस्क का कमतर संस्करण (हालाँकि एरीज़ ने इस बात को पूरी तरह ग्रहण नहीं किया) समझा जाने लगा। शैशव की अवधि को और लम्बा करके बच्चे की शिक्षा ज़रूरी मान ली गयी। (इसी के समांतर एक समकालीन घटना युरोप में स्त्रीत्व के आधुनिक विचार के रूप में सामने आयी। इसके आधार में क्रिश्चियन ईश्वरत्व का बदला हुआ रूप था जो प्रोटेस्टेंटवाद के असर में कहीं ज़्यादा पौरुषपूर्ण हो गया था।[22])

पश्चिम में अब तक प्रचलित हो चुके प्रगति के मतवाद का सीधा संबंध शैशव की इस नयी अवधारणा से था। कोई सौ साल पहले की वह समझ प्रचलित नहीं रह गयी थी जिसके तहत युरोप की किसान संस्कृति में मनुष्य का बचपन

---

[20] ब्रिटिश उपनिवेशवादी भारतवासियों की 'कृतघ्नता' को विश्वासघात की तरह देखते थे। इसे एक सांस्कृतिक आयाम की तरह पढ़ने के लिए देखें, वुरगैफ़्ट, 'अनदर लुक एट प्रोस्पेरो ऐंड कैलिबान'. यहाँ वुरगैफ़्ट साफ़ तौर पर ओ. मानोनी (1964) की रचना *प्रोस्पेरो ऐंड कैलिबान : द साइकोलॅजी ऑफ़ कोलोनियलिज़म,* अनु. पामेला पॉवेज़, फ्रेड्रिक ए. प्रेजर, न्युयॉर्क, दूसरा संस्करण से काफ़ी कुछ लेते नज़र आते हैं.

[21] फ़िलिप एरीज़ (1962), *सेंचुरीज़ ऑफ़ चाइल्डहुड : अ सोशल हिस्ट्री ऑफ़ फ़ेमिली लाइफ़,* अनु. रॉबर्ट बाल्डिक, नॉफ़, न्युयॉर्क. एक भिन्न दृष्टिकोण के लिए देखें, लॉयड डिमॉज़ (1974), 'द एवोल्यूशन ऑफ़ चाइल्डहुड', डिमॉज़ (सम्पा.), द *हिस्ट्री ऑफ़ चाइल्डहुड,* द साइकोहिस्ट्री प्रेस, न्युयॉर्क : 1-73.

[22] देखें, नंदी, 'वुमॅन वर्सेज़ वुमॅनलीनेस'.

जन्नत के फ़रिश्तों के मानिंद आह्लादकारी माना जाता था। नये ज़माने में बचपन को एक ख़ाली स्लेट की तरह समझने का चलन बढ़ता चला गया। एक ऐसी स्लेट जिस पर वयस्कों के लिए अपनी नैतिक संहिताओं की इबारत दर्ज करना लाज़िमी था। बचपन का मतलब था परिपक्वता का कमतर संस्करण, नीतिशास्त्रीय और उत्पादकता के लिहाज़ से हीन। बचपन यानी इंसानी फ़ितरत के खिलंदड़े, ग़ैरज़िम्मेदार और स्वत:स्फूर्त पहलुओं से बुरी तरह प्रदूषित अवस्था। इसी के साथ मनुष्य के बचपन से संबंधित प्रोटेस्टेंट नीतिशास्त्र की चालक-भूमिका सामने आयी। इसी के तहत वयस्क पर बच्चे के बाक़ायदा समाजीकरण की ज़िम्मेदारी डाली गयी, ताकि उसे किसी भी तरह के पछतावे से मुक्त और अधम क़िस्म के पापत्व से 'बचाते हुए' वयस्कता और परिपक्वता के कैल्विनिस्ट आदर्श के मुताबिक़ बड़ा किया जा सके। इसी प्रोटेस्टेंट नीतिशास्त्र को बेवर द्वारा पश्चिमी युरोप के आधुनिकीकरण की प्रमुख चालक-शक्ति ठहराया गया है। शैशव की इस अवधारणा का स्वाभाविक फलितार्थ उस समय सामने आया जब ब्रिटेन में औद्योगिक क्रांति के शुरुआती दिनों में उत्पादक श्रम के नाम पर बच्चों से कमरतोड़ मेहनत करवाई गयी।[23]

उपनिवेशवाद ने भी अपना फ़र्ज़ अदा किया और वृद्धि और विकास के इन विचारों को ग्रहण करते हुए आदिमावस्था और बचपन के बीच नयी समानताओं की शिनाख़्त कर डाली। परिणामस्वरूप सामाजिक प्रगति का सिद्धांत युरोप में व्यक्ति के जीवन-चक्र तक ही सीमित नहीं रहा, बल्कि उसे दूरदराज़ उपनिवेशों की सांस्कृतिक रूप से विभेदित दुनिया में भी स्थापित कर दिया गया।[24] जिन बातों को बच्चे की मासूमियत और कच्ची उम्र का बचकानापन समझा जाता था, वे अधीनस्थ समाजों के आदिम बाशिंदों और उनकी आदिमावस्था से संबंधित

---

[23] देखें, नंदी, 'रिकंस्ट्रक्टिंग चाइल्डहुड'.

[24] अपनी रचना द *लॉर्ड्स ऑफ़ ह्यूमन काइंड : युरोपियन एटीट्यूड टू द आउटसाइड वर्ल्ड इन द इम्पीरियल एज*, पेंगुइन, हारमंड्सवर्थ : 243 में वी.जी. केरनन (1972) अफ़्रीका के संदर्भ में कहते हैं : 'अफ़्रीकनों को नाबालिग मानने की धारणा, जिसका यदाकदा लिविंगस्टोन तक ने भी समर्थन किया था, मज़बूती से क़दम जमाती चली गयी. स्पेनियों और बोअरों ने तो संदेह व्यक्त किया था कि देशज लोगों के पास आत्मा होती भी है या नहीं, लेकिन आधुनिक युरोपियनों ने तो इसकी कोई ख़ास परवाह भी नहीं की। उन्होंने यह शक ज़रूर व्यक्त किया कि उनके पास मस्तिष्क नाम की कोई चीज़ होती है, या फिर क्या उनका दिमाग़ वयस्क होने काबिल है या नहीं. इस तरह एक थियरी प्रचलित हो गयी कि अफ़्रीकियों की दिमाग़ी वृद्धि बहुत जल्दी रुक जाती है, और यह कि उनका बचपन कभी पीछे नहीं छूटता.'

असभ्यता की प्रिय और अप्रिय श्रेणियाँ बन गयीं। प्रगति के सिद्धांत का यह संस्करण संक्षेप में इस तरह पेश किया जा सकता है :

बालकोचित भारतीय : मासूम, अज्ञानी पर सीखने के लिए तत्पर, पौरुषपूर्ण, वफ़ादार और इसलिए 'सुधरने योग्य'	→	पश्चिमीकरण, आधुनिकीकरण या ईसाइकरण के ज़रिये *बालकोचित का परिष्कार करना*	→	पूर्णतः समरूपीकृत सांस्कृतिक, राजनीतिक और आर्थिक दुनिया के दायरे में उदार उपयोगितावादी या रैडिकल यूटोपिया में भागीदारी
बचकाना भारतीय : अज्ञानी लेकिन सीखने का अनिच्छुक, कृतघ्न, पापी, असभ्य, अचानक हिंसक हो उठने वाला, बेवफ़ा, और इसलिए 'सुधरने लायक़ नहीं'	→	बाग़ीपन को क़ाबू में करने, आंतरिक शांति की गारंटी करने वाले कड़े प्रशासन और कानून के शासन के ज़रिये *बचकानेपन का दमन करना*	→	

उपनिवेशवाद पर वैधता का ठप्पा लगाने वाला एक ऐसा आयाम भी है जिसकी इस वर्गीकरण में चर्चा नहीं की गयी है। हालाँकि औपनिवेशिक संस्कृति के दायरे में इसकी अहमियत से इंकार नहीं किया जा सकता, पर मुझे लगता है कि इस आयाम का हवाला आधुनिक उपनिवेशवाद के संदर्भ में समग्र तौर पर नहीं दिया जा सकता, क्योंकि इसका ताल्लुक़ मुख्य तौर से भारत और चीन से ही है। बहरहाल, इस मुक़ाम पर उपनिवेशवाद के वैधीकरण की प्रक्रिया के इस पहलू पर मैं संक्षेप में प्रकाश डालूँगा।

दरअसल, आधुनिक युरोप के हाथों न केवल स्त्रीत्व और बचपन का वैधता-हरण हुआ, बल्कि वह वृद्धावस्था से भी उसकी वैधता छीनने का ज़िम्मेदार है।[25] यहूदी-ईसाई विचार में हमेशा से एक धारा रही है जो मानती है कि एक क़ुदरती प्रक्रिया के तौर पर मनुष्य की उम्र बढ़ना दरअसल उसके अनिवार्य तौर पर पापात्मा होने का नतीजा है। बढ़ती उम्र के कारण होने वाले मानवीय शरीर

[25] औपनिवेशिक संदर्भों के साथ अपने अंत:संबंधों के बारे में मेरे एक संक्षिप्त वक्तव्य के लिए देखें मेरी रचना 'द पॉलिटिक्स ऑफ़ लाइफ़ साइकिल', *मैज़िंग्रिया,* शीघ्र प्रकाशनार्थ.

के क्षय को यह चिंतन उसके भीतर बसने वाली बुराई का सूचक मानता है। दक्षिण युरोप में एक कहावत न जाने कब से प्रचलित है कि जवानी में इंसान वैसा लगता है जैसा उसे ईश्वर ने बनाया है, और उसके बाद वह वैसा दिखता है जैसा असल में होता है। इंसान को फ़ितरतन पापी मानने के आग्रह पर ज़ोर बढ़ते जाने के कारण आयु-वृद्धि की यह समझ पुरुष-वयस्कता की नवीन युरोपीय विचारधारा पर हावी हो गयी। इसके कारण एक ऐसी दुनिया की तस्वीर को अंतिम रूप मिला जिसमें केवल वयस्क पुरुष में ही आदर्श मानव की समुचित और निकटतम छवि देखी जा सकती थी। परिणाम यह निकला कि बुज़ुर्ग लोग (जिन्हें अक्लमंदी की नुमाइंदगी करने वाला, लेकिन 'विशुद्ध' बुद्धि के नकार की तरह देखा जाता था) धीरे-धीरे सामाजिक रूप से अप्रासंगिक समझे जाने लगे, क्योंकि उनकी शारीरिक शक्ति घट जाती थी और उनकी सामाजिक उत्पादकता और सांस्कृतिक भूमिका का मात्रात्मक निर्धारण आसान नहीं होता था। कहना न होगा कि उपलब्ध प्रौद्योगिकी की प्रकृति ही कुछ इस क़िस्म की थी कि 'उत्पादक' श्रम और 'कार्य-निष्पादन' के उदीयमान उसूलों के साथ इन विचारधारात्मक परिवर्तनों की संगति आसानी से बैठ गयी। न केवल बाज़ार ने इन उसूलों को अपना लिया था, बल्कि नयी सामाजिक और राजनीतिक संस्थाओं में इन्हें प्रतिष्ठापित कर दिया गया था।

पुरुष-वयस्कता की विचारधारा के इस हिस्से का निर्यात कुछ चुनिंदा उपनिवेशों में भी किया गया। केरनन ने भारत में ब्रिटिश उपनिवेशवाद की एक विचारधारात्मक समस्या का हवाला दिया है। युरोपीय मानकों के मुताबिक़ कितनी भी अजीब क्यों न हो, पर अंततः भारत एक सभ्यता का नाम था, और ब्रिटिश उपनिवेशवादी इस हक़ीक़त के साथ अपनी सहज संगति बैठाने में नाकाम थे। चूँकि अफ़्रीका की हाल ही में खोज हुई थी और वहाँ संस्कृति के लोक, वाचिक और ग्रामीण रूपों की प्रमुखता बहुत अधिक थी, इसलिए ये उपनिवेशवादी उसे असभ्य कह कर आसानी से ख़ारिज कर सकते थे। लेकिन भारत और चीन के संदर्भ में यह रवैया अपनाना बहुत मुश्किल था। न केवल प्राच्यवादियों ने, बल्कि पहली पीढ़ी के शासकों ने भी इन सभ्यताओं का अध्ययन किया था। कभी-कभी वे इनके प्रति श्रद्धावनत् भी होते थे। और, इस सबसे ऊपर इन सभ्यताओं के पास नागरिक जीवन की चार हज़ार साल लम्बी परम्पराएँ थीं। वाचिक संस्कृति पर काफ़ी ज़ोर के बावजूद ये सभ्यताएँ सुविकसित पाण्डित्य परम्परा से सम्पन्न

थीं। यहाँ की विविधतासम्पन्न कला, विज्ञान और दर्शन की परम्पराओं ने युरोप की श्रेष्ठ बौद्धिकता को आकर्षित करने में कई बार सफलता हासिल की थी। इस्लाम-पूर्व मिस्र के विपरीत चूँकि भारत का अतीत जीवंत था, इसलिए भी अंग्रेज़ों की यह समस्या ख़ासी पेचीदा हो गयी। इसीलिए उनके लिए लाज़िमी था कि वे किसी न किसी प्रकार भारत की राजनीतिक और सांस्कृतिक 'गिरावट' की व्याख्या पेश करते।

औपनिवेशिक विचारधारा ने इस समस्या से निबटने के लिए दो ऐसे तरीक़े अख़्तियार किये जो परस्पर असंगत थे। सबसे पहले उसने भारत के अतीत और वर्तमान के बीच स्पष्ट विच्छिन्नता कल्पित की। उसने दलील दी कि सभ्य भारत तो गुज़रे हुए ज़माने की बात है। अब तो वह प्राणहीन हो कर अजायबघर की चीज़ बन चुका है। और, वर्तमान भारत का अपने इतिहास से नाममात्र का ही ताल्लुक़ रह गया है। आज का भारत तो अपने उस आत्म का एक जराग्रस्त और जर्जर संस्करण भर है जो एक ज़माने में युवा और सृजनशील हुआ करता था। यही थी वह बात जो मैक्स म्युलर के नाम से प्रचलित एक दृष्टांत से निकलती है। कहा जाता है कि भारत-विद्या के पुरोधा होने और अपने समस्त भारत-प्रेम के बावजूद मैक्स म्युलर ने अपने शिष्यों को भारत की यात्रा करने से रोक दिया था। उनकी मान्यता थी कि आज का भारत सच्चा भारत नहीं है, और जो सच्चा भारत था वह तो कभी का मर चुका है।

पहले तरीक़े के विरोधाभास के रूप में औपनिवेशिक विचारधारा ने एक दूसरी व्याख्या इस तरह पेश की। उसने तर्क दिया कि भारत की गिरावट का कारण औपनिवेशिक शासन नहीं है। उसके कारण अगर कुछ हुआ है तो भारतीय संस्कृति में सुधार ही हुआ है। आख़िरकार इस हुकूमत के कारण ही तो भारतीय संस्कृति के विवेकहीन, उत्पीड़क और प्रतिगामी तत्त्वों से संघर्ष किया जा सका है। दरअसल, गिरावट का कारण तो पारम्परिक भारतीय संस्कृति के ही कुछ आयामों में निहित है जिनमें कुछ अच्छी बातों के बावजूद बाद में हुए सांस्कृतिक अधोपतन के बीज मौजूद थे। इस दलील के मुताबिक़ एक पापात्मा व्यक्ति की भाँति भारतीय संस्कृति अपनी जराग्रस्तता के कारण वह एक ख़ास तरह की शक्तिहीनता की शिकार हो गयी थी। (सच्चाई तो यह है कि हिंदू धर्म में पाप की ऐसी कोई अवधारणा ही नहीं है जो ईसाइयत में प्रोटेस्टेंट धर्म-सुधारों के बाद पनपी थी और जिसके तहत पाप को मनुष्य के अंतरतम से जोड़ दिया गया

था। लेकिन इसी पाप को भारत की सांघातिक सांस्कृतिक ख़ामी का प्रमाण बताया जा रहा था। अल्बर्ट श्वाइट्ज़र जैसा व्यक्ति भी इस विचारधारा से प्रदूषित हुए बिना न रह सका। उन्होंने भी इसी को हिंदू धर्म की अपनी व्याख्या का आधारभूत तर्क बना डाला।[26]) निश्चित रूप से यह दूसरी व्याख्या विच्छिन्नता के बजाय एक निरंतरता कल्पित करती है। एक ऐसी निरंतरता जो भारतीय संस्कृति के उत्तम गुणों के बजाय उसके पापिष्ठ होने पर ज़्यादा ज़ोर देती है। यदि वह गुणों की व्याख्या करती तो इसके लिए इस व्याख्या को भारत के आधुनिक विश्व के साथ सम्पर्कों पर रोशनी डालनी पड़ती।

IV

इन औपनिवेशिक विचार-श्रेणियों के प्रति अनुक्रिया करते हुए और उनके अंग के रूप में भारतीय संस्कृति के पुनर्विन्यास की कोशिशों के मुख्य आयाम कौन-कौन से थे? इस प्रश्न का सबसे अच्छा उत्तर उन्नीसवीं सदी की उन चुनिंदा हस्तियों के बारे में चर्चा के ज़रिये दिया जा सकता है जिन्होंने पुरुष और स्त्री के प्रति पारम्परिक हिंदू रुझानों का पुनर्मूल्यन किया, ताकि असामान्यता, अपरिपक्वता और बचकाने आदिमपन के मुक़ाबले परिपक्व और वयस्क-सामान्यता की आधुनिक अवधारणाओं से निबटा जा सके।[27]

ऐसे लोगों में माइकेल मधुसूदन दत्त (1834-73) का नाम सबसे पहले लिया जाना चाहिए। उपनिवेशवाद के तहत बदल रहे मूल्यों के साथ लोक-प्रचलित मिथकशास्त्र की संगति बैठाने के सर्वाधिक प्रभावशाली उद्यम का श्रेय उन्हीं को जाता है। मधुसूदन दत्त बांग्ला महाकाव्य *मेघनादवध काव्य* के रचयिता थे। इस कृति को उनके जीवन में ही बांग्ला भाषा की सर्वकालीन महानतम रचना का दर्जा मिल गया था।[28] अपनी जीवन-शैली और विचारधारा में पश्चिमीकरण को पूरी तड़क-भड़क के साथ अपनाने वाले इस कवि ने एक बार चर्च ऑफ़

---

[26] अल्बर्ट श्वाइट्ज़र (1959), *हिंदू थॉट ऐंड इट्स डिवेलपमेंट,* बीकन, न्युयॉर्क.

[27] 'मेघनादवध काव्य' (1861), क्षेत्र गुप्ता (सम्पा.) (1965), *मधुसूदन रचनावली,* खण्ड 1 और 2, साहित्य परिषद, कलकत्ता : 35-117.

[28] मैं जिन उदाहरणों का इस्तेमाल करूँगा वे मुख्यत: बंगाल के होंगे, इसलिए नहीं कि भारत के राजनीतिक, सृजनात्मक और सांस्कृतिक जीवन में औपनिवेशिक दुविधा सबसे ज़्यादा अच्छी और प्रभावी तरीक़े से वहीं देखी जा सकती थी, बल्कि इसलिए कि पश्चिम की घुसपैठ बंगाल में सबसे ज़्यादा गहरी और औपनिवेशिक उपस्थिति सबसे ज़्यादा दीर्घकालीन थी.

इंग्लैण्ड की ईसाइयत स्वीकार करते हुए यहाँ तक कह दिया था कि वे उनकी निगाह में 'हिंदूवाद एक पिन के मत्थे' जितनी हैसियत ही रखता है। बहरहाल, पहले दस साल तक अंग्रेज़ी साहित्य में एक मुक़ाम हासिल करने की कोशिश करने के बाद उन्होंने मातृभाषा में साहित्य रचने की शुरुआत की और पुराणिक महाकाव्यों में से कुछ की चमकदार व्याख्याएँ कर दिखायीं। इनमें *मेघनादवध* को सबसे महत्त्वपूर्ण माना जाता है।

कौन नहीं जानता कि *मेघनादवध* एक ऐसी रचना है जो *रामायण* की कहानी का पुनर्विन्यास करते हुए राम और लक्ष्मण के पारम्परिक रूप से श्रद्धेय चरित्रों को ऐसे खलनायकों की तरह पेश करती है जो निश्चेष्ट आक्रामकता के कारण दुर्बल और स्त्रियोचित थे। दूसरी तरफ़ इस कृति में रावण और उसके बेटे मेघनाद जैसे राक्षसों को तेजस्वी, पौरुषपूर्ण और आधुनिक नायक की हैसियत दी गयी है। यह रचना राम और रावण के बीच मुठभेड़ को एक राजनीतिक युद्ध की तरह दिखाते हुए राक्षस-पक्ष को नैतिकता-सम्पन्न क़रार देती है। इस महाकाव्य का अंत उस समय होता है जब सिद्धांतच्युत देवताओं के हाथों मेघनाद की पराजय होती है और वह मारा जाता है। यहाँ मेघनाद साहसी, गौरवशाली, उपलब्धि-उन्मुख, स्पर्धापरक, सक्षम, प्रौद्योगिकी के मामले में श्रेष्ठ और 'खिलाड़ी-भावना के अनुकूल' चलने वाले राक्षसों का प्रतीक बन कर उभरता है।

एक कृति के रूप में *मेघनादवध* *रामायण* की पहली पुनर्व्याख्या नहीं थी। मधुसूदन के पहले से दक्षिण भारत में *रामायण* की एक वैकल्पिक परम्परा चली आ रही थी जिसके कारण बीच-बीच में सामाजिक टकराव और विवादों का जन्म होता रहता था। जैन धर्म के दायरे में भी *रामायण* का एक संस्करण कभी-कभी अंतर्साम्प्रदायिक टकरावों के स्रोत का काम करता था।[29] जो भी हो, राम का चरित्र देव-सदृश्य होने के बावजूद पारम्परिक रूप से सर्वगुणसम्पन्न नहीं था। सामी देवताओं के विपरीत राम का किरदार काफ़ी कुछ मनुष्यों जैसा था। उसके भीतर अच्छे और बुरे का, बहादुरी और कायरता का, स्त्री और पुरुष का मिश्रण आसानी से दिख जाता था। इसी तरह रावण भी पारम्परिक रूप से हमेशा

---

[29] कम से कम एक साहित्यालोचक ने मधुसूदन द्वारा *रामायण* की इस पुनर्व्याख्या का उद्गम *जैन रामायण* के साथ जोड़ा है. मधूसूदन जिस समय मद्रास में थे, उस समय उन्होंने यह ग्रंथ पढ़ा होगा. असित बंदोपाध्याय (1965), *आधुनिक बांग्ला साहित्येर संक्षिप्त इतिवृत्त,* उद्धृत, विश्वनाथ बंदोपाध्याय, 'प्रमिलार उत्स', *देश,* 49(18), 6 मार्च, 1982.

केवल दुष्टता की नुमाइंदगी नहीं करता था। उसे स्पष्टतः सच्ची आध्यात्मिक उपलब्धियों से सम्पन्न दिखाया जाता था।

इस लिहाज़ से मधुसूदन दत्त भारत में प्रचलित असहमति की जीवंत परम्परा के अंग थे। (उनकी यह असहमति एक तरह के राजनीतिक बेतुकेपन में तब्दील नहीं हो पायी। दरअसल, दत्त उस अवधि के आख़िरी दौर में लिख रहे थे जब राजनीतिक रूप से सर्वाधिक शक्तिशाली होने के बावजूद अंग्रेज़ों के साथ-साथ भारत में कई और भी ताक़तें सक्रिय थीं, और पश्चिमी संस्कृति के प्रभाव से निबटना कहीं आसान था। चाहे शासक हों या शासित, पश्चिम का रुतबा मुट्ठी-भर लोगों पर ही ग़ालिब था।) इसी के साथ एक और बात थी। मधुसूदन ने जिन मानकों के आधार पर राम और रावण की भूमिकाओं को पलटा था, वे औपनिवेशिक हालात के प्रति प्रत्यक्ष अनुक्रिया की देन थे। उन्होंने रावण की सराहना उसकी पौरुषपूर्ण शक्ति, योद्धा के रूप में उसकी निपुणता, खाँटी राजनीतिक पकड़ और इतिहासबोध के लिए की थी। उन्होंने रावण को उसकी सेकुलर, इहलौकिक स्वत्तात्मकता और जीवन के प्रति उपभोक्ता सरीखी कामना के प्रति 'वयस्क' और 'सामान्य' प्रतिबद्धताओं के लिए स्वीकार किया था। इसके विपरीत वे अपने ही शब्दों में 'राम और उनके जमावड़े' को हेय दृष्टि से देखते थे, क्योंकि उन्हें लगता था कि ये लोग स्त्रियोचित और निष्प्रभावी क़िस्म के ऐसे छद्म संन्यासी हैं जिनका संन्यास उनके चयन का नहीं बल्कि उनकी दुर्बलता का परिणाम है।

मधुसूदन ने भारतीय संस्कृति के दायरे में जो अंतर्विरोध पेश किया था, उसके राजनीतिक मायने एकदम साफ़ थे। यह संस्कृति स्पर्धापरक व्यक्तिगत उपलब्धियों के ज़्यादातर रूपों को नकारती थी। उसमें सेक्स संबंधी भूमिकाओं के बीच अंतर को अकसर रेखांकित न करने की प्रवृत्ति थी। वह ऊँची प्रौद्योगिकी की हैसियत कमतर मानने के साथ-साथ मिथ और इतिहास को समान धरातल पर रख देती थी। यह संस्कृति स्वत्तात्मक व्यक्तिवाद और उपभोक्तावाद के साथ-साथ भोगवाद का भी निषेध करती थी। लेकिन इसका मतलब यह नहीं निकाला जा सकता कि *मेघनादवध* में जिन मूल्यों की नुमाइंदगी रावण से करवाई गयी थी, वे भारतीय परम्परा के लिए विजातीय थे। दरअसल, ये मूल्य ऐसे मिथकीय किरदारों से जोड़ कर देखे जाते थे जिन्हें कुछ संदर्भों में आदरणीय और सराहनीय भी माना जाता था। लेकिन, कुल मिलाकर स्थिति यह थी कि सांस्कृतिक रूप से

परिभाषित हो सकने वाली बहुत सी रहस्यमय परिघटनाओं की ही भाँति ये मूल्य भी एक सीमित दायरे में रह गये थे, या इनका हाशियाकरण कर दिया गया था। मसलन, माना जाता था कि रावण वेदों का ज्ञाता था और उसकी शक्तियाँ वर्षों के तप का परिणाम हैं। इसके बावजूद उसके इन उत्तम गुणों को उसके राक्षस-आत्म के सीमाओं के तहत ही मान्यता दी जाती थी। मधुसूदन ने अपनी कृति के माध्यम से रावण को इन पारम्परिक सीमाओं के बंधन से मुक्त कर दिया। उन्होंने इस चरित्र को वैज्ञानिकता और विद्वत्ता से सम्पन्न आधुनिक क्षत्रिय नरेश की हैसियत प्रदान की। उनके लिए रावण एक ऐसा नरेश था जो एक पशुचारी समाज से आये वनवास भुगत रहे राजकुमार की ग़ैर-सेकुलर राजनीति और प्रौद्योगिकी संबंधी निषेधों से संघर्ष कर रहा था।

एक कृति के रूप में *मेघनादवध* त्रासदी की श्रेणी में आता है। इस लिहाज़ से मधुसूदन के नायक एक ऐसी संस्कृति के दायरे में विसंगति की तरह थे जिसमें साफ़ तौर पर त्रासदी की कोई परम्परा नहीं थी। लेकिन, मधुसूदन द्वारा अपनाए गये इस नये रास्ते का पूरा तात्पर्य ग्रहण करने के लिए यह समझना ज़रूरी है कि पौराणिक परम्परा के तहत जीवन और साहित्य में त्रासदी की एक विशिष्ट अवधारणा भी आती है। पुराणों में जो त्रासदी मिलती है, वह किसी नायक की अंतिम महा-पराजय या मृत्यु या फिर देव-विरोधियों की आख़िरी जीत पर केंद्रस्थ न हो कर काल के प्रतापी प्रवाह से उद्‌भूत होती है। उसकी अभिव्यक्ति एक ऐसे अपरिहार्य पतन या क्षय में होती है जिससे कोई नहीं बच सकता, फिर चाहे वह सर्वशक्तिमान हो या सबसे दुर्बल, किसी युग का नुमाइंदा हो या निहायत ही मामूली, 'स्थायी' हो या फिर क्षण-भंगुर। महाभारत का महाप्रस्थान प्रकरण इसका सबूत है। कुरुक्षेत्र के भीषण युद्ध में हुई जीत के बाद पाण्डव स्वयं महाप्रस्थान का निर्णय लेते हैं, पर एक तरह से यह उनका प्रारब्ध भी था। जो मैं कहना चाहता हूँ वह कृष्ण की मृत्यु से भी स्पष्ट होता है। अंतिम समय में ईश्वर का वह अवतार भी कितना अकेला, जराग्रस्त, गृहमोह-पीड़ित और काफ़ी-कुछ विस्मृत हो चुका था।

मेघनादवध में त्रासदी की एक भिन्न अवधारणा की नुमाइंदगी की गयी है। इस महाकाव्य में न केवल सुपरिभाषित नैतिक मानकों के आधार पर अच्छाई और बुराई का स्पष्ट पृथक्करण है, बल्कि अंत में बुराई की जीत दिखाई गयी है। पारम्परिक रूप से राक्षसों को पौरुष के एक दानवीय संस्करण का प्रतिनिधि

माना जाता है, एक ऐसा पौरुष जो प्रचलित मानकों और परम्पराओं के बंधन स्वीकार नहीं करता। उपनिवेशवाद की नयी संस्कृति भारतवासियों के लिए इसी दानवीय पौरुष के कुछ पहलुओं की संस्तुति कर रही थी। प्रोमिथियन पुरुष की पुराकथा के एक भिन्न संस्करण को प्रचलित करने का उद्देश्य भी यही था। मधुसूदन ने *मेघनादवध* को एक त्रासदी के रूप में लिख कर और अपने पाठकों को इसके नायकों के साथ तादात्म्य स्थापित करने की प्रेरणा दे कर मानवीय व्यक्तित्व के उस प्रकार को वैधता प्रदान की जिसका प्रतिनिधित्व उनके प्रमुख पात्र कर रहे थे। इस तरह मधुसूदन ने न केवल आधुनिकता की उदीयमान विचारधारा को पुष्ट किया, बल्कि अपने समुदाय की विश्व-दृष्टि में उसी के मुताबिक़ सूत्रीकृत पौरुष और वयस्कता की अवधारणाओं को जमा दिया। परिणामस्वरूप मौजूदा सांस्कृतिक कल्पनाशीलता और मिथकों का सहारा ले कर पारम्परिक भारतीय पौरुष के वे आयाम प्रासंगिक बना दिये गये जो सीमित दायरे में अप्रभावी पड़े हुए थे।

यह था वह तरीक़ा जिससे मधुसूदन ने राममोहन राय (1772-1833) द्वारा की जा चुकी शुरुआती सांस्कृतिक आलोचना का नवीकरण किया।[30] यह उस ज़माने की बात है जब भारतीय मध्यवर्ग का आकार बढ़ता जा रहा था और पूर्वी भारत में इसके कई हिस्से औपनिवेशिक हस्तक्षेप के कारण पुरानी जीवन-शैलियों और मूल्यों से कटते जा रहे थे। ऐसे मध्यवर्गियों के लिए राममोहन राय संगठित धर्म, एक पवित्र ग्रंथ, एकेश्वरवाद और इस सबसे ऊपर एक पितृसत्तात्मक ईश्वर की सौगात ले कर आये। न केवल यह, बल्कि इसी के साथ-साथ उन्होंने शंकराचार्य द्वारा प्रतिपादित अद्वैत दर्शन का एक 'ग़लत अर्थग्रहण' करके पौरुष की एक नयी परिभाषा भी तैयार कर डाली। यह परिभाषा स्त्रीत्व के रहस्य का अनावरण करने पर तो टिकी हुई थी ही, साथ-साथ इसने नारीत्व के दैनंदिन रूपों के साथ जुड़े जादू-टोने को अपनी जगह से हटा कर पौरुष के भावातीत सिद्धांत पर केंद्रस्थ भी कर दिया था। राममोहन का उद्यम स्त्री को उन दायित्वों से मुक्त करना था जिनसे वह साझी चेतना या अवचेतन में बँधा महसूस करती

---

[30] उपनिवेशवाद के प्रति राममोहन राय की अनुक्रिया के मनोवैज्ञानिक आयामों की चर्चा के लिए देखें, नंदी, 'सती : अ नाइंटींथ सेंचुरी टेल ऑफ़ वुमॅन, वायलेंस ऐंड प्रोटेस्ट', *एट द ऐज ऑफ़ साइकोलॅजी* : 1-31. इस रचना में उस निजी और सांस्कृतिक द्वैध की चर्चा भी की गयी है जो राममोहन राय द्वारा अपनाए गये सामाजिक परिवर्तन के दर्शन की चालक-शक्ति थी.

थी। वे चाहते थे कि स्त्री को प्रकृति, राजनीति और सामाजिक जीवन के दायरे में पालक की भूमिका में विफलता का भार न उठाना पड़े। मधुसूदन को राममोहन के सुधार-दर्शन द्वारा उठाए गये प्रश्नों की जानकारी नहीं थी, लेकिन उन्होंने स्त्रीत्व और पुरुषत्व एवं वयस्कता और शैशव की पश्चिमी अवधारणाओं को भारतीय विश्व-दृष्टि में बाँधने की कोशिश की ताकि भारत में पश्चिमी उपस्थिति एक ऐसे ख़ास संदर्भ में स्वाभाविक लगने लगे जिसके तहत बहुत से भारतीयों को पश्चिम भारतीय संस्कृति के अधिक मूल्यवान आयामों का प्रतिनिधित्व करता हुआ प्रतीत होने लगा था। इस तरह रावण के जो अति-पौरुषेय राक्षसी गुण पहले ख़ारिज कर दिये जाते थे, उन पर मधुसूदन ने दानवराज की सच्ची वयस्क मर्दानगी की तरह अपनी मुहर लगा दी। उन्होंने इस मर्दानगी को रावण के पराक्रमी गुणों के साथ जोड़ दिया। पाले के दूसरी तरफ़ राम की शख़्सियत पौरुषहीन, अपरिपक्व और क्लांत देवत्व के रूप में चित्रित हुई। ये वही राम थे जिनके खुले और बहुमुखी व्यक्तित्व में भारतवासी न जाने कब से अच्छाई की अपनी जटिल समझ की प्रतीति करते रहे थे। मधुसूदन ने उन्हीं राम को अच्छाई की एक निम्नस्तरीय और सम्भवत: भ्रांत अवधारणा का प्रतिनिधि बना दिया।

यहाँ मैं उन मातृ-मनोग्रंथिमूलक आवेगों की चर्चा नहीं करूँगा जिन्होंने मधुसूदन को पौरुष और सामान्यता की नयी परिभाषाओं की तरफ़ धकेला था। ध्यान रखने लायक़ बात यह है कि पुरुषत्व और स्त्रीत्व की पश्चिमी अवधारणाओं को अपनी संस्कृति के दायरे में 'पालतू' बनाने का उनका यह उद्यम उस ज़माने में किया जा रहा था जब ब्रिटिश साम्राज्यवाद की सम्पूर्ण शक्ति और भव्यता पूरी तरह से प्रकट नहीं हुई थी। इसीलिए मधुसूदन में अपने कामों के प्रति लेश मात्र भी हिचक नहीं थी। भारत के प्रमुख सुधार आंदोलनों की शैली में ही वे भारतीय परम्परा की आक्रामक आलोचना पेश कर रहे थे। उनका प्रयास केवल भारतीय शर्तों पर, या कहिए तो पश्चिमी शर्तों पर भी, भारतीय संस्कृति की व्याख्या करने का नहीं था। बल्कि वे तो पश्चिम को भारतीय शर्तों पर व्याख्यायित करते हुए उसे भारतीय संस्कृति के ही एक अपरिहार्य अनुभव की तरह ग्रहण करना चाहते थे।

अब मैं उपनिवेशवाद की अनुक्रिया में उभरी सांस्कृतिक आलोचना की दूसरी धारा का ज़िक्र करूँगा। इस धारा ने भी धर्म-ग्रंथों की पुनर्व्याख्या को अपना आधार

बनाया, लेकिन वास्तव में यह भी उन बीज-मूल्यों पर निर्भर थी जिन्हें औपनिवेशिक विश्व-दृष्टि से उधार लेने के बाद उन पर तत्कालीन प्रचलित धार्मिकता की अवधारणाओं की मुहर लगा ली गयी थी। इस धारा के सर्वाधिक सृजनशील प्रतिनिधि सम्भवतः बंकिमचंद्र चटर्जी (1838-94) थे। बंकिम के उपन्यास और निबंध आलोचनात्मक हिंदू धर्म के पूर्ववर्ती मॉडल को दरकिनार करते हुए राजनीतिक संस्कृति के एक नये साँचे की पेशकश करते थे। यह दृष्टि हिंदू अतीत अर्थात् हिंदू स्वर्ण-युग को ईसाइयत की ख़ूबियों की रोशनी में यह मान कर देखने का प्रयास करती थी कि इन्हीं के कारण ईसाई शक्ति-सम्पन्न हुए हैं।

बंकिम का उपन्यास *आनंदमठ* भारतीय राष्ट्रवादियों की पहली पीढ़ी, ख़ासकर बंगाली आतंकवादी क्रांतिकारियों के बीच बाइबिल की तरह पढ़ा जाता था। दरअसल, यह उपन्यास धर्म की एक ऐसी ही अवधारणा के निष्पादन का सीधा प्रयास था।[31] उपन्यास में दिखाया गया संन्यासियों का सम्प्रदाय साफ़ तौर पर पश्चिमी ईसाइयत के किसी संस्करण से जुड़े पौरोहित्य जैसा था। इस पश्चिमीपन से ही इन संन्यासियों को उनका इतिहासबोध मिला था। इसी से उन्होंने संगठित धर्म पर बल देना सीखा था और सबसे बड़ी बात तो यह है कि इसी पश्चिमीपन के ज़रिये उन्होंने ब्रिटिश राज को एक ऐसी परिघटना के रूप में स्वीकार कर लिया था जो उनकी निगाह में अल्पकालिक तो थी पर ऐतिहासिक रूप से अपरिहार्य और हिंदू कसौटियों के आधार पर वैध भी थी।

इस उद्यम में जो बात रह गयी थी, उसकी पूर्ति बंकिम अपने एक ललित निबंध में करते हुए दिखते हैं। कृष्ण के बारे में लिखा गया यह निबंध इस पारम्परिक अवतार की पुनर्व्याख्या करते हुए हिंदू धर्म के नये मॉडल को पूरा कर देता है।[32] मधुसूदन ने जो उद्यम *रामायण* के संदर्भ में किया था, बंकिम ने वही *महाभारत* और कृष्ण से संबंधित पाँच पुराणों के संदर्भ में किया। उन्होंने एक ऐतिहासिक और ऐतिहासिक रूप से सचेत कृष्ण का किरदार रचने की कोशिश की। उनके कृष्ण आधुनिक मानकों के अनुसार आत्म-सुसंगत, आत्म-सचेत और नैतिक थे। उन्होंने कृष्ण से संबंधित सभी प्राचीन ग्रंथों को छान मारा ताकि न केवल

---

[31] बंकिमचंद्र चटर्जी (1958), *रचनावली,* जोगेश बागल द्वारा लिखित परिचय के साथ, साहित्य संसद, कलकत्ता, खण्ड 1 : 715-88.

[32] बंकिमचंद्र चटर्जी, 'कृष्णचरित्र', 1886, *रचनावली,* खण्ड 2 : 407-583.

उनकी ऐतिहासिकता निर्धारित की जा सके, बल्कि सेक्शुअलिटी, राजनीति और सामाजिक रिश्तों के नवीन मानकों के लिए अस्वीकार्य कृष्ण-चरित्र के सभी पहलुओं को तर्क के आधार पर ख़ारिज किया जा सके। बंकिम के कृष्ण मधुर, बालसुलभ, अपने आप में अंतर्विरोधी और यदाकदा अनैतिक आचरण करने वाले अवतार नहीं थे। कृष्ण की वह छवि बंकिम को पसंद नहीं थी जिसमें यह देवता अपने साधारण भक्तों के दैनंदिन जीवन में समरस हो जाता था, और अन्य महान हस्तियों की ही भाँति दुरात्माओं को दुरुस्त करने वाले सफल, सक्रिय और उत्पादक देवता की भूमिका कभी-कभी ही निभाते हुए दिखता था। बंकिम कृष्ण के उस रूप से भी सहमत नहीं थे जिसके तहत उनका चित्रण कभी-कभी सेक्शुअल क़िस्म की शरारतें करने वाले नटखट नंदलाल की तरह किया जाता था। यह कृष्ण अपने शैशव में एक साथ अर्धनारीश्वर, दार्शनिक संवेदनशीलता से परिपूर्ण और व्यावहारिक आदर्शवादी था। बंकिम के कृष्ण तो आदरणीय, आत्माभिमानी, प्रबोधक और 'दृढ़' क़िस्म के देवता थे। उन्हें हिंदू धर्म की गौरव-रक्षा करनी थी ताकि उसे एक समुचित धर्म के तौर पर संरक्षित करते हुए आंतरिक रूप से सुसंगत नैतिक और सांस्कृतिक प्रणाली के रूप में संरक्षित किया जा सके। बंकिम के कृष्ण को ईसाई और इस्लामिक देवताओं की तरह सम्पूर्ण श्रेष्ठता का प्रतीक बनना था। यही था उनका सर्वप्रथम मानक जिस पर खरे न उतरने वाले कृष्ण के प्रत्येक आयाम को बंकिम ने या तो कालांतर में प्रक्षिप्त बता कर या अप्रामाणिक क़रार दे कर ख़ारिज कर दिया।[33] बंकिम का लक्ष्य था कृष्ण को एक सामान्य और ग़ैर-पैगन देवता बनाना, एक ऐसा देवता जिसके कारण प्रगतिशील पश्चिमवासियों के सामने उसके भक्तों को कभी नीचा न देखना पड़े।

यही थी वह चेतना जिसमें स्वामी दयानंद सरस्वती (1824-83) और स्वामी विवेकानंद (1863-1902) भी सहभागी हुए और उसे आगे विकसित करने की प्रक्रिया चलायी। इन दोनों स्वामियों का मंच पर पदार्पण उन दिनों हुआ जब औपनिवेशिक संस्कृति ने भारतीय समाज में गहराई तक प्रवेश कर लिया था। उन दिनों सांस्कृतिक सुधारों को जन-राजनीति पर प्राथमिकता देना सम्भव नहीं रह गया था। ऐसा करने के लिए इस तथ्य को नज़रअंदाज़ करना पड़ता कि पश्चिम अपना मनोवैज्ञानिक आक्रमण शुरू कर चुका है और बहुत से भारतीयों द्वारा व्यापक पैमाने पर पश्चिमी मूल्यों का आत्मसातीकरण हो चुका है। ऐसी

---

[33] यह भी एक आधुनिक समझ ही थी. किसी भी अनैतिहासिक या महाकाव्यात्मक संस्कृति में कालवाचिकता प्रामाणिकता का निर्धारक तत्त्व नहीं हो सकती. देखें, इस निबंध का सातवाँ भाग.

परिस्थिति में अगर भारतीय व्यक्तित्व के सुधार पर ज़्यादा ज़ोर दिया जाता तो उससे पश्चिमीकरण की नयी और क्षोभकारी प्रक्रियाओं के उभरने का जोखिम पैदा हो सकता था।

लेकिन, इसके बावजूद दोनों दुर्धर्ष स्वामियों ने ठीक यही किया। उन्होंने अपने बुनियादी मूल्य पश्चिम से उधार लिए और अपनी परम्परानिष्ठ पुनरुत्थानवादी छवि के बावजूद हिंदुओं की निर्मम आलोचना की। उनकी एक वैचारिक मुद्रा यह भी थी कि हिंदू प्राचीन काल में महान थे, लेकिन शास्त्रीय ब्राह्मणवाद और सच्चे क्षत्रियत्व से संबंध भंग हो जाने के कारण उन्हें गिरावट का सामना करना पड़ा। यहाँ महान होने से उनका तात्पर्य पौरुषपूर्ण और वयस्क होना था। ज़ाहिर है कि अगर शासक होने का सबसे बड़ा मानक क्षात्रतेज या युद्ध में दिखाया गया पराक्रम ही था, तो फिर शासन करने योग्य वही हो सकता था जो अधिक क्षात्रतेज से सम्पन्न हो। समकालीन हिंदुओं के लिए क्षात्रतेज की यह महत्ता एक बुरी ख़बर थी, लेकिन दूसरी ओर इस दलील की संगति औपनिवेशिक विचार की प्रधान संरचनाओं के साथ[34] और कुछ पश्चिमी प्राच्यवादियों की विचारधारा के साथ अच्छी तरह बैठ जाती थी।

इस प्रकार विवेकानंद और दयानंद ने भी हिंदू धर्म के ईसाईकरण की कोशिश की। ख़ासकर उन्होंने उस प्रधान हिंदू अवधारणा को बदला जो बताती थी कि किस प्रकार का व्यक्ति वांछनीय है। ऐसा करने की प्रक्रिया में उन्होंने शक्ति और वर्चस्व को पश्चिम के साथ जोड़ कर देखा और प्रकारांतर से इन्हीं दोनों आयामों को उच्चतर सभ्यता का प्रमाण क़रार दे दिया। इसके बाद उन्होंने पश्चिम और भारत के बीच अंतरों की सूची बनाने का प्रयास किया और फिर इन्हीं अंतरों के आधार पर पश्चिम को श्रेष्ठ बताया। इन स्वामियों ने अपना बाक़ी जीवन अभागे हिंदुओं को यह समझाते हुए बिताया कि उन्हें पश्चिम के साथ अपने सांस्कृतिक अंतर की भरपाई में जुट जाना चाहिए। चूँकि भारतीय संस्कृति एक प्रणाली के रूप में संकुल और अपने सिरों पर खुली हुई थी, इसलिए स्वाभाविक तौर पर विवेकानंद और दयानंद ने हिंदू परम्परा में कुछ ऐसे पहलू भी खोज निकाले जो ऐसे श्रेष्ठ पश्चिमी मूल्यों की पुष्टि करते थे, और जिन्हें उस ज़माने के 'अपात्र' हिंदू समझने में नाकाम थे। यह समझना आसान है कि उनके हिंदू धर्म के मुख्य तत्त्व

---

[34] केरनन, 'द लॉर्ड्स ऑफ़ ह्यूमन काइंड'.

कौन-कौन से रहे होंगे। वे हिंदू धर्म को एक सुगठित पुरोहित वर्ग, चर्च और मिशनरियों से युक्त एक संगठित धर्म में बदलना चाहते थे। उन्होंने धर्मप्रचार और धार्मिक 'शुद्धमतीकरण' का विचार भी अपना लिया (उन्नीसवीं सदी में भारतीय ईसाइयों और मुसलमानों को चुनौती देने के लिए चलाया गया शुद्धि अभियान हिंदू धर्म के लिए एक सामी तत्त्व ही था जिसका समावेश पश्चिमी ईसाइयत के प्रभाव में किया गया था)। सामी धर्मों की ही तरह दयानंद ने वेदों को और विवेकानंद ने *गीता* को सर्वप्रमुख धार्मिक ग्रंथ की संज्ञा से विभूषित करने की कोशिश की। दोनों स्वामियों ने रैखिक, वस्तुगत और कारणात्मक इतिहास की अवधारणा को मान्यता दी; एकेश्वरवाद से मेल खाने वाले विचारों की वकालत की (विवेकानंद ने तो एकेश्वरवाद की एक अनूठी क़िस्म तक गढ़ डाली : उन्होंने एक अर्ध-एकेश्वरवादी सम्प्रदाय खड़ा किया जिसके केंद्र में एक देवी की प्रतिष्ठापना की गयी थी); और एक ऐसे शुद्धतावाद और इहलौकिक संन्यास पर बल दिया जिसका एक हिस्सा कैथॅलिक चर्च से और एक हिस्सा कैल्विनिज़्म से उठाया गया था।

यह मॉडल कुछ था ही इस तरह का कि इसके प्रभाव में लोग एक ख़ास तरह की समझ की तरफ़ जाते। नतीजा यह निकला कि हिंदुओं में पौरुष के क्षय और सांस्कृतिक गिरावट का कारण उन मूलभूत आर्य गुणों की कमी में देखा जाने लगा जिनके बारे में मान्यता थी कि ये भारतीयों और पश्चिमवासियों में साझा रूप से पाए जाते हैं। दयानंद द्वारा अपने चर्च को आर्य समाज का नाम देने में एक राजनीतिक तात्पर्य निहित था। हिंदू धर्म में मूलभूत मनोवैज्ञानिक और संस्थागत परिवर्तन करने पर ज़ोर और इस धर्म के कुछ दूसरे आलोचनात्मक रूपों को ख़ारिज करने का आग्रह भी लाज़िमी तौर पर इसी से निकलता। आलोचनात्मक हिंदू धर्म के इन रूपों की ख़ास बात यह थी कि वे राजनीतिक परिवर्तनों को प्राथमिकता देते हुए तत्कालीन हिंदू समाज को जस का तस स्वीकार करके ब्रिटिश उपनिवेशवाद से संघर्ष करना चाहते थे। (इसकी एक मिसाल बाद में गाँधी के रूप में मिली जब उन्होंने हिंदुओं को भारतीयों के रूप में संगठित किया, न कि हिंदुओं के रूप में, और इस प्रकार हिंदू धर्म को एक असंगठित, अव्यवस्थित और दोनों सिरों से खुले धर्म का चरित्र अपनाने की छूट दे दी।) यह देख कर अचरज नहीं होता कि इसी प्रक्रिया में धीरे-धीरे यह दूसरा मॉडल उपनिवेशवाद-विरोध की आवश्यकताओं के अनुकूल नहीं रह गया। आलोचना की बहिर्जात श्रेणियों पर बहुत अधिक ज़ोर देने के कारण यह ब्रिटिश-विरोध के प्रचलित मॉडल

की भाँति उपनिवेशवाद का प्रच्छन्न सहयोगी भी नहीं हो सकता था।

इतना ही नहीं, यह मॉडल एक और राजनीतिक विरोधाभास का शिकार हुआ। ब्रिटिश राज के पहले चरण में हुक्मरानों ने हिंदुओं की राजनीतिक भागीदारी प्रोत्साहित की (क्योंकि अंग्रेज़ समर्थक हिंदुओं की यह सहभागिता हुकूमत के लिए लाभकारी थी), पर दूसरे चरण में राष्ट्रवादी उभार के कारण शासकों ने इस भागीदारी को हतोत्साहित करना शुरू कर दिया। इसी तरह पहले चरण में ब्रिटिश राज समाज सुधार के सभी आंदोलनों से रुष्ट रहता था। भारतीय सुधारवादी जिन सामाजिक रीति-रिवाजों को बदलने के लिए संघर्ष कर रहे थे, उनके ख़िलाफ़ क़ानून बनाने में यह हुकूमत अकसर दसियों साल लगा देती थी। लेकिन, दूसरे चरण में ब्रिटिश हुकूमत राष्ट्रवाद की उन प्रवृत्तियों को प्रोत्साहित करने लगी जो समाज सुधार के रास्ते राजनीतिक स्वतंत्रता तक पहुँचना चाहते थे, ख़ासकर भारतवासियों के राष्ट्रीय चरित्र में सुधार के ज़रिये।

आलोचनात्मक हिंदू धर्म का दूसरा मॉडल अपनाने वालों में भी इस तरह के भटकाव के उदाहरण मिलते हैं। ऐसे उदाहरणों को देखना हो तो आंतकवादियों और विनायक दामोदर सावरकर और सुभाष चंद्र बोस सरीखे उनके विराट संस्करणों द्वारा राष्ट्रवादी लक्ष्यों की प्राप्ति के लिए किये गये विकट पराक्रम और बेतहाशा क़ुर्बानियों पर नज़र डालनी चाहिए। लेकिन, कुल मिलाकर पहले मॉडल द्वारा प्रदत्त गुंजाइश के सहारे पश्चिमी सांस्कृतिक विचार भारतीय धार्मिक विचारों की गहराइयों में रिसते चले गये और राजनीतिक अधीनता और आर्थिक पिछड़ेपन के पश्चिमी सांस्कृतिक विचारों को स्वीकार कर लिया गया। हिंदू धर्म द्वारा अपनाई गयी रैखिक इतिहासबोध की नयी समझ प्रगति के पश्चिमी सिद्धांत से लेकर ही आत्मसात की गयी थी। यह समझ इस उद्देश्य के लिए सटीक औज़ार की तरह काम आयी। इससे साम्राज्यिक आस्था के बरअक्स इतिहास के धरातल पर कमतरी का एक एहसास पनपाने का मौक़ा मिला और हिंदुओं के स्वर्ण युग को आधुनिक पश्चिम के प्राचीन संस्करण की तरह देखा जाने लगा।[35]

संक्षेप में कहा जा सकता है कि राजनीतिक चेतना की दोनों धाराओं ने एक-दूसरे के प्रति प्रकट शत्रुता के बावजूद उपनिवेशितों के लिए एक ऐसा सांस्कृतिक

---

[35] दरअसल, हिंदू राष्ट्रवाद के अधिकतर हिस्सों की मुसलमान विरोधी मुद्रा औपनिवेशिक सत्ता के ख़िलाफ़ शत्रुता न निकाल पाने का फलितार्थ थी. हिंदू राष्ट्रवादियों की मुश्किल यह थी कि हिंदू धर्म के भीतर औपनिवेशिक सत्ता के लिए एक नयी वैधता बन गयी थी. इस तरह की गतिशीलता मोटे तौर पर मातृसत्तात्मक विद्वेष के

और राजनीतिक आत्म तैयार किया जिसकी डिज़ाइन आंशिक रूप से औपनिवेशिक ही थी। कम से कम पहली धारा के बारे में इतना ज़रूर कहा जा सकता है कि वह आत्माभिमान और स्वायत्तता के कहीं बेहतर आग्रहों पर टिकी हुई थी। इसका विकास राममोहन राय जैसी हस्तियों ने किया था। बाद में इस धारा को भी न केवल उसके विरोधियों और समर्थकों द्वारा पश्चिमी विश्व-दृष्टि के प्रति समर्पित रूप में देखा गया, बल्कि वह ऐसी बनती भी चली गयी।

ब्रिटिश उपनिवेशवाद की पूर्ण विकसित संस्कृति के सहअस्तित्व में रहने वाले लोगों के सामने यह हक़ीक़त धीरे-धीरे साफ़ हुई कि इन दोनों में से कोई भी मॉडल आत्माभिमान और सांस्कृतिक स्वायत्तता के लिए समुचित आधार मुहैया कराने लायक़ नहीं था। लेकिन, दिक़्क़त यह थी कि ऐसा कोई वैकल्पिक मॉडल दिख भी नहीं रहा था जो भारतीय परम्परा पर आलोचनात्मक नज़र डालते हुए उस पर पड़ने वाले पश्चिमी प्रभाव की प्रकृति का मूल्यांकन करके और भारतीय संस्कृति की प्रामाणिकता को गड़बड़ाए बिना उसमें ताज़गी फूँक सकता।

उन्नीसवीं सदी में ही इस जड़ता से निकलने की कोशिश करने वाले कुछ अव्यवस्थित से प्रयास ज़रूर दिखाई पड़ते हैं। ईश्वरचंद्र विद्यासागर (1820-1891) जैसे लोगों ने एक ऐसी राजनीतिक जागरूकता पैदा करने की कोशिश की थी जिसमें हिंदू धर्म और उपनिवेशवाद के प्रति आलोचनात्मक दृष्टि के साथ-साथ सांस्कृतिक और व्यक्तिगत प्रामाणिकता के संयोग की सम्भावना थी। एक जीवनीकार ने विद्यासागर के संदर्भ में इस पहलू की शिनाख़्त करते हुए लिखा है कि इस प्रक्रिया में 'उन्नीसवीं सदी के दौरान' ये लोग 'संस्कृतियों के टकराव में से सम्पूर्ण और समृद्ध' हो कर उभरे।[36]

ईश्वरचंद्र ने भी स्त्री-विरोधी संस्थागत हिंसा से टक्कर ली और राजनीति के ऊपर समाज-सुधार को प्राथमिकता दी। लेकिन, हिंदू धर्म की समस्याओं का उनके द्वारा किया गया आकलन सांस्कृतिक कमतरी के एहसास की उपज नहीं था। उसका जन्म हिंदू धर्म के भीतर मौजूद विदित अंतर्विरोधों से ही हुआ था। भारतीय स्त्रियों के लिए संघर्ष करते हुए भी उन्होंने पौरुष और स्त्रीत्व के

सत्तावादी व्यक्ति के रूप में विकसित होने का ही एक रूप समझी जा सकती है. उद्धरत, टी.डब्ल्यू. एडोर्नो, एल्स फ्रेंकेल-ब्रुंसविक, डी. लेविंसन और आर.एन. सैनफ़र्ड (1960), द *अथॉरिटेरियन पर्सनैलिटी,* हार्पर, न्युयॉर्क.

[36] अमलेश त्रिपाठी (1974), *विद्यासागर : द ट्रेडिशनल मॉडर्नाइज़र,* ओरिएंट लोंगमेन, कलकत्ता.

पश्चिमीकृत आदर्शों के दायरे में अथवा सांस्कृतिक प्रगति के सिद्धांत के आधार पर काम नहीं किया। उन्होंने हिंदू धर्म का सामीकरण करने और उसके परिणाम को राज्य के तैयारशुदा सिद्धांत की तरह स्वीकार करने से इंकार किया। नतीजा यह निकला कि उनका समाज न तो उन्हें नज़रअंदाज़ कर पाया और न ही माफ़ कर सका। (निधन की घड़ी में भी पण्डित विद्यासागर अपने घर के बाहर बजता हुआ बैंड सुन सकते थे जो उनकी आख़िरी साँसों की ख़ुशी मना रहा था)। विद्यासागर का हिंदू धर्म ख़तरनाक ढंग से निपट हिंदू धर्म ही लगता था, और इसीलिए परम्परानिष्ठ हिंदुओं के लिए वह भीतर से दी गयी एक चुनौती, एक फ़ितने की तरह था। इसी तरह उनके द्वारा की गयी सांस्कृतिक आलोचना उन लोगों को भी बुनियादी लगती थी जो आंतरिक आलोचना और सांस्कृतिक परिवर्तन के अन्य दो मॉडलों के पैरोकार थे। विद्यासागर को न तो धर्मविमुख मान कर दरकिनार किया जा सकता था और न ही उन्हें हिंदू धर्म की ख़ामियों के लिए क्षमाप्रार्थी के रूप में देखा जा सकता था।

विद्यासागर ने अपनी सांस्कृतिक ज़मीन स्पर्धारत मॉडलों के कुछ मानकीय और संस्थागत लक्ष्यों का परिहार करके हासिल की थी। उन्होंने अपने ज़माने में हिंदुओं के बीच तथाकथित रूप से लोकप्रिय हिंदू स्वर्ण-युग की कल्पनाशीलता का इस्तेमाल करने से इंकार कर दिया था। इसी तरह उन्होंने भारत के ग़ैर-हिंदू शासन के इतिहास के साथ मनोवैज्ञानिक बंधनों में बँधने से परहेज़ किया और इस्लामी और पश्चिमी आईने के मुताबिक़ हिंदू धर्म को एक 'बाक़ायदा धर्म' के रूप में समझने में भी दिलचस्पी नहीं दिखायी। न ही उन्होंने पौरुष और वयस्कता की विचारधाराओं को स्वीकारा। वे पश्चिम से हिसाब साफ़ करने के लिए सुपर-हिंदुओं का राष्ट्र बनाने या पश्चिमी सांस्कृतिक अतिक्रमण के सर्व-सम्पूर्ण प्रतिकार के रूप में हिंदू धर्म की पैरोकारी के लिए भी तैयार नहीं हुए। उनका उद्यम तो हिंदू धर्म के औपचारिक ढाँचे की बजाय उसकी आत्मा की रक्षा करने का था। वे हिंदू धर्म को उप-संस्कृतियों और शास्त्रीय प्राधिकारों के एक खुले और अव्यवस्थित संघ की तरह ही क़ायम रखना चाहते थे ताकि उसमें नये पाठों और नयी आलोचनाओं की गुंजाइश बनी रहे।

ज़ाहिर है कि ईश्वरचंद्र का उपनिवेशवाद विरोध तर्कणावाद के पश्चिमी संस्करण से परिभाषित नहीं होता था, भले ही बंगाली भद्रलोक के बीच उनकी कैसी भी रूढ़ छवियाँ प्रचलित रही हों। उनका उपनिवेशवाद-विरोध विशेष रूप से प्रतिक्रियामूलक भी नहीं था, यद्यपि उनके दैनंदिन जीवन के कुछ पहलू इस

तरफ़ इशारा करते थे (जैसे, उनके द्वारा केवल और केवल भारतीय पोशाक पहनना, आपसी बातचीत की उनकी शैली और खान-पान की आदतें)।[37] ईश्वरचंद्र सबसे पहले एक ब्राह्मण पण्डित थे। एक विद्वान और शास्त्रार्थी के रूप में धर्म-ग्रंथों पर उनकी राय स्पष्ट थी और वे मानते थे कि उनकी सुधार-योजना उन ग्रंथों के अनुकूल है।[38] वे कोई ऐसे धार्मिक व्यक्ति भी नहीं थे जो हिंदू धर्म का नया संस्करण लोगों के गले उतारना चाहता हो, और गाँधी के विपरीत उन्हें अपने ऊपर थोपे गये किसी महात्मापन का सामना भी नहीं करना पड़ा। लेकिन, गाँधी की तरह ही उन्होंने भी ख़ुद को परम्परानिष्ठ हिंदू घोषित करते हुए दावा किया कि उनका हिंदूपन उनके विरोधियों से बेहतर है क्योंकि वह औपनिवेशिक अनुभव को भी अपने दायरे में समेट लेता है।

हालाँकि ईश्वरचंद्र दरिद्र ग्रामीण पृष्ठभूमि से आये थे, परंतु उनके ज़माने ने उन्हें अपनी इस असहमति को शहरी मध्यवर्ग के परे ले जाने की इजाज़त नहीं दी। वे अपने समाज के हाशियों को अपने पक्ष में गोलबंद नहीं कर पाए और न ही उन्होंने शास्त्रीय के मुकाबले हिंदू धर्म के लोक-रूपों का अधिक रचनात्मक इस्तेमाल कर पाया। इस सीमा के बावजूद उनके मॉडल ने अति-पौरुष और 'सामान्यता' की विचारधारा का दृढ़ता से मुकाबला किया। ईश्वरचंद्र के कई लोकप्रिय अध्ययन उनके इस पहलू को रेखांकित करते हैं। मधुसूदन दत्त ने एक बार लिखा था कि उस हठी और जाज्वल्यमान ब्राह्मण में 'एक बंगाली माँ का हृदय' है। विद्यासागर के बारे में उनके जीवन में ही संस्कृत की वह कहावत प्रचलित हो गयी थी जिसमें उन्हें 'वज्र से भी कठोर, लेकिन फूल से भी मुलायम' बताया जाता था। भले ही घिसीपिटी लगे, पर इस कथन को विद्यासागर में निहित अर्धनारीश्वरपन की मानक अभिव्यक्ति तो माना ही जा सकता है। इस बात को सब लोग आम तौर पर समझते ही थे कि प्राधिकार के आक्रामक उल्लंघन और प्राधिकार की प्रामाणिक पुनर्व्याख्या का जो संयोग विद्यासागर में मिलता है उससे प्रगति के औपनिवेशिक सिद्धांत की कुछ मूलभूत परिकल्पनाओं को चुनौती मिलती है। भारतीयों और अंग्रेज़ों द्वारा मिल कर गढ़ी गयी 'वैध असमानता' की अवधारणा तो इस संयोग से ख़ास तौर से प्रश्नांकित

---

[37] विनय घोष (1973), *विद्यासागर ओ बंगाली समाज,* खण्ड 1-3, बंगाल पब्लिशर्स, कलकत्ता, दूसरा संस्करण; इंद्र मित्र (1971), *करुणासागर विद्यासागर,* आनंद पब्लिशर्स, कलकत्ता.

[38] विद्यासागर त्रिपाठी, अध्याय 1. इस तरह की पुनर्व्याख्या से जुड़ी समस्याओं पर अशोक सेन (1977) ने विचार किया है, *ईश्वरचंद्र विद्यासागर ऐंड हिज़ इल्यूज़िव माइलस्टोंस,* ऋद्धि इण्डिया, कलकत्ता.

होती थी। यह ज़रूर है कि विद्यासागर अपनी असहमति का पूरी तरह से राजनीतीकरण नहीं कर पाए, पर कम से कम उन्होंने भारतीय आवश्यकताओं की पूर्ति की ख़ातिर 'अपरिहार्य' समझे जाने वाले अस्थायी औपनिवेशिक उत्पीड़न का एक औज़ार के रूप में इस्तेमाल करने की कोशिश ज़रूर की। और, ऐसा करने के लिए उन्होंने इन आवश्यकताओं की पश्चिमी उपयोगितावादी, सामाजिक डार्विनवादी और रैडिकल व्याख्याओं का सहारा नहीं लिया।

V

> उपनिवेशीकरण की समस्या का ताल्लुक़ केवल उपनिवेशित देशों से नहीं था। वि-उपनिवेशीकरण की जो प्रक्रिया इन देशों में अभी तक पूरी नहीं हुई है, वह घरेलू ज़मीन पर भी चल रही है। उसे हमारे स्कूलों में, स्त्री-समानता की माँगों में, छोटे बच्चों की शिक्षा के दायरे में और कई अन्य क्षेत्रों में देखा जा सकता है। ... अगर कुछ संस्कृतियों ने दूसरों का विनाश करने की क्षमता दिखाई है ... तो इन संस्कृतियों द्वारा पनपाई गयी विनाशकारी शक्तियों का असर स्वयं उन पर भी आंतरिक रूप से पड़ा है। ...
>
> — ऑक्टेव मानोनी[39]

> अपनी चेतना के धरातल पर तनाव से बचने के लिए उपनिवेशक उपनिवेशित अन्य को पशु की तरह देखने की आदत डाल लेता है और इस तरह उसे उस अन्य के साथ पशुवत् व्यवहार करने का अभ्यास पड़ जाता है। इस प्रक्रिया में वह स्वयं को वस्तुगत रूप से पशु बनाने की तरफ़ जाता है ... वे सोचते थे कि वे केवल भारतवासियों, या हिंदुओं या दक्षिणी सागर के द्वीपवासियों या अफ़्रीकनों की हत्या कर रहे हैं। दरअसल, इस प्रक्रिया में वे एक के बाद एक उन परकोटों को ढहाते चले गये जिनके पीछे युरोपीय सभ्यता का निर्बंध विकास होता रह सकता था।
>
> — एमी सिज़िएर[40]

उपनिवेशवाद की मनोवैज्ञानिक शक्ल-सूरत का अब मोटे तौर पर पता लगाया जा चुका है। इसके लिए हमें ऑक्टेव मानोनी, फ़्रांज़ फ़ानो और अल्बर्ट मेमी जैसे संवेदनशील लेखकों का कृतज्ञ होना चाहिए। इनके ज़रिये हमें उन

---

[39] मानोनी, 'साइकोएनालैसिस' : 93-4.

[40] एमी सिज़िएर (1972), *डिस्कोर्स ऑन कोलोनियलिज़म,* अनु. जोआन पिंकहैम, मंथली रिव्यू प्रेस, न्युयॉर्क और लंदन : 20, 57-8.

अंतर्वैयक्तिक प्रारूपों का भी कुछ-कुछ ज्ञान हो गया है जिनसे मिल कर औपनिवेशिक हालात बनते हैं, ख़ास कर अफ्रीका के संदर्भ में।[41] लेकिन उपनिवेशीकरण के फलितार्थों के रूप में उपनिवेशन करने वाले समाजों के भीतर उपजी सांस्कृतिक और मनोवैज्ञानिक व्याधियों के बारे में अभी उतनी जानकारी नहीं मिल सकी है।

उपनिवेशवाद के बारे में एक लोक-प्रचलित समझ यह है कि उसके कष्ट केवल अधीनस्थ समुदायों को ही भोगने पड़ते हैं। इस दृष्टि के अनुसार उपनिवेशवाद एक राजनीतिक आर्थिकी का नाम है जिसके तहत एकतरफ़ा प्रक्रिया के तहत उपनिवेशितों के सामने लाभों से वंचित होने के अलावा कोई और चारा नहीं होता और नतीजतन उपनिवेशकों को लगातार लाभ मिलता रहता है। दरअसल, मानवीय चेतना और इतिहास की यह दृष्टि स्वयं उपनिवेशवाद ने ही प्रचलित की है। इस दृष्टि में एक निहित स्वार्थ है। वह इस हक़ीक़त से इंकार करना चाहती है कि उपनिवेशवाद की विचारधारा उपनिवेशकों पर भी इतना दुष्प्रभाव तो डालती है कि कभी-कभी वे भी इसके कारण भीषण गिरावट के शिकार हो जाते हैं। उपनिवेशवाद की दुष्टताओं के बारे में युरोपीय बुद्धिजीवियों ने बढ़-चढ़ कर जितनी बातें की हैं, उनके पीछे मुख्य तौर पर यह अनकही आस्था है कि इससे युरोप को भौतिक उत्पादों के रूप में वास्तविक लाभ हुए हैं, और सामाजिक संबंधों और मनोवैज्ञानिक स्थितियों के संदर्भ में जो भी हानियाँ हुई हैं वे अवास्तविक हैं। इस धारणा के विपरीत मैं उपनिवेशवाद की अपेक्षाकृत कम प्रचलित व्याख्या पेश करने की कोशिश करूँगा जो मेरी उम्मीद के मुताबिक़ उपनिवेशवाद की विचारधारा से कुछ कम प्रदूषित है। इसके लिए मेरे पास ब्रिटिश भारत में उपनिवेशवाद के अनुभवों की मिसालें हैं। आज तक दुनिया में ब्रिटिश भारत से ज़्यादा नफ़ीस और बेहद करीने से प्रबंधित औपनिवेशिक राजनीति और कहीं नहीं देखी गयी है। इन उदाहरणों से साबित हो जाएगा कि जो बात ऐमी सिज़िएर ने कही है वह कितनी सही है। सिज़िएर जिसे उपनिवेशकों का 'विसभ्यीकरण' या सभ्यता से च्युत होना कहते हैं, वह दरअसल महज़ एक नपुंसक स्वैरकल्पना न हो कर एक ऐसा आनुभविक तथ्य है जिससे मानोनी और

---

[41] मानोनी, *प्रोस्पेरो ऐंड कैलिबान;* फ़ानो, *ब्लैक स्किन, व्हाइट मास्क्स;* मेमी, *द कोलोनाइज़र ऐंड द कोलोनाइज़्ड.*

फ़ानो भी ख़ुद को सहमत पाएँगे।[42] फ़ानो ने एक ऐसे पुलिस अफ़सर का वर्णन किया है जो अल्जीरिया में स्वाधीनता सेनानियों को यातना देते-देते अपनी पत्नी और बच्चों के साथ हिंसा करने लगता है।[43] अगर फ़ानो के भावोत्तेजक राजनीतिक मनोचिकित्साशास्त्र के आईने में देखा जाए, तो भी यह स्पष्ट हो जाएगा कि वह अफ़सर स्वतंत्रता सेनानियों के साथ जो सुलूक कर रहा था, वह सब कुछ वह अपने परिवार के और अपने अंतरतम के भीतर करने पर मज़बूर हो गया। एक मनोवैज्ञानिक प्रक्रिया के रूप में उपनिवेशवाद हर हालत में सम-आकृतिक उत्पीड़न (आइसोमोर्फ़िक ऑप्रेशन) के उसूल को कारगर रूप देता है। इसका मतलब यह हुआ कि आज के ज़माने के मनोवैज्ञानिक व्यक्ति के लिए भी न्यू टेस्टामेंट की वह प्राचीन कहावत और सम्भवतः *महाभारत* के सौप्तिक पर्व की वह शिक्षा सटीक बैठती है जिसमें कहा गया है कि : 'किसी के साथ ऐसा न करो जो तुम कभी नहीं चाहोगे कि कोई तुम्हारे साथ करे, वरना जो तुमने दूसरों के साथ किया होगा वही तुम अपने साथ करते नज़र आओगे।'

उपनिवेशवाद ने भारत पर बेहद गहरा असर डाला। उसके परिणामस्वरूप भारत को बेतहाशा आर्थिक शोषण, मनोवैज्ञानिक विच्छिन्नता और सांस्कृतिक अव्यवस्था से गुज़रना पड़ा।[44] लेकिन, भारत एक ऐसा देश था जिसके विशाल भू-क्षेत्र में करोड़ों लोग बसते थे। एक केंद्रीय प्राधिकार की तरह काम करने वाली एक सर्वोपरि सत्ता की मौजूदगी के बावजूद यह देश सांस्कृतिक रूप से खण्डित और राजनीतिक रूप से विविध था। सम्भवतः इसीलिए यहाँ साम्राज्यवाद का सांस्कृतिक प्रभाव केवल शहरी केंद्रों तक और पश्चिमीकृत और अर्ध-पश्चिमीकृत उच्च और

---

[42] सिज़िएर, *डिस्कोर्स ऑन कोलोनियलिज़म* : 13. इस प्रक्रिया पर लागू होने वाले मनोवैज्ञानिक सिद्धांत को ख़ुद प्लेटो ने माना है. आइरिस मर्डाक (1977) ने अपनी रचना द *फ़ायर ऐंड द सन : व्हाई प्लेटो बेनिश्ड द आर्टिस्ट्स*, ऑक्सफ़र्ड युनिवर्सिटी प्रेस : 39 में यह निष्कर्ष निकाला है : 'उनका (प्लेटो का) जड़सूत्र कुछ भी रहो हो, उनका मनोविज्ञान असंदिग्ध था .... हम पाप की कारणात्मकता से नहीं बच सकते. थियेटेटस (176-7) में हमें बताया गया है कि व्यक्ति की अपनी प्रकृति दुष्टता का ऐसा दण्ड होती है जिससे बचा नहीं जा सकता.' यह देख कर ताज्जुब होता है कि फ़ानो, जिन्हें पीटर बर्ज़र ने 'क्लॉसविट्ज़ ऑफ़ रेवोल्यूशन' की संज्ञा दी थी, दुष्टता के दर्शन की इस क़िस्म में निहित सृजनशीलता की सम्भावनाओं की सीमित समझ ही रखते थे.

[43] फ्रांज़ फ़ानो (1967), द रेचेड *ऑफ़ द अर्थ*, पेंगुइन, हारमंड्सवर्थ : 215-17.

[44] उपनिवेशवाद के कारण हुआ आर्थिक और राजनीतिक विनाश काफ़ी कुछ अनुसंधान के दौर से गुज़र चुका है. ब्रिटिश उपनिवेशवाद द्वारा किये गये आर्थिक शोषण पर एक शुरुआती चर्चा के लिए देखें, आर.सी. दत्त (1903), *इकॉनॉमिक हिस्ट्री ऑफ़ इण्डिया इन विक्टोरियन एज*, रॉटलेज ऐंड कीगन पॉल, लंदन और दादाभाई

मध्यवर्गों के साथ-साथ पारम्परिक अभिजन के कुछ हिस्सों तक ही सीमित रह सकता था। लेकिन एक अपेक्षाकृत अधिक समरूप और छोटे से द्वीप पर रहने वाले शासकों को उपनिवेशवाद के सांस्कृतिक दुष्प्रभाव सीमित रखने की यह सुविधा प्राप्त न थी। नतीजतन ब्रिटिश समाज को उपनिवेशवाद के कारण कहीं ज़्यादा और दूरगामी सांस्कृतिक क्षति हुई।

सबसे पहली बात तो यह है कि उपनिवेशन के अनुभव से ब्रिटेन की भीतरी संस्कृति अछूती नहीं रही। इसके कारण ब्रिटिश राजनीतिक संस्कृति के उन अंशों को प्रमुखता मिलने लगी जो संवेदनशीलता और मानवीयता के लिहाज़ से सबसे कमतर थे। इसने विचारशीलता, बुद्धि-व्यापार और ममता *(कारिटाज़)* की अहमियत कम करने के लिए उन्हें स्त्री-सुलभ क़रार दे दिया, और सार्वजनिक जीवन के लिए मानवीय प्रकृति के सुकुमार पक्षों को अप्रासंगिक ठहरा कर स्त्रियों और स्त्रीत्व की सीमित सांस्कृतिक भूमिका को उचित ठहराया। स्पर्धा, उपलब्धि, नियंत्रण और उत्पादकता जैसे मूल्यों के नाम पर इसने संस्थागत हिंसा और निर्मम सामाजिक डार्विनवाद के नये रूपों को खुल कर मान्यता दी।[45] निम्न वर्गों को एक औज़ार की तरह इस्तेमाल करने की जिस अवधारणा को प्रोत्साहित किया गया, वह औद्योगिक पूँजीवाद की आवश्यकताओं के एकदम अनुकूल थी। इसी के साथ पदानुक्रमता की औपनिवेशिक अवधारणा में केवल थोड़ा सा हेर-फेर करके उसे भी ब्रिटिश समाज पर लागू कर दिया गया। उपनिवेशवाद की त्रासदी ब्रिटेन में वहाँ की स्त्रियों, वहाँ के छोटे बेटों और सभी 'ऐरे-ग़ैरे' समझे जाने वालों की त्रासदी भी थी।

> इन साम्राज्यिक क़ब्रों के बीच चहलक़दमी करता हुआ, इन परस्पर भिन्न त्रासदियों पर मनन करता हुआ कोई भी व्यक्ति इस ख़याल से अवश्य दो-चार होता होगा कि कितनी जवानियाँ नाहक बरबाद हो गयीं, और इस वृथा साहस का, सामूहिक

नौरोजी (1901 / 1969), *पॉवर्टी ऐंड अनब्रिटिश रूल इन इण्डिया,* पब्लिकेशन डिवीज़न, नयी दिल्ली. भारत में उपनिवेशीकरण से निकली सांस्कृतिक और मनोवैज्ञानिक व्याधियों के लिए देखें, आर.सी. मजूमदार और डी.के. घोष (सम्पा.) (1965), *ब्रिटिश पैरामाउंट्सी ऐंड इण्डियन रिनेसाँ,* खण्ड 2, भारतीय विद्या भवन, बाम्बे. ब्रिटिश राज के तहत किसी एक विशिष्ट सांस्कृतिक व्याधि के अलग से अध्ययन के लिए देखें मेरी रचना 'सती'.

[45] इस तरह की कई बातें मार्क्सवाद के फ्रेंकफ़र्ट स्कूल द्वारा प्रतिपादित सत्तावादी संलक्षण में मिलने वाली 'मानकीय' व्याख्या से मेल खाती हैं. इस संलक्षण की आनुभविक व्याख्या के लिए देखें, टी.डब्ल्यू. एडोर्नो वग़ैरह, द *अथॉरिटेरियन पर्सनैलिटी.* ब्रिटेन में सामाजिक डार्विनवाद की संस्कृति के लिए देखें, रेमण्ड विलियम (1980), 'सोशल डार्विनिज़म', *प्रॉब्लम्स ऑफ़ मैटेरियलिज़म ऐंड कल्चर,* एनएलबी, लंदन : 86-102

शोकमय बिछोह का हासिल क्या रहा? साम्राज्य की उत्तरोत्तर धुँधलाती छवि, उसके क़िलों की फ़सीलों और सामरिक पताकाओं के स्याह होते साये डबडबाई आँखों में तैर जाते होंगे, गोया अतीत का वैभवशाली सैन्य जुलूस सागर-किनारे के बैंड स्टैंड से उठती उदास स्वरलहरियों में डूब गया हो।[46]

विरोधाभासी रूप से एक दूसरा दुष्परिणाम यह निकला कि उपनिवेशवाद की विचारधारा ने ब्रिटेन में सांस्कृतिक सगरूपता की एक ग़लतफ़हमी पैदा कर दी। इस परिवर्तन ने सामाजिक चेतना को एक जड़ता प्रदान की जिसने एक बुनियादी सांस्कृतिक आलोचना की सम्भावना को हतोत्साहित किया। यह आलोचना ब्रिटिश सामाजिक वर्गों की ग़ैर-लचीली संरचना और उपराष्ट्रीय विभाजनों के प्रति बढ़ती हुई बौद्धिक संवेदनशीलता की तरफ़ से आ सकती थी। इसी तरह इस आलोचना का एक स्रोत तेज़ी से उद्योगीकृत हो रहे समाज में गिरता हुआ जीवन-स्तर भी हो सकता था। उपनिवेशवाद ने एक काम यह भी किया कि उपनिवेशों में सामाजिक गतिशीलता के वैकल्पिक रास्ते खोल कर सामाजिक विभाजनों की स्पष्टता को धुँधला कर दिया। दूसरी तरफ़ उसने विस्तारवादी औपनिवेशिक युद्धों अथवा औपनिवेशिक शान में हिस्सा बँटाने के लिए व्याकुल अन्य महत्त्वाकांक्षी युरोपीय ताक़तों के साथ हुई लड़ाइयों के ज़रिये राष्ट्रवादी भावनाओं का दोहन किया। ब्रिटेन में एक छोटे से सांस्कृतिक अभिजन का लगभग सम्पूर्ण प्रभुत्व इसीलिए सम्भव हो पाया कि समाज ने सांस्कृतिक आलोचना की कुछ अप्रत्यक्ष अभिव्यक्तियों को उपनिवेशों के मत्थे मढ़ दिया था। ऐसे तमाम लोग उपनिवेशों में भेज दिये गये थे जिन्हें सामाजिक रूप से पथभ्रष्ट समझा जाता था। ये वही लोग थे जो समाज-व्यवस्था से असंतुष्ट थे और उसके तनावों के कारण डगमगा चुके थे। यहाँ मैं उस अपराधी प्रवृत्ति की बात कर रहा हूँ जो पैदा तो उत्पीड़न के ख़िलाफ़ रोष से होती है, पर उसका निशाना शासकों की तरफ़ से घुमा कर उन लोगों की तरफ़ कर दिया जाता है जो स्वयं उत्पीड़ित होते हैं।[47] इस प्रक्रिया की शिनाख़्त कुछ ऐसे लोगों ने की है जो उपनिवेशवाद का बचाव करते रहे हैं। इन्हीं में से एक हैं कार्ल सिंगर जिनका फ्रांसीसी अनुभव के बारे में कहना है :

नये देशों में व्यक्तिगत स्तर पर की जाने वाली हिंसक गतिविधियों के लिए बहुत

---

[46] जेम्स मॉरिस (1978), *फ़ेयरवेल द ट्रम्पेट्स : एन इम्पीरियल रिट्रीट,* फ़ेबर ऐंड फ़ेबर, लंदन : 556.

[47] फ़ानो ने अपनी रचना *रेचेड ऑफ़ द अर्थ* में लगता है कि इस विस्थापन की शिनाख़्त कर ली है.

बड़ी गुंजाइश उपलब्ध थी। यही गतिविधियाँ अगर महानगरीय देशों में की जातीं तो उन्हें जीवन की भद्र और व्यवस्थित अवधारणा के साथ-साथ कुछ निश्चित पूर्वग्रहों से टकराना पड़ता। लेकिन, उपनिवेशों में ज़्यादा खुल कर खेलने और अपनी उपयोगिता साबित करने का मौक़ा था। अर्थात् एक हद तक उपनिवेश एक तरह के सेफ़्टी वाल्व के रूप में समाज की सेवा भी कर रहे थे। अगर उनकी यही एक मात्र उपलब्धि थी, तो भी यह एक बहुत बड़ी उपलब्धि थी।[48]

अंग्रेज़ों ने इस बात को इस तरह कभी न कहा होता, पर ब्रिटेन की शासक-संस्कृति में यह दलील हमेशा से अंतर्निहित थी।

उपनिवेशवाद की विचारधारा का तीसरा दुष्परिणाम थी वह प्रवृत्ति जिसे ई.एम. फ़ोर्स्टर ने अंग्रेज़ों के 'अविकसित हृदय' की संज्ञा दी थी जिसके कारण वे न केवल भारतवासियों से बल्कि आपस में एक-दूसरे से भी दूर हो गये थे।[49] यह अविकास दो रूपों में सामने आया। संज्ञान को अनुभूति से अलग करने के ज़रिये (जो कई बार हमारे समय में हिंसा के 'तुच्छ' रूपों का उद्‌गम साबित हुआ है); और विचारों और अनुभूतियों के बीच एक व्याधिनुमा संगति बैठा कर। साम्राज्यवाद का सिद्धांत ब्रिटेन में एक अलग-थलग पड़ा हुआ राजनीतिक तर्क न रह कर एक तरह के विचार-जगत का अभिन्न अंग बन गया। इसने न केवल परिवर्तनशील ब्रिटिश समाज की आंतरिक ज़रूरतों की संरचना गढ़ी, बल्कि एक 'आदिम' क़िस्म की धार्मिक और सामाजिक चेतना को एक विकृत अभिव्यक्ति भी प्रदान की। यह चेतना ज़बरदस्त फ़ौजी और प्रौद्योगिकीय शक्ति प्राप्त करके भूमण्डलीय पैमाने पर सक्रिय हो गयी। ऑक्सफ़र्ड के बिशप रिचर्ड कॉनग्रोव ने एक बार कहा था, 'ईश्वर ने हमें ज़िम्मेदारी

---

[48] कार्ल सिंगर (1907), *एस्साइ सुर ल कोलोनाइज़ेशन,* पेरिस, सेज़ाइर की रचना डिस्कोर्स ऑन कोलोनियलिज़्म में उद्धृत. सिज़िएर ने स्पष्टवादिता के धनी रेनन को भी उद्धृत किया है, 'मानवता के लिए दैव ने जो कार्यभार निश्चित कर रखा है उसी का हिस्सा है कमतर या पतित नस्लों का श्रेष्ठ नस्लों द्वारा पुनरुद्धार. हमारे लिए तो साधारण व्यक्ति तक़रीबन हमेशा ही कुलीन व्यक्ति का वर्गच्युत संस्करण जैसा है. उसका भारी-भरकम हाथ चिंतन का औज़ार न बन कर तलवार चलाने का काम ज़्यादा सुविधापूर्वक कर सकता है. श्रम करने के बजाय वह युद्ध करना पसंद करता है. ... चीन जैसे उन सभी देशों पर जो विजित होने के लिए साफ़ तौर पर इच्छुक हैं, इस सर्वग्रासी कार्रवाई के साथ हमें टूट पड़ना चाहिए। वे तमाम दुस्साहसी, जो युरोपियन समाज में गड़बड़ फैला रहे हैं, चाहे वे फ्रैंकों, लोम्बार्डों या नॉर्मनों की दलबंदियाँ हों, ऐसा हर व्यक्ति अपनी सही भूमिका में फ़िट हो जाएगा. चीनी नस्ल के रूप में क़ुदरत ने श्रमिकों की प्रजाति बनाई है ...; धरती जोतने वालों की नस्ल नीग्रो लोगों की है ...; स्वामियों और सिपाहियों की नस्ल युरोपियनों की है' : 16.

[49] फ़ोर्स्टर की रचना *अ पैसेज टू इण्डिया* इस पार्थक्य की जाँच तो करती है, पर केवल भारत में ब्रिटिश समाज के संदर्भ में ही.

दी है कि हम भारत को उसके लिए अपने क़ब्ज़े में बनाए रखें। हमें इस क़ब्ज़े को छोड़ने का कोई अधिकार नहीं है।'[50] आने वाले समय में ब्रिटेन का प्रधानमंत्री बनने वाले लॉर्ड जॉन रसेल ने जो अफ्रीका के लिए कहा था, वह भारत पर भी लागू होता है। उन्होंने जोशीला भाषण देते हुए कहा था कि उपनिवेशीकरण का मक़सद धार्मिक शिक्षा को प्रोत्साहित करते हुए अपने अधीनस्थों को 'ईसाइयत के अनुग्रहों में साझीदार' बनाना है।[51] यह कह कर ये दोनों हस्तियाँ न सिर्फ़ साम्राज्यिक दायित्व या राष्ट्रीय हित, बल्कि एक अनुभूत धार्मिक कर्तव्य को अभिव्यक्त भी कर रही थीं। जेम्स मॉरिस ने इसी को ठोस रूप में इस तरह कहा है, 'साम्राज्यवाद के वास्तविक उद्देश्य और तौर-तरीक़े जो भी रहे हों, अपनी साम्राज्यिक प्रभुता के ज़माने में अंग्रेज़ों को असल में यक़ीन था कि वे ईश्वर और रानी के नाम पर निर्दोष भाव और उदारमन से एक दैवी मक़सद पूरा कर रहे हैं।'[52] हुक्मरानों के इस धार्मिक कर्तव्य-बोध का एक दूसरा पक्ष था शासित होने के धार्मिक कर्तव्य-बोध को जानबूझ कर बढ़ावा देना। भारतवासियों के कुछ हिस्सों में व्याप्त राजनीतिक नियतिवाद, जिसकी जड़ें एक ख़ास तरह के विचार-जगत में थीं, को प्रोत्साहित करना भी इसी योजना का अंग था। यहाँ तक कि बंकिमचंद्र चटर्जी के उपन्यास *आनंदमठ* में भी शासित होने के इसी कर्तव्य को इतिहास के चरणबद्ध विकास के सिद्धांत के आधार पर वैधता प्रदान की गयी थी।

उपनिवेशवाद की विचारधारा का अंतिम दुष्प्रभाव उपनिवेशकों का इस जादुई एहसास से आक्रांत होना था कि वे सर्वशक्तिमान हो कर स्थायित्व ग्रहण कर चुके हैं। ऐसा मानने के लिए उन्हें उपनिवेशवाद ने ही प्रोत्साहित किया था। फ्रांसिस हचिंस और लेविस डी. वुरगैफ़्ट ने भारत के संदर्भ में काफ़ी विश्वास के साथ दलील देते हुए यह अवलोकन किया है। यही एहसास ब्रिटेन में भी अंग्रेज़ों के आत्म का हिस्सा बन गया। ब्रिटिश समाज के गले भी यह विचार उतार दिया गया कि वह एक आधुनिक प्रौद्योगिकीय-औद्योगिक समाज बन चुका है जिसमें विज्ञान के ज़रिये मनुष्य को उसकी रोज़ाना की मशक़्क़त से मुक्त किया जा सकता है। लोगों को समझाया गया कि उनकी संस्कृति इतनी आगे बढ़ चुकी

---

[50] के. भास्कर राव (1967), *रुडयार्ड किपलिंग्ज़ इण्डिया,* युनिवर्सिटी ऑफ़ ओकाहोमा, नॉर्मन : 26 पर उद्धृत. इस नैतिक आयाम की दिलचस्प व्याख्या के लिए देखें, वुरगैफ़्ट, 'प्रोस्पेरो ऐंड कैलिबन' और मानोनी, *प्रोस्पेरो ऐंड कैलिबन.*

[51] मॉरिस की रचना *हैविंग़ कमांड* : 37-8 में उद्धृत.

[52] मॉरिस, *.फ़ेयरवेल टू ट्रम्पेट्ज़* : 551.

है कि उसमें मानवीय बुद्धि और भद्रता के मानकों का बोलबाला हो गया है। समाज के रैडिकल आंतरिक आलोचकों ने तो इस विचार को फटाफट गले उतार लिया कि अपनी ख़ुदी को हासिल करने का क्रांतिकारी लक्ष्य वेधने वाला राजतंत्र स्थापित किया जा चुका है। ब्रिटेनवासियों और उनके युरोपीय प्रशंसकों की निगाह में बरतानिया की हुकूमत केवल समुद्रों पर ही नहीं थी, बल्कि उसके हाथ में मनुष्य की आत्म-चेतना के भविष्य की बागडोर भी थी। (उपनिवेशवाद ने ब्रिटिश उदारतावाद के साथ-साथ अहंपूर्ण ब्रिटिश द्वीपीयता (अलग रह कर अपनी विशिष्टता क़ायम रखना) पर भी महत्त्वपूर्ण ढंग से अपनी छाप छोड़ी। उपनिवेशवाद का पूर्ण-विकसित सिद्धांत ठीक ऐसे समय उभरा था जब उदारतावादी मानवता की आशा के रूप में ब्रिटेन को नैपोलियन के फ्रांस की जगह लेने वाली ताक़त के तौर पर देख रहे थे।[53] लेकिन, साम्राज्य के टूटते ही इस उदारतावाद ने अपनी छिपी हुई नस्लवादी रंगत दिखानी शुरू कर दी। ब्रिटेन की मशहूर द्वीपीयता बड़े पैमाने पर होने वाले पश्चिमीकरण में बाधक नहीं रह गयी। ब्रिटेन के पास भी तो अपना पश्चिम था जिसने वहाँ का इस हद तक पश्चिमीकरण किया कि मैलकम मगरिज को एक बार कहना पड़ा कि इसके कारण सारी दुनिया में कुछ भारतवासी ही ब्रिटिश कहलाने लायक़ बच पाएँगे।)

ज़ाक इलुल ने अपनी एक दलील में विज्ञान और इतिहास को आधुनिक विश्व के दो बड़े मिथकों की संज्ञा दी है।[54] इन दोनों मिथकों की शक्ल-सूरतों, उनकी शुरुआती 'वैकासिक व्याधियों', और उनके साथ जुड़ी हुई जादुई शक्तियों की शिनाख़्त उस विचार-जगत में की जा सकती है जिसका उन्नीसवीं सदी के ब्रिटेन पर बोलबाला था।

इन सांस्कृतिक व्याधियों ने ब्रिटिश समाज में चार विशिष्ट अनुक्रियाओं को जन्म दिया। इनमें सबसे ज़्यादा स्पष्ट अनुक्रिया रुडयार्ड किपलिंग (1865-1936) और जार्ज ऑरवेल (1903-45) में देखी जा सकती है। किपलिंग उस अफ़सोसनाक आत्म-घृणा और अहं-संकुचन की समस्याओं के प्रतिनिधि थे जो उपनिवेशवाद के अनुकूल बैठती हैं। लेकिन, ऑरवेल स्वाधीनता के सापेक्षिक-बोध और आलोचनात्मक नैतिकता की नुमाइंदगी करते थे। ये दोनों ख़ूबियाँ उपनिवेशवाद की सच्ची एंटीथीसिस थीं और उन्हें केवल औपनिवेशिक चेतना

---

[53] मॉरिस, *हैविंग़ कमांड* : अध्याय 1.

[54] ज़ाक इलुल (1975), द *न्यू डीमंस,* अनु. सी. एडवर्ड हॉपकिंस, सीबरी प्रेस, न्युयॉर्क, अध्याय 4.

के दायरे में काम करके ही हासिल किया जा सकता था। इन दोनों ही साहित्यकारों को औपनिवेशिक स्थिति के प्रत्यक्ष या अप्रत्यक्ष अनुभव से दो-चार होना पड़ा था। दोनों ही प्राधिकार, उत्तरदायित्व, मनोवैज्ञानिक सुरक्षा, आत्माभिमान, पदानुक्रम, सत्ता और इंजीली प्रचार के विचारों से जद्दोजहद करते रहे थे। यह अलग बात है कि दोनों के संघर्ष में परस्पर नाटकीय भिन्नता थी। तीसरी अनुक्रिया अप्रत्यक्ष, अनात्मचेतस और प्रकटतः अराजनीतिक थी। इसकी अभिव्यक्ति अति-पौरुष और अति-समाजीकरण के ख़िलाफ़ एक अस्तव्यस्त क़िस्म के वैयक्तीयन-सम्पन्न और 'व्याधिगत' प्रतिरोध में हुई। यह प्रतिरोध करने वाले थे ऑस्कर वाइल्ड और ब्लूम्सबरी ग्रुप के कई सदस्य। इस प्रतिरोध में इन लोगों का साथ ऑक्सफ़र्ड और केम्ब्रिज जैसी संस्थाओं की अभिजन संस्कृति के कुछ पहलुओं ने भी दिया था। मेरा मंतव्य यहाँ राजनीतिक रूप से सचेत कुछ रैडिकल बुद्धिजीवियों से न हो कर विरोध की उस अधकचरी अभिव्यक्ति से है जो ऊपर से अराजनीतिक लगने वाले बुद्धिजीवियों द्वारा सामान्यता और असहमति के उन अधिकारिक विचारों के प्रति की गयी थी जिन्होंने क्रमशः ब्रिटेन की सम्पूर्ण संस्कृति को अपनी गिरफ़्त में ले लिया था।

अंत में संख्या के लिहाज़ से छोटे लेकिन मनोवैज्ञानिक दृष्टि से महत्त्वपूर्ण कुछ ऐसे लोगों की अनुक्रिया की चर्चा होनी चाहिए जो अपने उपनिवेशनकारी समाज को पूरी तरह त्याग कर भारतीय स्वाधीनता के लिए लड़े। प्रौद्योगिकीय यूटोपियाओं और आधुनिकता से परे जाते हुए एक आदर्श समाज की वैकल्पिक दृष्टि खोजने की ख़ातिर इन लोगों में से कुछ को पश्चिमी जीवन-शैली के हाशिये पर चले जाना पड़ा। इनका वर्णन ऐसे लोगों के रूप में किया जा सकता है जो किसी भी तरह के हॉब्सवादी स्वप्न से अछूते रह कर एक नये यूटोपिया की तलाश कर रहे थे। मार्गरेट नोबेल यानी भगिनी निवेदिता (1867-1911), ऐनी बेसेंट (1847-1933) और मैडेलाइन स्लेड यानी मीरा बहन (1892-1982) के नाम इन प्रतिरोधी स्वरों में शामिल हैं। इन तीनों को धार्मिकता, ज्ञान और सामाजिक हस्तक्षेप के भारतीय संस्करणों में न केवल अपने समाज के प्रति असहमति का मॉडल प्राप्त हुआ, बल्कि भारत के साथ जुड़ने से भावातीत जीवन के नये प्रारूपों की उनकी खोज को बल भी मिला। इस प्रक्रिया में वे उभयलैंगिकता के प्रति बेहतर सहिष्णुता से सम्पन्न हुईं और उन्हें लगा कि इस तरीक़े से सामाजिक-राजनीतिक जीवन में स्त्रियों की भागीदारी को अधिक समृद्ध

तात्पर्य और वैधता मिल सकती है।[55] लेकिन, हमारे लिए इनसे भी अधिक प्रासंगिक सी.एफ़. एण्ड्रूज़ जैसे लोग हैं जो पश्चिम के दायरे में कभी हाशियाग्रस्त नहीं हुए और जिन्होंने पश्चिमी ईसाइयत का एक कहीं समृद्ध तात्पर्य उपलब्ध कर दिखाया और साथ ही उपनिवेशवाद विरोध की कुछ भारतीय धाराओं से पारम्परिक ईसाई सद्गुणों के लिए नयी मान्यता भी प्राप्त कर पायी। इन लोगों के लिए भारत एक साथ ईसाइयत की तरफ़ से किया गया सामाजिक हस्तक्षेप होने के साथ-साथ एक ऐसी जगह भी थी जो ब्रिटिश साम्राज्यवाद के शिकारी पंजे की भूमिका निभा रही संगठित पश्चिमी ईसाइयत के लिए आईने का काम कर सकती थी।

पुस्तक के इस हिस्से में मैं इन चारों अनुक्रियाओं का संक्षिप्त वर्णन करूँगा।

अपना आत्माभिमान टिकाए रखने के लिए औपनिवेशिक सत्ता को जिस तरह के मिथकों की आवश्यकता थी, उन्हें गढ़ने के मामले में किपलिंग की सृजनशीलता का कोई जवाब नहीं था। उनकी साम्राज्यिक विचारधारा के मनोवैज्ञानिक अक्षांक हमारे समय में भी अकसर पश्चिम द्वारा की जाने वाली ग़ैर-पश्चिम की कल्पना के अक्षांक साबित होते हैं।

इसी पुस्तक में एक जगह मैंने किपलिंग के शुरुआती अनुभवों और विश्व-दृष्टि का यह दिखाने के लिए वर्णन किया है कि वे महज़ एक समेकित अस्मिता वाले कट्टर साम्राज्यवादी न हो कर कुछ और भी थे। मेरा कहना यह है कि वे दरअसल एक त्रासद किरदार की नुमाइंदगी करते थे, एक ऐसा किरदार जो आत्म-घृणा की गिरफ़्त में अपने ही आत्म के एक आयाम को अस्वीकार करने में लगा हुआ था। उनके इस आयाम की पहचान भारतीयपन से की जा सकती थी, और चूँकि उन्हें भारत में एक ख़ुशनुमा बचपन गुज़ारने के बाद इंग्लैण्ड के साथ एक बेरहम मुठभेड़ से गुज़रना पड़ा था इसलिए उनके इस भारतीयपन को

---

[55] मीरा रिचर्ड के प्रकरण से उद्धृत जिसका इस पुस्तक के पृष्ठ 94-6 पर संक्षेप में ज़िक्र है. यह भी जानने योग्य है इनमें से ज़्यादातर स्त्रियाँ आयरिश मूल की थीं. स्त्रीत्व, निर्भरता और आत्मनिर्भरता, एंग्लो-आयरिश राजनीतिक संबंधों और कैथॅलिक धर्म के बीच रिश्तों के साथ-साथ प्राक्-आधुनिक या ग़ैर-आधुनिक विचार-श्रेणियों के प्रति उनकी अधिक सहिष्णुता के सम्भव तात्पर्यों का संधान करने का काम मैं मनो-इतिहासकारों पर छोड़ता हूँ.

उत्पीड़न, समाज–च्युति और हिंसा से पहचाना जा सकता था।[56] अपनी इसी मन:स्थिति के तहत किपलिंग ने अपने निजी जीवन में ब्रिटिश समाज में हुए तकलीफ़देह सांस्कृतिक परिवर्तनों और रॉबर्ट क्लाइव से लेकर विंस्टन चर्चिल तक भारत में ब्रिटिश उपनिवेशवाद के इतिहास की पुनर्रचना की।

तक़रीबन सत्रहवीं सदी से ही युरोपीय शख़्सियत के अति–पौरुषीय और अति–समाजीकृत पहलू क्रमश: उन सांस्कृतिक प्रवृत्तियों को प्रतिस्थापित करते जा रहे थे जिन्हें हम स्त्रीत्व और शैशव के नाम से जानते रहे हैं। इन्हीं प्रवृत्तियों को आगे चल कर 'आदिमावस्था' का नाम दे दिया गया। कृषक–विश्वशास्त्र (पेज़ेंट कॉस्मॉलॅजी) के एक अंश के रूप में ये प्रवृत्तियाँ उपलब्धि और उत्पादकता के विचारों से मुक्त संस्कृति के मूल्यवान आयामों की तरह थीं। यही थीं वे प्रवृत्तियाँ जिन्हें विजातीय क़रार दे कर ख़ारिज करना युरोपीय सभ्यता की मुख्य धार के लिए आवश्यक था। इस मुख्य धार ने इन्हीं प्रवृत्तियों को युरोप की 'निम्न संस्कृतियों' और उन नयी संस्कृतियों पर आरोपित कर दिया जिनसे युरोप का साबिक़ा पड़ रहा था। इसी प्रक्रिया के एक अंश के रूप में एक तरफ़ तो उपनिवेशों को बालकोचित और मासूम लोगों की बस्तियों के रूप में देखा गया, और दूसरी तरफ़ उन्हें विपथगामी, स्त्रैण और निष्क्रिय–आक्रामक (पैसिव–एग्रेसिव) की संज्ञा दी गयी।

किपलिंग का तर्क था कि बालकपन के सकारात्मक गुणों को नेक क़िस्म के असभ्यों की ख़ूबियों की तरह देखा जाना चाहिए। किपलिंग ने एक तरफ़ इसका उदाहरण भारत की युद्धक प्रजातियों यानी गंगादीनों के रूप में दिया जो समर्पित और आज्ञाकारी व्यवहार–शैली के लिए जाने जाते थे। दूसरी तरफ़ उन्होंने ब्रिटेन के सरल–हृदय देशभक्त निम्नवर्गों की मिसाल दी जो उपनिवेशों में ब्रिटिश राज के 'टॉमियों' की आपूर्ति कर रहे थे— वे टॉमी जो परदेसी ज़मीन पर कर्तव्य भाव से अकाल मृत्यु के शिकार होने के लिए तैयार रहते थे। बालकोचित अथवा निष्क्रिय–आक्रामक क़िस्म का स्त्रैण होना अशक्त राष्ट्रवादियों और फ़र्ज़ी साहिबों अथवा उन बाबुओं की ख़ूबी थी जो ग़ैर–युद्धक प्रजातियों से आये थे। इस विचार के मुताबिक़ यही ख़ूबी उन नाजानकार और सतही ब्रिटिश उदारतावादियों में थी जो ऐसे भारतवासियों का समर्थन करते थे। 'असभ्य' अफ़्रीकियों के मुक़ाबले

---

[56] देखें, पृष्ठ 95–101 के नीचे.

जो कुछ प्रकट सभ्यता भारत के पास थी, उसे भी इन्हीं ख़ूबियों के खाने में डाल दिया गया था।

उपनिवेशवाद की भावना और आधुनिकता और प्रगति के नाम पर छेड़े गये उसके सभ्यताकारी मिशन की भावना का अंतिम तात्पर्य यही था। एक समेकित आत्म की अपनी खोज के अंश के रूप में ही किपलिंग ने इन सांस्कृतिक विचारों को पुष्ट करने भर के लिए नये मिथकों की रचना की थी। अगर हरबर्ट मारक्यूज़ की एक अति-प्रचलित अभिव्यक्ति का इस्तेमाल किया जाए तो कहा जा सकता है कि किपलिंग के आंतरिक दमन को एक ऐसे आईने की मिसाल के तौर पर देखा जा सकता था जिसमें एक बेहद उत्पीड़नकारी प्रणाली की झलक दिखती थी। किपलिंग द्वारा गढ़ा गया स्त्रैण, निष्क्रिय-आक्रामक और 'अर्धसभ्य-अर्धबालक' जैसे भारतीय का विचार महज़ एक एंग्लो-इण्डियन रूढ़ छवि ही नहीं था : वह तो किपलिंग की प्रामाणिकता का एक आयाम और युरोप का दूसरा चेहरा था।

किपलिंग को अपनी इन निर्मितियों का फल बुढ़ापे में भुगतना पड़ा। उस समय तक उनकी साहित्यिक सफलता युवा पाठकों के बीच भारत और पश्चिम में उनके आलोचकों पर उनकी श्रेष्ठता लगभग साबित कर चुकी थी। उन्हें अपने निर्वहण का साक्षात्कार तब हुआ जब उनका अपना बेटा साम्राज्य के उद्देश्यों को पूरा करते हुए मारा गया— उसी साम्राज्य के लिए जिससे उन्हें इतना लगाव था। चूँकि किपलिंग स्वयं उन्नीसवीं सदी में उभरे आत्मविश्वस्त उपनिवेशवाद के बेहिचक उत्पाद नहीं थे और न ही वे महा-प्रौद्योगिकी और महा-मृत्यु पर आधारित आधुनिक युद्धों के प्रति सहज थे, इसलिए बेटे की मृत्यु ने उन्हें तोड़ दिया। इस डर ने उन्हें हमेशा सताया था कि कहीं वे अपने पोषण और लालन-पालन का स्रोत खो न दें। उनकी कहानियों के अधिकतर चरित्र ऑस्कर वाइल्ड के चरित्रों की तरह ही माता-पिता के साये से वंचित होते हैं। कभी-कभी इन किरदारों को भूमिकाएँ उलटने के ज़रिये पोषण ग्रहण करने का प्रयास करते देखा जा सकता है : कभी शिष्यों से, कभी बच्चों से और कभी ऐसे बालसुलभ परकीयों से जिन्हें वे मित्र बना लेते हैं अथवा जिनकी संरक्षा करते हैं। इस प्रक्रिया में इन किरदारों से उम्मीद की जाती है कि अपने रचनाकार को अपने पाठकों के बीच मौजूद बच्चों के माध्यम से और उन पाठकों में मौजूद बच्चों के माध्यम से वही पोषण दिलाने की गारंटी करेंगे। किपलिंग के बेटे की मृत्यु ने स्वैरकल्पनाओं के इसी संसार को नष्ट कर दिया— उस संसार को जो माता-पिता द्वारा किये जाने

वाले पालन–पोषण से वंचित रह जाने की भरपाई करने के लिए नीचे से पोषण प्राप्त करने की कल्पनाओं में रमा रहता था।

एडमण्ड विल्सन ने उस किपलिंग के मर्म को बड़ी संवेदनशीलता के साथ चित्रित किया है जिसे अपने आत्म–दमन जितनी ही टूटन उस साम्राज्यवाद से झेलनी पड़ी थी जिसके वे इतने प्रशंसक थे।[57] इसके लिए विल्सन ने उस पराजित साम्राज्यवादी की पंक्तियाँ उद्धृत की हैं, उसी साम्राज्यवादी की जो अपनी वृद्धावस्था में अकेला, अवसाद में डूबा और विक्षिप्तता से भयाक्रांत हो चुका था :

मैंने एक सपना देखा, एक भीषण सपना—
एक सपना जो बदल चुका था तक़रीबन हक़ीकत में,
मैंने देखा एक दीवाना होता हुआ इंसान,
और वह था मेरी ही माँ का बेटा।

उपनिवेशवाद की विचारधारा पर जार्ज ऑरवेल की अनुक्रिया किपलिंग की प्रतिलोम थी। उनकी रचनात्मकता ऐसे सृजनशील मिथकों से संवाद करती थी जो कुछ ख़ास तरह के मूल्यों की पुनः दावेदारी की सीधी कोशिश का परिणाम थे। ये वही मूल्य थे जिन्हें त्याग देने का दबाव उपनिवेशवाद की तरफ़ से पड़ता था। ऑरवेल को साफ़ तौर से एहसास हो गया था कि ब्रिटिश उपनिवेशवाद ने एक तरह की 'मातृ संस्कृति' की माँग, और औपनिवेशिक हुक्मरान पैदा करने की फ़ैक्टरी, तैयार कर दी है। और, इसी की वजह से उपनिवेशक न केवल अपने राजनीतिक अधीनस्थों से कट गये हैं, बल्कि स्वयं अपने आत्मों से उनका अलगाव हो गया है। ऑरवेल की कार्यकारिता का मुक़ाम एक मानवकेंद्रवाद से उत्प्रेरित समाजवादी–मानवतावादी तर्कपरकता से जुड़ा था। इसके कारण उन्हें उत्पीड़क और उत्पीड़क के बीच नैरंतर्य का पूर्ण तात्पर्य विकसित करने का पूरा अवसर नहीं मिल पाता था।[58] फिर भी उन्हें इस बात का एहसास तो हो ही गया था कि शासितों की अधीनता में शासकों की अधीनता भी शामिल होती है, और यह कि उपनिवेशों की प्रजा को जितना उसके शासक नियंत्रित करते हैं, वह प्रजा भी उन शासकों को उतना ही नियंत्रित करती है। उन्हें इस बात का भी एहसास था कि दूसरे

---

[57] एडमण्ड विल्सन (1964), 'द किपलिंग दैट नोबडी रीड', एण्ड्रु रदरफ़र्ड (सम्पा.), *किपलिंग्ज़ माइंड ऐंड आर्ट,* स्टैनफ़र्ड युनिवर्सिटी प्रेस : 17–69.

[58] उदाहरण के लिए देखें ऑरवेल की रचना 'रिफ़्लेक्शंज़ ऑन गाँधी', सोनिया ऑरवेल और इयान एग्नुस (सम्पा.) (1968), *कलेक्टिड एसेज़, जर्नलिज़म ऐंड लेटर्ज़ ऑफ़ जार्ज ऑरवेल,* सेकर ऐंड वारबर्ग, लंदन,

क़िस्म के नियंत्रण का प्रतिकार करना अधिक कठिन है, इसलिए कि वह अप्रकट और बारीक़ होने के साथ-साथ व्यक्ति के आंतरिक दमन से उद्भूत है। पहले क़िस्म के नियंत्रण का प्रतिकार आसान है क्योंकि वह प्रकट है और दो संस्कृतियों के बीच घटित हो रहा है। शायद यह बात वे एक हद तक स्वयं अपने ख़िलाफ़ जा कर समझने में कामयाब हुए थे।

इस परस्पर बंधन का सर्वाधिक प्रभावी चित्रण ऑरवेल के एक निबंध 'शूटिंग एन एलिफ़ेंट' में मिलता है। इस रचना में ऑरवेल ने ऐसी कुछ दुश्चिंताओं और डरों का चित्रात्मक वर्णन किया है जो उपनिवेशक को जीवन भर सताती रहती हैं।[59] पश्चिम के वर्तमान सांस्कृतिक संकट का परिचय देने वाली सभी विषय-वस्तुएँ इस निबंध में मिलती हैं : औपचारिकीकरण, रूढ़ छवियों और अंश-वस्तु संबंधों के माध्यम से सामाजिक रिश्तों को मूर्त रूप में देखना, प्रकृति को महज़ एक औज़ार समझना, सांस्कृतिक स्तरीकरण और बहिर्वेशन की प्रक्रिया के माध्यम से उपनिवेशों के भीतर उपनिवेशकों के लिए अकेलेपन के संसार की रचना करना, उपनिवेशितों द्वारा की जाने वाली पौरुष और हैसियत की अंतहीन खोज, उपनिवेशितों को ऐसे भोलेभाले बच्चों की तरह समझना जिन्हें मर्दानगी के खुले प्रदर्शन से रुतबे में लिया जाना ज़रूरी हो (जिसके फलितार्थ के रूप में उपनिवेशित दर्शकों की माँग के कारण उपनिवेशक का इस 'नाटक' के प्रदत्त प्रारूप के साथ बँध जाना), और उस थोपी गयी साम्राज्यिक अस्मिता, जो न केवल अप्रामाणिक होती है बल्कि अपने आडम्बर के कारण संहारक की भूमिका भी अदा करती है, की ख़ातिर अपने आत्म का दमन। किपलिंग ने अपने जीवन के माध्यम से जिसकी अप्रत्यक्ष अभिव्यक्ति की और लेखन के ज़रिये जिसे छिपाना चाहा, ऑरवेल ने उसी को एक आत्म-सचेत राजनीतिक विश्लेषण के माध्यम से खुल कर व्यक्त किया।

ऑरवेल मूलतः सर्वसत्तावाद के आलोचक थे। लेकिन, जिन लोगों ने *एनीमल फ़ॉर्म* और *नाइंटीन एट्टी फ़ोर* जैसी उनकी रचनाएँ पढ़ी हैं, वे उन्हें उस उत्पीड़न के आलोचक के तौर पर भी जानते हैं जो समतामूलकता और प्रगति के विचारों से

खण्ड 4 : 463-70. ऑरवेल गाँधी की नैतिकता पर बल देते हुए उनकी विश्व-दृष्टि को तर्कहीन और मानवतावाद विरोधी कह कर ख़ारिज कर देते हैं. उन्हें गाँधी का व्यक्तित्व सौंदर्यमूलक कसौटियों पर अरुचिकर लगता है. लेकिन इसी ग्रंथ में 'जेम्स बर्नहैम ऐंड मैनेजेरियल रेवोल्यूशन' : 160-81 में उन्होंने आधुनिक उत्पीड़न की उस विशिष्ट समस्या के प्रति उत्कट संवेदनशीलता दिखाई है जिसकी गाँधी ने आलोचना की थी.

[59] जार्ज ऑरवेल (1957), *इनसाइड द होल ऐंड अदर एसेज़,* पेंगुइन, हारमंड्सवर्थ : 91-100. उनकी रचना (1957), *बर्मीज़ डेज़,* पेंगुइन, हारमंड्सवर्थ भी देखें.

निकला था। इस निबंध के लिए ऑरवेल के आत्म का यही हिस्सा प्रासंगिक है, क्योंकि प्रथम और द्वितीय विश्व में प्रगति के आधुनिक मतवाद की जड़ें जमने से काफ़ी पहले ही उपनिवेशित समाज उसका पूरा ख़मियाजा भुगत रहे थे।

ऑरवेल एक ऐसे पुराने अर्धकुलीन परिवार के वंशज थे जो गर्दिश के दिनों से गुज़र रहा था, और जिसके इतिहास पर औपनिवेशिक सेवा और दास-स्वामित्व की छाप थी। किपलिंग की तरह ऑरवेल भी भारत में पैदा होने के बाद इंग्लैण्ड में पले-बढ़े थे। अतएव, उनका लालन-पालन इंग्लिश मध्यवर्ग की मानक शैली में हुआ था। कालांतर में ऑरवेल यह मानने लगे थे कि उन्होंने एक उत्पीड़ित शैशव जिया है। उन्होंने एक ऐसे बेरहम स्कूल में पढ़ाई का ज़िक्र किया है जो उनकी निगाह में लगभग एक 'निरंकुश' संस्था की तरह था। लेकिन, ऑरवेल के जीवनीकार बर्नार्ड क्रिक का कहना है कि हक़ीक़त में उनका बचपन सताया हुआ नहीं था। दरअसल, ऑरवेल ने अपनी स्मृतियाँ 'दोबारा गढ़ीं' थीं, ताकि उन्हें अपने बाद के सरोकारों के अनुकूल बनाया जा सके।[60] लेकिन, इसी के साथ-साथ क्रिक द्वारा दी गयी जानकारी ऑरवेल के शुरुआती जीवन के तीन आयामों को भी रेखांकित करती है, और ये तीनों आयाम ऑरवेल की उत्पीड़न संबंधी समझ और ब्रिटेन की औपनिवेशिक संस्कृति के प्रति उनके प्रतिकार को रेखांकित करते हैं।

पहली बात तो यह है कि ऑरवेल का लालन-पालन अनिवार्यतः एक ऐसे दायरे में हुआ जो स्त्रियों का था जिसने उनके मन में पुरुषों की छवि गंदे, हिंसक और कमतर लोगों के रूप में दर्ज कर दी। किपलिंग की तरह ही उन्होंने शुरुआत से ही एक चिंतनशील जीवन की तरफ़ रुझान दिखाना शुरू कर दिया था, और किपलिंग की ही तरह वे अपने स्कूल में बेबसी के एहसास के तले पढ़ते थे। दरअसल, स्कूल में उनके चारों तरफ़ तपश्चर्या, सेक्शुअल शुद्धतावाद (विशेषकर समलैंगिकता के संदर्भ में), कठोर परिश्रम, खिलाड़ीपन और अति-पौरुष के परस्पर विरोधी विचारों पर बल देने वाला माहौल था।[61] किपलिंग की ही तरह ऑरवेल एक संवेदनशील और अलग-थलग रहने वाले बालक थे, और इसीलिए वे अपने स्कूल में दूसरे बच्चों के बीच न केवल अलोकप्रिय थे, बल्कि उन्हें

---

[60] बर्नार्ड क्रिक (1980), *जार्ज ऑरवेल, अ लाइफ़,* लिटिल, ब्राउन, बोस्टन, ख़ासकर इसका अध्याय 1 और 2. चूँकि ऑरवेल इस बात को स्वीकार करते हैं, इसलिए यह साफ़ नहीं हो पाता कि क्रिक इस बात पर क्यों बल देते हैं.

[61] जार्ज ऑरवेल, 'सच, सच वर द जॉयज़', *कलेक्टिड एसेज़,* खण्ड 4, 330-69, ख़ास तौर से देखें, 351-3, 359.

धौंसियाया भी जाता था। लेकिन, इन सभी तजरुबों का अंतिम नतीजा ऑरवेल के लिए बहुत अलग तरह का निकला। शुरुआती माहौल में पुरुषत्व के प्रति बने उनके द्वैध ने उन्हें समाज पर छायी हुई अति-पौरुष की संस्कृति का दामन थामने से रोका। अपने सारतत्त्व में वे पितृसत्तात्मक विश्व-दृष्टि के विरोधी बने रहे।

दूसरे, आत्मकथा लेखक के रूप में ऑरवेल अपने बारे में बताते हैं कि उन्होंने एकदम शुरू में ही यह बात सीख ली थी कि वे एक ऐसी 'दुनिया में रह रहे हैं जिसमें नेकी का दामन थामे रहना नामुमकिन है'; और यह ऐसी 'दुनिया है जिसमें नियम बनाए ही ऐसे गये हैं कि यह सम्भव ही नहीं है कि ... उनका पालन किया जा सके।'[62] उनकी इस समझ में शायद वह ख़ास सबक़ भी शामिल था कि जो दुर्बल है उसके लिए नेक बने रहना तो और भी मुश्किल है। ऑरवेल की इन बातों की व्याख्या क्रिक की तरह 'दोबारा गढ़ी गयी यादों' या 'स्क्रीन मैमॅरी' के तौर पर भी की जा सकती है, पर इन्हें अनुभव आधारित विश्वासों की तरह भी पढ़ा जा सकता है। ऑरवेल सोते में बिस्तर गीला कर दिया करते थे, इसलिए अपने इस 'अपराध' के कारण उन्हें स्कूल में शारीरिक दण्ड के अपमान से गुज़रना पड़ता था। विक्टोरियन नैतिकता ने उन्हें सिखाया था कि सोते में पेशाब कर देना एक तरह की दुष्टता है, लेकिन यह दुष्टता उनके नियंत्रण से बाहर थी। इसीलिए उनका कहना था कि 'ज़रूरी नहीं पाप कि तुमने किया ही हो, हो सकता है कि वह ख़ुद तुम्हारे साथ घट गया हो।'[63]

तीसरे, स्कूल में ही ऑरवेल को उस उसूल का पहला इशारा मिला जिसके बारे में उन्होंने ख़ुद स्वीकार किया है कि उसका पूरा एहसास करने में उन्हें बीस साल लग गये : यह उसूल था, 'जिस दुनिया में ताक़तवरों की हुकूमत हो, उसमें कमज़ोरों' को चाहिए कि वे या तो 'नियम तोड़ने के लिए, या अपने ख़ात्मे' के लिए तैयार रहें। ऑरवेल ने दावा किया कि कमज़ोरों को 'अपने लिए अलग तरह के नियम बनाने का हक़ है।'[64] अगर कमज़ोरों में 'बचे रहने की नैसर्गिक प्रवृत्ति नहीं होगी' तो उन्हें एक ऐसी दुनिया को स्वीकार करना होगा जिसमें 'जो ताक़तवर है वही जीतने योग्य होता है, और जो कमज़ोर होता है उसे हमेशा और हर बार लाज़िमी तौर पर हारना ही पड़ता है।'[65]

---

[62] उपरोक्त : 334.

[63] वही : 334.

[64] उपरोक्त : 362-3.

भले ही यह बात कितनी भी अजीब लगे, पर अपने इन्हीं 'समुचित' मूल्यों की बिना पर ऑरवेल किपलिंग के नायकों में से एक हो सकते थे। न केवल 'देशजों' के प्रति, बल्कि निम्नवर्गीय अंग्रेज़ों के प्रति भी उनका रवैया इसी प्रकार समुचित था। इन लोगों के साथ सम्पूर्ण तादात्म्य स्थापित किये बिना ही ऑरवेल में उनके प्रति गहरी हमदिली का एहसास था। देशजों और निम्नवर्गीय अंग्रेज़ों के प्रति उनमें उत्तरदायित्व की गहरी अनुभूति थी। वे किसी भी तरह के बोझ से मुक्त एक ऐसी भावना से परिपूर्ण थे जिसके प्रभाव में लोग अपने वक़्त के सभी अरुचिकर कार्यों की ज़िम्मेदारी उठाने के लिए तैयार हो जाते हैं। लेकिन, ऑरवेल ने अपने इस रवैये का इस्तेमाल अलग तरह से किया। वे आधुनिक ब्रिटेन पर छायी हुई मध्यवर्गीय संस्कृति के आलोचक बन गये— उस संस्कृति के, जिसे अपनी सम्पूर्णता साम्राज्यवाद में मिली थी।

उपनिवेशवाद के प्रति तीसरी अनुक्रिया उन व्यक्तियों की थी जो ब्रिटिश आत्म के कुछ अधिक स्त्रैण पक्षों को बचाना चाहते थे। इसके लिए उन्होंने 'मनो-व्याधिमूलक' और 'अपराधमूलक' आत्माभिव्यक्तियों का सहारा लिया। इस अनुक्रिया की सीमाएँ ऑक्सब्रिज और ब्लूम्सबरी जैसे भौगोलिक और मनोवैज्ञानिक दायरों तक सीमित थीं। इसके वाहक ऐसे लोग थे जो अपनी सेक्शुअल अस्मिताओं को लेकर अंतर्द्वंद्वों से गुज़रते रहते थे, लेकिन जिन्होंने इन द्वंद्वों को अप्रत्यक्ष रूप से विचारधारात्मक मुद्दों में बदल दिया था। इन लोगों में तकरीबन सभी इस हक़ीक़त से नावाक़िफ़ थे कि उनके आंतरिक आवेग असल में एक साझे राजनीतिक वक्तव्य की तरह तो हैं ही, साथ-साथ उनमें निजी धरातल पर होने वाले मुश्तरक़ा द्वंद्वों के तत्त्व भी हैं। बहरहाल, इन लोगों की निजी ज़िदगियाँ और उनके अंतर्वैयक्तिक संबंधों का संसार उन्हें ग़ैर-राजनीतिक हस्ती बनाने की तरफ़ ले गया। ये लोग थे : ऑस्कर वाइल्ड (1854-1900), जी.ई. मूर (1873-1958), जॉन मेनार्ड कींस (1883-1946), लिटन स्ट्रैची (1880-1932), वर्जीनिया वूल्फ़ (1882-1941), समरसेट मॉम (1874-1965), ई.एम. फ़ोर्स्टर (1979-1970) और डब्ल्यू.एच. ऑडेन (1907-73)। ये सभी लोग उपनिवेशवाद की विश्व-दृष्टि के ख़िलाफ़ जीवंत प्रतिरोध का प्रतीक बने।

मनोविश्लेषक लारेंस क्यूबी ने उभयलैंगिकता या बाइसेक्शुअलिटी की खोज

में लगे वर्जीनिया वूल्फ़ जैसी प्रतिभाशाली हस्तियों और उनकी इस खोज के साथ जुड़ी हुई मनोव्यथा का विस्तार से संधान किया है।[66] यह मनोव्यथा एक ऐसे सांस्कृतिक संदर्भ में और तीखी होती जा रही थी जिसके तहत लोगों को अर्धनारीपन की अपनी ही अ-मुखर परम्पराओं को छोड़ना और मानवीय उभयलैंगिकता की जैविक हक़ीक़त के सह-संबंधों को नकारना पड़ रहा था।[67] उन्नीसवीं सदी और बीसवीं सदी के ब्रिटेन में कई सृजनशील लोगों ने ख़ुद को 'उत्कृष्ट गुदामैथुन की विचारधारा', नव-यूनानी विचार और सौंदर्यवाद के साथ जोड़ा था। इन प्रवृत्तियों की व्याख्या करने के लिए ब्रिटिश समाज के उस पहलू का हवाला देना ही पड़ेगा जिसके तहत वहाँ स्त्रीत्व को एक कमतर दर्जे की प्रदूषक और समाज-विरोधी शै क़रार दे कर बदनाम किया जा रहा था। ब्रिटिश समाज पुरुष के भीतर मौजूद स्त्रीत्व के पहलुओं को तक़रीबन सभी तरह की मानवीयता का निषेध कह कर ख़ारिज करने में लगा हुआ था। ब्रिटेन में अति-पौरुष के उसूल की प्रधानता और अधिक स्थापित करने के संघर्ष में सफलता के लिए औपनिवेशिक संस्कृति भारत में भी पुरुषत्व और क्लीवत्व के विपर्यय पर बल दे रही थी। इस प्रकार उपनिवेशवाद ने ब्रिटेन की प्रचलित सेक्शुअल रूढ़ छवियों का इस्तेमाल करके चेतना की उन धाराओं को हाशिये पर धकेलने में मदद की जो इस विपर्यय का विरोध कर रही थीं।

यहाँ मैं उस असाधारण रूप से सृजनशील हस्ती की मिसाल देना चाहूँगा जो प्रकटतः ब्रिटिश-भारतीय राजनीति से काफ़ी कटा हुआ था। ये थे ऑस्कर वाइल्ड। वाइल्ड के जीवन पर लिखे गये रिचर्ड एलमान के हालिया निबंध से इस तथ्य पर रोशनी पड़ती है कि किस तरह से वाइल्ड की सेक्शुअलिटी एक साथ एक सांस्कृतिक परिघटना और प्रतिरोध का एक वक्तव्य भी थी।[68] वाइल्ड के माशूक़

---

[65] उपरोक्त : 359, 361.

[66] लारेंस क्यूबी (1974), 'द ड्राइव टू बिकम बोथ सेक्सिज़', *साइकोएनालैटिक क्वार्टरली,* 43(3) : 349-426.

[67] नोएल कॉवर्ड की 1954 में प्रकाशित आत्मकथा *फ़्यूचर इनडेफ़िनिट,* हाइनमेन, लंदन भी देखें. इससे पता लगता है कि हाज़िरजवाबी और ख़ुशमिजाज़ी का रंग किस तरह सामाजिक स्वीकार्यता और लोकप्रियता के खाँचे के भीतर सेक्शुअल भटकाव से उपजने वाली पीड़ा और अकेलापन छिपाने का काम करता है. मौजूदा पुरुष-स्त्री संबंधों की आलोचनाओं को आपस में जोड़ने वाली 'अनुभूतियों की संरचना' की चर्चा और निचले वर्गों, साम्राज्यवाद विरोध और सैन्यवाद विरोध से तादात्म्य स्थापित करने की कोशिशों के लिए देखें, रेमण्ड विलियम्स, 'द ब्लूम्सबरी फ़ेक्शन', प्रॉब्लम्ज़ इन मैटेरियलिज़म ऐंड कल्चर : 148-69. विलियम्स डेप्थ साइकोलॅजी और ब्लूम्सबरी संलक्षण के बीच संबंध की प्रकृति के बारे में एक अस्पष्ट-सा सुराग़ भी देते हैं.

बोसी (लॉर्ड अल्फ्रेड डगलस) के पिता क्वींसबरी के मार्क्विस थे और उनका रवैया प्रतिशोधमूलक था। मार्क्विस न केवल एक सपाट-ख़याल अनुदारतावादी थे, बल्कि नियमित श्रेणियों में न फ़िट होने वाली वाइल्ड की सेक्शुअलिटी के मुक़ाबले सांस्कृतिक रूप से नियमित श्रेणियों के पैरोकार थे। दूसरी तरफ़ वाइल्ड और उनका माशूक़ ख़ुद को मार्क्विस की अतिगम्भीर शख़्सियत के निषेध के रूप में देखते थे, जबकि मार्क्विस का मक़सद न केवल अपनी बल्कि अपनी संस्कृति की पौरुषपूर्ण आत्म के लिए भी निरंतर अनुमोदन प्राप्त करना था। स्पर्धामूलक मुक्केबाज़ी की क्वींसबरी नियमावली के आविष्कारक के तौर पर मार्क्विस की कोशिश यही अनुमोदन प्राप्त करने की थी ताकि प्रतीकात्मक रूप से नियमबद्ध हिंसा को परिभाषित करते हुए उसकी माँग की जा सके और इस प्रक्रिया में आक्रामक ब्रिटिश पौरुष के सर्वोच्च गुण के रूप में खिलाड़ीपन की पुष्टि हो सके।[69]

वाइल्ड की कोशिश थी कि मार्क्विस को इसी अनुमोदन से वंचित रखा जाए। वाइल्ड के छोटे बेटे विवियन हॉलैण्ड ने बाद में लिखा कि वाइल्ड 'परम्परापोषण से संत्रस्त' रहते थे और उनकी इसी प्रवृत्ति के कारण ब्रिटिश समाज ने उन्हें बरबाद कर दिया।[70] वे यह नहीं समझ पाए कि साम्राज्यवाद दरअसल परम्परापोषण और प्रचलित समझदारी की तत्कालीन व्याधिरूप संरचनाओं पर आधारित था। ब्रिटिश लोक-संस्कृति के इन्हीं दोनों तत्त्वों पर आधारित नैतिक सभ्यता का विचार लोगों को थमा कर साम्राज्यवाद अपने लिए वैधता हासिल करना चाहता था। परम्परापोषण का मतलब था सेक्शुअल मानकों की ख़ास तरह की रूढ़ परिभाषाएँ, जिन्हें अप्रत्यक्ष चुनौती के ज़रिये वाइल्ड ब्रिटेन में औपनिवेशिक रवैये की एक बुनियादी परिकल्पना को ही ललकार रहे थे।

यह सुविदित है कि अगर वाइल्ड अपनी समलैंगिकता के बारे में गोपनीयता बरतते तो उन्हें 'माफ़' किया जा सकता था। जैसे, अगर वे मार्क्विस के ख़िलाफ़ आपराधिक मुक़दमा दायर न करते। विक्टोरियन इंग्लैण्ड वाइल्ड की सेक्शुअल अस्मिता बर्दाश्त कर सकता था, बशर्ते उसका मुजाहिरा खुल कर न किया जाता और उसे हाशिये पर मौजूद एक सम्प्रदाय की जीवन-शैली की सीमाओं में रखा जाता।

---

[68] रिचर्ड एलमान (1977), 'अ लेट विक्टोरियन लव एफ़ेयर', *न्युयॉर्क रिव्यू ऑफ़ बुक्स़,* 24(13) : 6-10.

[69] जियॉफ्री गोरर (1967), 'द ब्रिटिश नैशनल करेक्टर इन द ट्वेंटियथ सेंचुरी', *द एनल्ज़ ऑफ़ द अमेरिकन एकेडमी ऑफ़ पॉलिटिकल ऐंड सोशल साइंसेज़,* अंक 370, मार्च : 74-81, ख़ासकर 77-78.

लेकिन, एक सांस्कृतिक विचारधारा की तरह अपनी समलैंगिकता का प्रदर्शनकारी इस्तेमाल करके वाइल्ड ने अपने समुदाय की मुख्य आत्म-पहचान के साथ भितरघात की जुर्रत की। यह आत्म-पहचान सुलझे हुए पुरुष-स्त्री संबंधों वाले एक सुपरिभाषित पुरुषों के समुदाय की थी। इंग्लैण्ड की अभिजन संस्कृति कड़ाई से परिभाषित सेक्शुअल भूमिकाओं से इस तरह की खुली पथभ्रष्टता सहन करने के लिए किसी क़ीमत पर तैयार नहीं थी। अपने अति-सौंदर्यपरकता में डूबे वाइल्ड को यह पता ही नहीं था कि इंग्लैण्ड की अभिजन संस्कृति हज़ारों मील दूर एक उपनिवेश में इन्हीं परिभाषाओं के भीतर से राजनीतिक तात्पर्य निकालने में लगी हुई है।

ऑस्कर वाइल्ड ने एक अन्य क्षेत्र में भी गणमान्यता की 'बचकाने ढंग से' अवज्ञा की। साहित्यालोचक के रूप में एलमान द्वारा वाइल्ड की विचारधारा के इसी पक्ष पर दिये गये बल से मेरे सामने एक गुंजाइश खुलती है। इसके ज़रिये मैं अनिवार्यत: अराजनीतिक प्रवृत्तियों वाले वाइल्ड का सूत्रीकरण एक ऐसी हस्ती के रूप में कर सकता हूँ जो इस मामले में आत्मसचेत न होने के बावजूद उपनिवेशवाद को जन्म देने वाली राजनीतिक संस्कृति की कमोबेश सम्पूर्ण आलोचक थी।[71] वाइल्ड ने मैथ्यू ऑर्नल्ड के इस सूत्र को मानने से इंकार कर दिया था : 'आलोचना का लक्ष्य वस्तु को उसी रूप में देखना है जिस रूप में वह होती है।' वाइल्ड के लिए तो आलोचना का लक्ष्य वस्तु को उस रूप में देखना था जिसमें वह नहीं होती है। इस बात को कला की ख़ातिर कला जैसे एक पुराने सूत्रीकरण का ही एक अन्य पक्ष क़रार दिया जा सकता है, लेकिन जैसा कि एलमान ने भी कहा है, इसे पिकासो की कलात्मक आस्था के शुरुआती संस्करण की तरह भी पढ़ा जा सकता है। पिकासो के अनुसार कला 'वह होती है जो कि प्रकृति नहीं है।' इस रूप में कला अति-समाजीकृत चिंतन की शुरुआती आलोचना बन जाती है। बाद में यही प्रवृत्ति थियोडोर एडोर्नो और हरबर्ट मारक्यूज़ के विमर्श में विकसित हुई। जो कला अस्तित्व की अवज्ञा करती हो, वही तो वह कला है जो एक फ़ितने की तरह होती है। वह 'चीज़ें जैसी होती हैं उनके महत्त्व को वैसे का वैसा नहीं स्वीकारती'। इसीलिए वाइल्ड में उन इतिहासकारों की सराहना मिलती है जो इतिहास के प्रति अवज्ञाकारी नज़रिया रखते थे :

---

[70] एच. मॉण्टगुमरी हायड (1976), *ऑस्कर वाइल्ड*, मेथ्युन, लंदन : 136 पर उद्धृत.

उन्होंने उन इतिहासकारों की प्रशंसा की जो तथ्यों के सामने समर्पण करने के बजाय उन पर अपनी प्रभुता स्थापित करते हैं। आगे चल कर उन्होंने और भी साहस के साथ कहा, 'इतिहास के प्रति हमारा एक कर्तव्य तो है ही कि हम उसका पुनर्लेखन करें।' उनकी इसी बृहत्तर समझ का अंश प्रकृति, यथार्थ अथवा इस जगत के प्रति वह कर्तव्य (या कहें तो मन की मौज़) है जिसका पालन हम उनकी पुनर्रचना करके करते हैं।[72]

इन सब बातों के बावजूद वाइल्ड अंततः एक सीमांत हस्ती थे। उनका जीवन-दर्शन भी उनके समाज के लिए एक किनारे की चीज़ थी। ब्रिटेन में मुख्यधारा की संस्कृति न तो उनकी सेक्शुअल विपथगामिता को समझने के लिए तैयार थी और न ही रोज़मर्रा की ज़िंदगी और इतिहास की उनकी आलोचना। इसीलिए अपने नाटकों और कहानियों के ज़रिये उन्होंने बिना माता-पिता के किरदारों की रचना की।[73] ये चरित्र चूँकि किसी निकटस्थ प्राधिकार के प्रति किसी भी तरह की ऋणग्रस्तता नहीं महसूस करते थे, इसलिए उन्हें उस प्राधिकार के साथ भावपूर्ण टकराव में भी नहीं जाना पड़ता था। इन चरित्रों से जन्मने वाला परिहास किसी निकटस्थ विद्रोह का परिणाम न हो कर एक दूरस्थ अवज्ञा का नतीजा था। सम्भवतः अब हम उस मुक़ाम पर पहुँच गये हैं जहाँ पश्चिमी संस्कृति की उन आलोचनाओं की चर्चा की जा सकती है जो पारम्परिक पौरुष और सामान्य क़िस्म के इतिहास की अवज्ञा करते हुए एक अधिक अभिव्यक्तिक्षम और सांस्कृतिक रूप से वैध विचारधारा के अंश के रूप में उभरती हैं। इसी बात को इस तरह भी कहा जा सकता है कि अब मैं असहमति के उन रूपों की चर्चा करूँगा जो माता-पिता से वंचित नहीं थे।

भारत के लिए श्रद्धेय लेकिन ब्रिटेन द्वारा विस्मृत चार्ल्स फ्रीअर एण्ड्रूज़ के पास जन्म से ही धर्म और अनैक्य की विरासत थी।[74] वाइल्ड की तरह वे अपनी माँ के लाड़ले थे। किपलिंग और वाइल्ड दोनों की ही भाँति उनका अपने पिता, जो कैथॅलिक एपोस्टोलिक चर्च के पादरी थे, से दूर का ही नाता था। एण्ड्रूज़ के शैशव पर धार्मिक मिथकों और कल्पना-छवियों की गहरी छाप थी। उन्हें सामान्य बच्चों से कहीं ज़्यादा क्लासिकल साहित्य पढ़ने के लिए मिला था। बाद में उन्होंने अपनी शुरुआती घरेलू ज़िंदगी के बारे में लिखते हुए बताया कि वह 'एक ऐसे

---

[71] रिचर्ड एलमान (1967), 'द क्रिटिक एज़ आर्टिस्ट एज़ वाइल्ड', *एनकाउंटर*, जुलाई : 29-37.

[72] उपरोक्त : 30-1.

[73] उपरोक्त : 30.

[74] ह्यू टिंकर (1979), *द ओर्डील ऑफ़ लव : सी.एफ. एण्ड्रूज़ ऐंड इण्डिया*, ऑक्सफ़र्ड युनिवर्सिटी प्रेस,

अप्रवाही जल की तरह थी जिसमें आधुनिक विचार की किसी भी धारा को प्रवेश करने की अनुमति नहीं दी गयी थी।'[75] किपलिंग और ऑरवेल की ही तरह एण्ड्रूज़ ने स्कूल में अपना वक़्त दयनीय हालत में गुज़ारा। आंशिक रूप से इसका कारण पढ़ाई का बोझ था, पर बड़ा कारण था कि नाज़ुक और अति-संरक्षित क़िस्म के उन जैसे बालक का स्कूल में बड़ी उम्र, बड़े आकार और 'उजड्ड' क़िस्म के लड़कों के समलैंगिक आकर्षण का केंद्र बन जाना। उन बालकों के प्रति एण्ड्रूज़ की अनुक्रिया शायद पूरी तरह अप्रतिरोधी क़िस्म की नहीं थी। ज़िंदगी भर वे इन अनुभवों को अपने भीतर 'अशुद्धता के एक दुष्ट रूप' की तरह याद करते रहे। ह्यूज टिंकर, जिन्हें निश्चित रूप से एक अति-मनोवैज्ञानिक जीवनीकार नहीं माना जा सकता, ने इस अनुभव के फलितार्थों का वर्णन इस प्रकार किया है :

> चार्ली को कभी कोई गर्ल फ्रेंड नहीं मिलने वाली थी, और इस 'अशुद्धता' का महा अपराध उनके मानस की गहराइयों में दफ़्न हो जाने वाला था। शायद स्कूल में ही अवचेतन के धरातल पर वे स्त्री के दैहिक प्रेम की सम्भावनाओं से विमुख हो गये थे। स्कूल में कुछ वर्षों तक वे एक भावनात्मक संघर्ष में उलझे रहे। उम्र बढ़ने के साथ-साथ उन्होंने इस परिस्थिति को काबू में तो कर लिया, पर उसका अपराध-बोध बना रहा।[76]

एण्ड्रूज़ भले ही पारम्परिक इतरलैंगिकता के प्रति सहज न रहे हों, पर अपनी मन:श्रांति और स्नायुविक सक्रियता के बावजूद वे बच्चों के साथ हमेशा सहज महसूस करते थे। हो सकता है कि अपने इसी संयोग के कारण उन्हें औपनिवेशिक विचारधारा की असलियत समझने में मदद मिली हो, पर वे एक ऐसे व्यक्ति ज़रूर बनते चले गये जो उनके कई दोस्तों की निगाह में 'हृदय से भारतीय और साथ में एक सच्चा अंग्रेज़' भी था।[77] इसी के परिणामस्वरूप वे रवींद्रनाथ ठाकुर के क्लासिकल सार्वभौमिकतावाद और गाँधी के लोकाधारित आलोचनात्मक परम्परावाद को जोड़ कर देख पाए। उन्होंने इन दोनों ख़यालों को उस आधुनिकतावाद के वैध विकल्प के रूप ग्रहण किया जो साम्राज्यवादी विचारधारा से संयुक्त था। हालाँकि रवींद्रनाथ को समझना उनके लिए आसान

नयी दिल्ली : 1.

[75] उपरोक्त : 5.

[76] उपरोक्त : 4.

[77] एम.के. गाँधी का यह उद्धरण प्यारेलाल (1958) की रचना *महात्मा गाँधी : द लास्ट फ़ेज़*, नवजीवन पब्लिशिंग

था, पर उन्होंने गाँधी का अनुपालन करते हुए ब्रिटिश उपनिवेशवाद की अपनी आलोचना को आलोचनात्मक ईसाई नैतिकता पर आधारित किया। (उन्होंने अपने समकालीन कुछ ईसाई मिशनरियों के अराजनीतिक, ग़ैर-आलोचनात्मक परम्परावाद को निश्चित रूप से ठुकरा दिया होता, और इसी तरह उन्होंने मदर टेरेसा सरीखा इसी परम्परावाद का अधिक प्रभावी और मर्मस्पर्शी संस्करण भी स्वीकार न किया होता। इस प्रकार का राजनीति विरोधी रवैया मानने के लिए वे कभी तैयार नहीं होते।[78]) इन्हीं बातों से समझा जा सकता है कि भारत में एण्ड्रूज़ ने किस प्रकार पहनावे, खान-पान और सामाजिक संबंधों में कई भारतीय और ख़ास कर हिंदू सामाजिक रीति-रिवाजों को अपनाया, लेकिन उन्होंने यह भी सुनिश्चित किया कि कोई उन्हें ग़लती से गुज़रा हुआ ईसाई न समझ बैठे। जीवन के अंतिम दिनों में उन्होंने ख़ुद के लिए बाक़ायदा एक ईसाई अंत्येष्टि की गारंटी करने में कोई क़सर नहीं छोड़ी। ज़ाहिर था कि वे अपनी सामाजिक और राजनीतिक कार्यकारिता का श्रेय न केवल अपने भारतीयकृत आत्म को ही नहीं बल्कि अपने ग़ैर-आधुनिक पश्चिमी परम्पराओं को भी देते थे। उनका यह रवैया असहमति के आधुनिक सिद्धांतों पर एक टिप्पणी की तरह है। ब्रिटिश औपनिवेशिक इतिहास के दो सौ साल में जो पश्चिमवासी भारतीय स्वाधीनता के लक्ष्य के साथ सबसे ज़्यादा नज़दीकी से जुड़ा, वह किसी सेकुलर विचारधारा के आधार पर नहीं बल्कि धार्मिक परम्परा के आधार पर सक्रिय हुआ था।

विवेकानंद के पराजित मानस का वह सबसे भीषण क्षण रहा होगा जब उन्होंने कहा था कि हिंदुओं की मुक्ति तीन तरह के 'बी' में निहित है : बीफ़, बाइसेप्स और भगवद्गीता। राष्ट्रवादी रसायनशास्त्री पी.सी. राय ने भी एक बार ऐसे ही उद्गार व्यक्त किये थे। अगर इस प्रकार का प्रस्ताव एण्ड्रूज़ के सामने आया होता तो इससे उन्हें ठेस लगी होती। अपनी सीमित बौद्धिक क्षमताओं और सीधे-सादे धर्मशास्त्र के बावजूद उन्होंने पूँजीवाद, साम्राज्यवाद और ईसाइयत के बीच गठजोड़ को पहचान लिया था।[79] इसके बावजूद उनकी ईसाइयत हिंदुओं से हिंदू राष्ट्रवाद के आवरण में पौरुषपूर्ण ईसाइयत की माँग करने के लिए तैयार

हाउस, अहमदाबाद, खण्ड 2 : 100 से.

[78] मैं यह बात उनकी अल्बर्ट श्वाइट्ज़र के प्रति पसंदगी के बावजूद कह रहा हूँ (टिंकर, द *ओर्डील ऑफ़ लव* : 206). एण्ड्रूज़ अपनी सिधाई के कारण श्वाइट्ज़र का परिष्कृत नैतिक और सांस्कृतिक दर्प नहीं भाँप सके.

[79] सी.एफ. एण्ड्रूज़ (1933), *क्राइस्ट ऐंड लेबर*, स्टुडेंट क्रिश्चियन मूवमेंट, लंदन और (1932), *व्हाट आई*

नहीं थी। उनकी ईसाई आस्थाएँ तो गाँधी की आस्था पर अपनी मुहर लगाती थीं। अपनी सोलह सूत्रीय थीसिस में उन्होंने यही दिखाया था कि किस तरह आधुनिकता के दायरों के बाहर पूर्व और पश्चिम का मिलन हो सकता है।[80] एण्ड्रूज़ ने आधुनिक ब्रिटेन को त्यागा था, न कि पारम्परिक पश्चिम को। गाँधी ने जब उन्हें हृदय से भारतीय और एक सच्चे अंग्रेज़ की संज्ञा दी थी, तो यह अनकहा रह गया था कि एक सच्चे अंग्रेज़ होने के कारण ही एण्ड्रूज़ भारतीय बन सके थे।

ब्रिटेन में उपनिवेशवाद के प्रति अनुक्रिया का यह विवरण लिखने के बाद मुझे लगा कि एक संदर्भ में यह भारतीय अनुक्रिया के मेरे विवरण से भिन्न है। भारत के संदर्भ में मैंने शास्त्रों और मिथकों पर बल दिया है, पर पश्चिम के बारे में बात करते समय मैंने व्यक्तियों की चर्चा की है। क्या यह अनायास ही है? या फिर यह इस बात की अनचाही स्वीकृति है कि संस्कृतियों का वर्णन अलग-अलग तरीके से ही किया जा सकता है? क्या कुछ संस्कृतियाँ मुख्य तौर से जीवन-इतिहासों से गुज़रते समय ऐतिहासिक समय के इर्द-गिर्द ही बिनी जाती हैं, और कुछ मिथकों और शास्त्रों के कालातीत समय के आस-पास? नीचे के कुछ हिस्सों में से एक में इन प्रश्नों का आंशिक उत्तर मिल सकता है।

VI

पश्चिमी संस्कृति की विकृतियों के प्रति सर्वाधिक सृजनशील अनुक्रिया उन लोगों की तरफ़ से आयी है, और आनी भी चाहिए, जो उसके शिकार हुए। अपने अर्धनारी विश्वशास्त्र (कॉस्मॉलॅजी) और शैली को एक हद तक क़ायम रख पाने वाले भारत से ही गाँधी के रूप में अंततः उपनिवेशवाद की अति-पौरुषपूर्ण विश्व-दृष्टि का अंतर-सांस्कृतिक प्रतिकार निकला। एक भारतीय के रूप में गाँधी की प्रामाणिकता के कारण हमारी दृष्टि से उनका वह मुहावरा ओझल नहीं हो जाना चाहिए जो ब्रिटेन और भारत के बीच, और ईसाइयत और हिंदू धर्म के

ओव टु क्राइस्ट, होडर स्टाउटन, लंदन.

[80] गाँधी का यह उद्धरण टी.के. महादेवन (1977), *द्विज*, ईस्ट-वेस्ट एफ़िलियेट प्रेस, नयी दिल्ली : 118-19

बीच खड़ी सांस्कृतिक दीवारों के आर-पार जाता है। एक ग़ैर-पश्चिमवासी होने के बावजूद गाँधी ने हमेशा एक भिन्न पश्चिम का जीवंत प्रतीक बनने की कोशिश की। ब्रिटिश संस्कृति अपनी जीत के माहौल में भी साम्राज्यिक उत्तरदायित्व और अधीनीकरण की चूलों में फँसी हुई थी। गाँधी ने न केवल उसकी इस दुर्दशा का 'उपयोग' किया, बल्कि उनके अंतिम लक्ष्य की परिभाषा में अंग्रेज़ों को ब्रिटिश उपनिवेशवाद के इतिहास और मनोविज्ञान की क़ैद से आज़ाद कराना भी अंतर्निहित था। उत्पीड़ित की नैतिक और सांस्कृतिक श्रेष्ठता का दावा उनके लिए एक खोखला नारा भर नहीं था।

इसीलिए भारत की मुक्ति के अपने सिद्धांत के अनिवार्य अंग के तौर पर गाँधी ने पूरे उत्साह के साथ ब्रिटेन और उसके साथ पश्चिम की भिन्न संस्कृति की खोज भी की। यह कहना सही है कि 'इंग्लैण्ड की थीसिस के मुक़ाबले गाँधी उसकी एक जीवंत एंटीथीसिस थे'[81], लेकिन वह एंटीथीसिस अंग्रेज़ों के भीतर भी प्रच्छन्न रूप से विद्यमान थी। अपने पूरे वयस्क जीवन में गाँधी का सबसे निकटतम मित्र एक अंग्रेज़ पादरी था जो न केवल भारतीय स्वाधीनता के लक्ष्य के प्रति, बल्कि ईसाइयत के एक कहीं अधिक कोमल संस्करण के प्रति भी समर्पित था। दरअसल, सी.एफ़. एण्ड्रूज़ का महत्त्व गाँधी के लिए वही था जो थॉमस मान का फ़्रॉयड के लिए था। उनका संबंध उस सीमांत चिंतन धारा की पुष्टि था जिसे मतांध हो चुकी प्रत्येक 'समरूपी' संस्कृति के भीतर अंतर्धारा की तरह या तो उपस्थित रहना चाहिए, या अगर ऐसा न भी हो तो अपने मानसिक संतुलन और इंसानियत को बचाए रखने की ख़ातिर उसकी उपस्थिति मान कर चलना चाहिए। (साझी विक्षिप्तता द्वारा इतिहास पर अपना प्रभुत्व क़ायम कर लेने की स्थिति में ज़रूरी नहीं कि यह उपस्थिति महज़ एक नैतिक मुद्रा बन कर रह जाए। इसका सबसे अच्छा सबूत ज्याँ शार्प द्वारा वर्णित युद्धकालीन बर्लिन में नाज़ी हुकूमत के ख़िलाफ़ चलाए गये शांतिपूर्ण प्रतिरोध में देखा जा सकता है।[82]) इसी तरह कुछ ईसाई भजनों और बाइबिल के पाठों के प्रति गाँधी का रुझान एक भारतीय अल्पसंख्यक धर्म के प्रति प्रतीकात्मक क़िस्म के हिंदू इशारे तक ही सीमित नहीं था। दरअसल, गाँधी का यह रुझान उस मान्यता की पुष्टि भी था कि

की रचना से.

[81] रोलो मे (1972), *पॉवर ऐंड इन्नोसेंस : अ सर्च फ़ॉर द सोर्सेज़ ऑफ़ वॉयलेंस,* डेल्टा, न्युयॉर्क :112.

[82] ज्याँ शार्प (1973), *द पॉलिटिक्स ऑफ़ नॉनवायलेंट एक्शन,* खण्ड 1, पोर्टर सार्जेंट, बोस्टन : 87-90.

ईसाइयत के कुछ अ-मुखर तत्त्व ऐसे भी हैं जिनकी हिंदू और बौद्ध विश्व-दृष्टि के साथ सम्पूर्ण संगति बैठती है। मनुष्य के मन के भीतर गाँधी जो संघर्ष चला रहे थे वह वास्तव में मानवीय प्रकृति के कोमल पक्षों की पुनर्स्थापना के लिए चलाया जाने वाला सार्वभौम संघर्ष था। यह मनुष्य के उस तथाकथित ग़ैर-पुरुष आत्म को फिर से हासिल करने की कोशिश थी जिसे पश्चिमी आत्म-पहचान के विस्मृत क्षेत्रों में कहीं खोया जा चुका था।

गाँधी आख़िर किन लोगों को सम्बोधित कर रहे थे? क्या वे केवल किनारे पर सिमटे उन्मादी समुदाय या फिर एक निष्प्रभावी अल्पसंख्यक समुदाय से मुख़ातिब थे? मुझे तो लगता है कि गाँधी में न केवल एक परिष्कृत क़िस्म की नैतिक संवेदनशीलता थी, बल्कि वे राजनीतिक और मनोवैज्ञानिक चतुराई से भी सम्पन्न थे। उदाहरण के लिए मैं यहाँ ब्रिटिश राष्ट्रीय चरित्र के एक आयाम का वर्णन प्रस्तुत कर रहा हूँ जो भारतीय, ख़ासकर गाँधीवादी शांतिवाद और पश्चिमी आक्रामकता के भारतीय विचारों की खुराक़ पर पले पाठकों को दिलचस्प लगेगा :

> निचले तबक़े से आये मज़दूर वर्ग के अपधर्मी सदस्यों (जिनकी बड़ी संख्या ने कभी उपनिवेशों का रुख़ नहीं किया) को छोड़ कर अंग्रेज़ लोग अपनी आक्रामकता नियंत्रित करने में, दूसरों की आक्रामकता से कतराने में और अपने बच्चों में आक्रामक आचरण पैदा होने से रोकने में व्यस्त हैं। ... कई सदियों से अंग्रेज़ मध्य और उच्चवर्गों के बीच आक्रामकता पर नियंत्रण पाने की कोशिश उनके चरित्र का प्रमुख घटक रही है। खेलों के संदर्भ में आक्रामकता पर नियंत्रण 'खिलाड़ीपन' कहलाता है। यह एक ऐसी अवधारणा है जो बाक़ी दुनिया के ज़्यादातर हिस्से को अंग्रेज़ों की देन है। 'खिलाड़ीपन' का एक आयाम है नियमों के ज़रिये आक्रामकता को क़ाबू में करना। ... 'खिलाड़ीपन' का एक अन्य आयाम है खेल के नतीजे को बिना आक्रामकता के स्वीकार करना। न तो पराजित पर फ़ब्तियाँ कसना और न ही विजेता के ख़िलाफ़ नाराज़गी जताना। 'खिलाड़ीपन' की इस अवधारणा का विस्तार लम्बे समय से एक रूपक के तौर पर प्रतिद्वंद्विता या प्रतियोगिता की सभी परिस्थितियों तक किया जाता रहा है। 'अच्छा खिलाड़ी' होने का मतलब है ज़्यादातर अंग्रेज़ों के बीच ऊँची प्रतिष्ठा प्राप्त करना।[83]

ब्रिटिश राष्ट्रीय चरित्र के इस अवलोकन के मुक़ाबले मैं भारतीय सभ्यता के आंतरिक आलोचक नीरद सी. चौधुरी का एक कथन रखना चाहता हूँ, हालाँकि

[83] गोरर, 'द ब्रिटिश नैशनल करेक्टर' : 77.

बहुत से लोग उन्हें पक्का भारत विरोधी और पूर्व में पश्चिम का एजेंट क़रार दे कर ख़ारिज करते हैं :

> मौजूदा मान्यता हिंदुओं को शांतिप्रेमी और अहिंसक मानने की है, और यह विश्वास गाँधीवाद के कारण और पक्का हुआ है। असलियत यह है कि शायद ही कोई और समुदाय युद्ध और रक्तपात का इतना प्रेमी हो।... अशोक के शिलालेखों पर उत्कीर्ण लगभग पच्चीस शब्दों ने उन हज़ारों सूक्तियों और उस विशाल संस्कृत साहित्य को पूरी तरह से पृष्ठभूमि में धकेल दिया है जिनमें हिंदुओं के असाध्य सैन्यवाद के प्रमाण दर्ज हैं। उनके राजनीतिक इतिहास के पन्ने ख़ून के धब्बों से रँगे हुए हैं।... ईसा पूर्व तीसरी सदी में की गयी अहिंसा की यह अनावश्यक उद्घोषणा और बीसवीं सदी में गाँधी द्वारा की गयी इसकी पुनः लेकिन आम तौर पर व्यर्थ दावेदारी के बीच राज्य-कौशल के हिंदू-सिद्धांत और आचरण में अहिंसा का एक शब्द भी नहीं मिलता।[84]

मेरी कोशिश यहाँ दो पक्षधर प्रेक्षकों की मदद से ब्रिटिश शासकों और भारतीय प्रजा की मौजूदा रूढ़ छवियों को प्रतिस्थापित करने की नहीं है। मैं तो कहना यह चाहता हूँ कि गाँधी की अहिंसा सम्भवतः एक इकतरफ़ा क़िस्म का नैतिक खेल नहीं था। न ही यह शुद्ध रूप से मानवीय हिंदू बनाम अमानवीय ब्रिटिश का मामला था। गाँधी में एक चतुर बनिया बैठा था। इस व्यावहारिक आदर्शवादी ने सही तौर पर देख लिया था कि ब्रिटेन में राष्ट्रीय चेतना के एक स्तर पर उसके द्वारा गढ़ी जा रही राजनीतिक पद्धति के लिए एक लगभग सम्पूर्ण वैधता मौजूद है। दूसरी तरफ़ वे यह भी अच्छी तरह जानते थे कि उन्हें भारत में अहिंसा के अपने संस्करण को 'सच्चा' हिंदू धर्म साबित करने अथवा हिंदू धर्म का केंद्रीय मर्म सिद्ध करने के लिए कड़ा संघर्ष करना होगा। आख़िरकार यह गाँधी का ही तो कथन है कि अहिंसा का विचार उन्होंने भारत के किसी धर्मग्रंथ से न लेकर ईसा मसीह के विशेष प्रवचन से लिया है। गाँधी से पहले ब्रिटिश शासन के डेढ़ सौ साल में किसी महत्त्वपूर्ण राजनेता या समाज सुधारक ने अहिंसा को एक प्रमुख हिंदू या भारतीय सद्गुण की तरह केंद्रस्थ नहीं किया था। इसके

---

[84] नीरद सी. चौधुरी (1965), द *कांटिनेंट ऑफ़ सरसी*, चैट्टो ऐंड विंडुज़, लंदन. कई समाज-वैज्ञानिकों ने भी यह देखा है कि मनःजात, ख़ासकर विषयगत, परीक्षणों (प्रोजेक्टिव टेस्ट्स) में निरूपित की जाने वाली आवश्यकताओं की सूची में भी आक्रामक आवश्यकताएँ शीर्ष पर होती हैं. ऐसे कई विद्वानों ने आक्रामकता की शिनाख़्त भारतीयों के लिए द्वंद्व के प्रमुख दायरे के रूप में की है. इसे विस्तार से समझने के लिए देखें, आशिस नंदी और सुधीर कक्कड़ (1980), 'कल्चर ऐंड पर्सनैलिटी', उदय पारिख (सम्पा.), *रिसर्च इन साइकोलॅजी*, पॉपुलर प्रकाशन, बॉम्बे : 136-67.

नज़दीक अगर कोई आता है तो वे राममोहन राय थे जिन्हें दया की अवधारणा रेखांकित की थी। गाँधी के कई साल पहले स्वामी विवेकानंद ने व्यंग्यपूर्वक कहा था कि भारत के शास्त्रीय ग्रंथों की 'वास्तविक' पाबंदियों का अनुपालन करके अंग्रेज़ तो इहलौकिक, सुखवादी और पौरुषपूर्ण कार्यों में आगे बढ़ते चले गये, लेकिन इसके उलट ईसाइयत के 'सच्चे' प्रतिबंधों का मूर्खतापूर्ण अनुपालन करते हुए भारतवासी उनकी निश्चेष्ट, जीवन को नकारने वाली और स्त्रैण प्रजा बन गये।[85] यहाँ यह प्रासंगिक नहीं है कि विवेकानंद की हिंदू धर्म और ईसाइयत की समझ सही थी या नहीं। अहम बात यह है कि गाँधी ने उसी बोधात्मकता का भिन्न इस्तेमाल करके दिखाया।

यही था वह मंतव्य जिसके तहत गाँधी जितना भारतवासियों को मुक्त करना चाहते थे, उतना ही अंग्रेज़ों को। शासक समूह ख़ुद अपनी रची गयी उत्पीड़नकारी प्रणालियों की भयभीत क़ैद में एक ऐसी प्रतिष्ठा और ऐसी मर्दानगी की ख़ातिर अपने आप फँसे रहते हैं जिसे चाइम शैटन ने हाल ही में फ़र्ज़ी क़रार दिया है। गाँधी इन समूहों की इस भीति को समझने या इस्तेमाल करने में कभी नहीं चूके।[86]

अपनी इस समझ का राजनीतिक इस्तेमाल करने के लिए उन्होंने पहले उस जैविक स्तरीकरण की विचारधारा को चुनौती दी जो राजनीतिक विषमता और अन्याय को सजात मान कर वैधता प्रदान करती थी। हम पहले ही देख चुके हैं कि औपनिवेशिक संस्कृति सेक्शुअल अस्मिताओं का क्रम किस तरह निर्धारित करती थी। उसका मानना था—

पुरुषत्व > स्त्रीत्व > क्लीवत्व

अर्थात पुरुषत्व स्त्रीत्व से श्रेष्ठ है और इसी तरह स्त्रीत्व पुरुष के भीतर के स्त्रीत्व से श्रेष्ठ होता है। मैं यह भी बता चुका हूँ कि इस क्रम के प्रति पहली भारतीय अनुक्रिया इसे स्वीकार करने की थी जिसका परिणाम था क्षत्रियत्व को भारतीयपन के सच्चे रूप की तरह एक नयी उत्कृष्टता प्रदान करना। उपनिवेशिकों को उन्हीं के खेल में मात देने के लिए और भारतीयों व हिंदुओं के रूप में आत्माभिमान की पुनः प्राप्ति के लिए भारत

---

[85] विवेकानंद (1898), *प्राच्य ओ पाश्चात्य,* अद्वैत आश्रम, अलमोड़ा. विवेकानंद का यह पक्ष सुधीर कक्कड़ द्वारा की गयी विवेकानंद की व्याख्या में भी व्यक्त होता है. देखें, सुधीर कक्कड़ (1977), *द इनर वर्ल्ड : चाइल्डहुड ऐंड सोसाइटी इन इण्डिया,* ऑक्सफ़र्ड युनिवर्सिटी प्रेस, नयी दिल्ली : 160-81.

[86] चाइम एफ़. शैटन (1977), 'बोगस मैनहुड ऐंड बोगस ऑनर : सरेंडर ऐंड ट्रांसफ़िगरेशन इन द यूनाइटेड स्टेट्स मैरीन क्रॉप्स', साइकोएनालैटिक रिव्यू, 64(4) : 585-610.

के कई संवेदनशील मेधावियों ने वही किया था जो बालक गाँधी ने अपने एक मुसलमान दोस्त की मदद से जीव-विकासीय स्तर पर प्रतीकात्मक रूप से करने की कोशिश की थी।[87] इन सभी भारतीयों ने यह सोच कर एक तरह का अति-पौरुष या अति-क्षत्रियत्व उपलब्ध करने की कोशिश की कि उसे उनके अपने देशवासी (ख़ास कर वे जो ब्रिटिश राज की शानो-शौकत से वाक़िफ़ हो चुके थे) और उपनिवेशक समझ सकेंगे।

लेकिन भारत तो एक असंगठित क़िस्म का बहुलवादी समाज था। इसमें योद्धापन के लिए किसी तरह की परम वैधता न हो कर एक आंशिक वैधता ही उपलब्ध थी। ऐसे समाज में उपनिवेशकों के साथ खेला जा रहा यह डायनीज़ियन खेल नाकाम होने के लिए अभिशप्त था। बीसवीं सदी के शुरूआती दौर में बंगाली, पंजाबी और महाराष्ट्रियायी आतंकवादी अपनी क़ीमत पर यह नतीजा भुगत चुके थे। बीस के दशक में जब तक गाँधी का भारतीय राजनीति में प्रवेश होता, ये आतंकवादी समाज से ख़ुद को अंग्रेज़ों से भी ज़्यादा काट चुके थे।

गाँधी ने एक भिन्न तरह का समाधान प्रस्तुत किया। उन्होंने दो तरह के क्रमों का इस्तेमाल किया जिनमें से किसी को भी परिस्थिति की माँग के हिसाब से प्रयोग में लाया जा सकता था। इनमें पहला क्रम भारत में धर्मशीलता की महान और लघु परम्पराओं से सीधे-सीधे उधार ले लिया गया था। इसमें कुछ वामाचारी सम्प्रदायों द्वारा अपनाए जाने वाले दैवी द्वि-एक्य के सिद्धांत से प्राप्त सत्ता के विचार की भूमिका भी थी। यह क्रम इस प्रकार था :

$$\text{उभयलैंगिकता} > \begin{matrix} \textit{पुरुषत्व} \\ \textit{स्त्रीत्व} \end{matrix}$$

इसका मतलब यह था कि पुरुषत्व और स्त्रीत्व दोनों ही बराबर होते हैं, पर पुरुष-स्त्री के द्विभाजन से परे जाने की क्षमता ईश्वरीय और संत सरीखे गुणों की द्योतक समझी जानी चाहिए। यह तात्पर्य समझाने के लिए गाँधी को अपनी संस्कृति में उभयलैंगिकता के कुछ रूपों का अवमूल्यन नज़रअंदाज़ करना पड़ा।

गाँधी द्वारा बनाया गया दूसरा क्रम उस साम्राज्यवाद विरोधी आंदोलन का

---

[87] युवा गाँधी द्वारा निजी स्तर पर मर्दवादी मॉडल को अपनाने या उसे तार्किक बेहूदेपन तक ले जाने के एक संवेदनशील ब्योरे के लिए देखें, एरिक एच. एरिकसन (1969), *गाँधीज़ ट्रुथ : ऑन द ओरिजिंस ऑफ़ मिलिटेंट नॉन-वायलेंस,* नॉर्टन, न्युयॉर्क.

पद्धतिमूलक औचित्य साबित करने के लिए था जो उन्होंने पहले दक्षिण अफ़्रीका में और फिर भारत में चलाया था। यह क्रम इस प्रकार था :

स्त्रीत्व > पुरुषत्व > कापुरुषत्व

इसका मतलब था कि स्त्रीत्व का सार पुरुषत्व के सार से बेहतर होता है, और पुरुषत्व का सार कायरता या कापुरुषता के सार से बेहतर है। हालाँकि यह क्रम भारतीय परम्परा की कुछ व्याख्याओं के साथ असंगत नहीं बैठता, लेकिन उसे इस भाँति पेश किये जाने पर इससे एक नया रुख़ निकलता है। इसका कारण यह है कि पहला संबंध (स्त्रीत्व > पुरुषत्व) अकसर भावातीत और जादुई संदर्भों पर अधिक प्रत्यक्ष रूप से लागू होता है, जबकि दूसरा संबंध (पुरुषत्व > कापुरुषत्व) एक अधिक सामान्य क़िस्म का दैनंदिन उसूल है। सम्भवत: इन दोनों संबंधों के सहयोजन से ब्रह्माण्ड के स्त्रीत्व संबंधी सिद्धांत में निहित जादुई शक्तियाँ उस पुरुष को मुहैया हो जाती हैं जो अपने स्त्री-आत्म स्वीकार करने के ज़रिये अपनी कायरता की अवज्ञा करने के लिए तैयार हो जाता है।

इन संबंधों में कुछ तात्पर्य निहितार्थों की तरह मौजूद हैं। ये तात्पर्य सांस्कृतिक रूप से परिभाषित थे, इसलिए इन्हें गाँधी द्वारा 'मान लिया' गया था, पर बाहर से देखने वाले किसी भी प्रेक्षक की निगाह से ये चूक सकते हैं। स्त्री-मुक्ति आंदोलन की शुरुआत से क़रीब पचास साल पहले गाँधी ने स्त्रीत्व की अवधारणा पर बार-बार बल दिया था। यह अवधारणा पश्चिम में स्त्रीत्व की प्रमुख परिभाषा से कहीं ज़्यादा की नुमाइंदगी करने मात्र से परे जाती थी। इसमें स्त्रीत्व के परम्परागत भारतीय तात्पर्य भी शामिल थे, जैसे सत्ता, कार्यकारिता (एक्टिविज़म) और पौरुष के बीच सहयोजन के मुक़ाबले सत्ता, कार्यकारिता और स्त्रीत्व के बीच एक निकटतर सहयोजन। इन तात्पर्यों में वह आस्था भी शामिल थी जिसके मुताबिक़ स्त्री संबंधी सिद्धांत ब्रह्माण्ड के धरातल पर पुरुष संबंधी सिद्धांत के मुक़ाबले कहीं अधिक शक्तिशाली, ख़तरनाक और नियंत्रण से परे माना जाता था। लेकिन स्त्रीत्व की इस अवधारणा के लिए अधिक केंद्रीय वह पारम्परिक भारतीय विश्वास था जिसके तहत वैवाहिकता के ऊपर मातृत्व को प्राथमिकता दी जाती थी। इसकी ख़ास बात थी मातृत्व और ममता *(कैरिटाज़)* का स्रोत होने के मुक़ाबले सेक्शुअलिटी के स्रोत की तरह स्त्री की हैसियत कमतर समझना। गाँधी भी स्त्री की सेक्शुअलिटी से भयभीत रहते थे। उनके निजी जीवन में उनकी इस भीति की जो भी मनोवैज्ञानिक व्याख्या हो, पर उसकी

संगति भारतीय संस्कृति की इस समझ से एकदम सटीक बैठती थी।

दूसरे, यद्यपि गाँधीवादी रीति का मुख्य सिद्धांत अहिंसा अथवा टाली जा सकने वाली या परिहार्य हिंसा है, पर इसमें एक सहवर्ती सिद्धांत भी निहित है जिसे के.जे. शाह ने टाली न जा सकने वाली या अपरिहार्य हिंसा का नाम दिया है। अहिंसा के इस सिद्धांत के माध्यम से मनुष्य को मातृत्व का एक कवच प्राप्त हो जाता है जिसके अंतर्निहित परिणाम के रूप में वह अर्धनारीश्वर जैसा ईश्वरीय दर्जा हासिल करने की स्थिति में पहुँचता है। परंतु अगर स्त्रीत्व के सांस्कृतिक अर्थों पर जाएँ तो अहिंसा के माध्यम से मनुष्य की पहुँच ब्रह्माण्ड के शक्तिमंत, सक्रिय और मातृमूलक सिद्धांत तक हो जाती है जो उसे जादुई सुरक्षा प्रदान करते हुए महासागरीय विस्तार वाले यूटोपियन परमानंद से अभिभूत कर देता है। इसी नैरंतर्य के साथ-साथ चलते हुए साहस (लॉयड और सूज़न रुडोल्फ़ ने इसी को गाँधी के नवीन साहस की संज्ञा दी है) व्यक्ति को कायरता से ऊपर उठने लायक़ बनाता है।[88] कायरता से ऊपर उठने की प्रक्रिया में ही व्यक्ति 'पुरुष' बनता है और एक ऐसे प्रामाणिक पुरुष होने की तरफ़ जाता है जो दोनों लिंगों को धारण करने की अपनी चाह स्वीकार करने से नहीं हिचकता। यह एक ऐसा साहस है जो क्षत्रियत्व की भाँति पारिभाषिक रूप से हिंसा से संयुक्त नहीं है। लेकिन, यह साहस कुछ परिस्थितियों में अपरिहार्य हिंसा का सहारा ले सकता है। ख़ासकर ऐसे हालात में जहाँ अन्याय, असमानता और उत्पीड़न का विकल्प केवल उनके प्रति निष्क्रिय सहिष्णुता ही रह गयी हो, और जहाँ स्वेच्छा से दण्डभोगी बन कर उसके द्वितीयक लाभों को स्वीकार कर लिया गया हो। यह एक ऐसी परिस्थिति है जिसमें ऐसे हालात हिंसा से भी बदतर लगने लगते हैं।

कुल मिलाकर गाँधी इस मामले में स्पष्ट थे कि कार्यकारिता और साहस के गुणों को आक्रामकता से मुक्त करके स्त्रीत्व, ख़ासकर मातृत्व के साथ सम्पूर्ण संगति क़ायम की जा सकती है। पता नहीं यह विचार क्षत्रिय विश्व-दृष्टि का पूर्ण निषेध करता है या नहीं, पर इससे औपनिवेशिक संस्कृति के बुनियादी आधार का सम्पूर्ण निषेध अवश्य हो जाता है। औपनिवेशिक संस्कृति पश्चिमी विश्‍वशास्त्र पर बहुत ज़्यादा निर्भर थी। इसी में वह भय भी अंतर्निहित था कि कहीं वह कार्यकारिता से और हिंसा करने की क्षमता से वंचित हो कर अपना पुंसत्व न खो

---

[88] लॉयड ऐंड सुज़ेन रुडोल्फ़ (1966), *द मॉडर्निटी ऑफ़ ट्रेडिशन,* युनिवर्सिटी ऑफ़ शिकागो प्रेस, शिकागो, खण्ड 2.

बैठे। मैंने इन भीतियों की आधारभूत स्वैरकल्पनाओं पर चर्चा करने से परहेज़ किया है। ये स्वैकल्पनाएँ बलात्कार और प्रति-बलात्कार की, सतीत्वहरण और प्रति-सतीत्वहरण एवं बधियाकरण और प्रति-बधियाकरण से जुड़ी हैं। जब भी पश्चिमी पुरुष अपनी संकीर्ण सांस्कृतिक सीमाओं से बाहर जा कर सभ्य बनाने, कहीं बसने या आत्मपरिष्कार के लिए निकला है, इन तमाम स्वैरकल्पनाओं ने पुरुषत्व की पश्चिमी अवधारणा के साथ-साथ यात्रा की है। (पश्चिमी दुनिया के कई हिस्सों में कार्यकारिता और आक्रामकता के बीच इस जुड़ाव की गहनता का प्रमाण फ्रॉयडियन मनोविश्लेषण में मिलता है जो पश्चिम का अपना प्रमुख जातीय मनोविज्ञान है। यह मनोविश्लेषण सभी तरह की कार्यकारिता और सत्ता के सरोकारों का उद्गम आक्रामकता के नैसर्गिक प्रारूपों में देखता है।)

VII

> इतिहास में अतीत वर्तमान के अनुसार बदलता है, वह वर्तमान पर निर्भर रहता है, वह वर्तमान होता है। ... संसार दो नहीं होते— विगत की घटनाओं का संसार और उन गुज़र चुकी घटनाओं की हमारी मौजूदा जानकारी का संसार— संसार तो एक ही होता है, और यह है वर्तमान के अनुभवों का संसार।
>
> — माइकल ओकशॉट[89]

शैशव और राजनीतिक अधीनता के बीच औपनिवेशिक सजातीयता का उत्तर गाँधी ने अप्रत्यक्ष रूप से दिया था। उन्होंने इतिहास को ख़ारिज किया और तारीख़वार ऐतिहासिक विवरणों के ऊपर मिथकों को प्राथमिकता दी। इस तरह वे आदिम युग से आधुनिकता तक और अपरिपक्वता से राजनीतिक वयस्कता तक जाने वाले रैखिक मार्गों से कतरा कर निकल गये। उपनिवेशवाद की विचारधारा

---

[89] माइकल ओकशॉट (1966), *एक्सपीरिएंस ऐंड इट्स मोड्स,* केम्ब्रिज युनिवर्सिटी प्रेस, केम्ब्रिज : 107–8. ओकशॉट दरअसल अपने क्लासिकल अनुदारतावाद के कारण इस बात से पूरी तरह नाजानकार थे कि इतिहास के प्रति इस रुझान को आलोचनात्मक रवैया अपनाने की तरफ़ ले जाया जा सकता है. ऐसे आलोचनात्मक रवैयों के प्रति एक सुप्त जागरूकता की मिसाल देखने के लिए हमें पीछे मुड़ कर आधुनिक पश्चिमी परम्परा में मार्टिन हाइडैगर जैसी राजनीतिक रूप से खण्डित मनस्कता की शिकार शख़्सियत पर ग़ौर करना होगा.

का बस चलता तो वह अधीनस्थ समाजों और 'बालकोचित प्रजातियों' को इन्हीं रास्तों पर चलाती।[90]औपनिवेशिक नस्लवाद से जूझने का गाँधी का यह अपना तरीक़ा था। यह एक ऐसा नस्लवाद था जिसे एक मनोचिकित्सक ने 'एक ऐतिहासिक बीमारी, ऐतिहासिक आत्म की एक व्याधि' की संज्ञा दी थी— एक ऐसी व्याधि जो 'अपनी पूर्णता अपनी अपर्याप्ताओं के साथ ही अनावृत करती है।'[91]

(वयस्कता की विचारधारा के प्रति गाँधी की अवज्ञा में एक प्रत्यक्ष, पर महत्त्व की दृष्टि से कुछ मामूली क़िस्म का घटक था। चाहे कोई पश्चिमवासी हो या कोई पश्चिमीकृत भारतीय हो, गाँधी के सम्पर्क में आने के बाद वह कम से कम एक बार तो उनकी बच्चों जैसी मुस्कराहट का ज़िक्र करता ही था। उनके प्रशंसक और निंदक, दोनों ही लाज़िमी तौर पर उनकी बालसुलभता और उनके बालकोचित होने का उल्लेख करते ही थे। दरअसल, उनके 'बचकाने' हठ और खिजाने वाले रवैये, आधुनिक विश्व और उसके अवलम्बों पर उनके 'अपरिपक्व' हमलों, उनकी खान-पान संबंधी 'किशोरसुलभ' सनकों और चरखे जैसे प्रतीकों को एक राजनीतिक मंच के आधारों की तरह देखा जाता था। ये सब बातें वयस्कता के पारम्परिक विचार के प्रति अवज्ञा से भरी हुई थीं।[92] गाँधी के इस अनोखेपन को ब्रूनो बेतेलहीम के इस विचार से प्रतिसंतुलित किया जा सकता है कि जब उत्पीड़न के कारण किसी का अस्तित्व दाँव पर लगा हुआ हो, तो बचकानेपन की तरफ़ प्रतिगमन होता ही है। इसे भारत के संदर्भ में लियोनेल ट्रिलिंग के इस प्रेक्षण से भी प्रतिसंतुलित किया जा सकता है कि 'पीढ़ियों की अधीनता आत्मगौरव की प्रकृति कमज़ोर करके व्यक्ति को एक छोटे बच्चे की रणनीति सिखा देती है।'[93] कोई उत्साही मनोविश्लेषक चाहे तो यह दलील तक दे सकता है कि सिंहावलोकनात्मक दृष्टि से देखने पर गाँधी की नेतृत्व-शैली उत्पीड़न की

---

[90] यह पहले ही कहा जा चुका है कि शैशव और आदिमपन के बीच समीकरण का प्रभावशाली समर्थन मनोवैश्लेषिक नृजातिवर्णन की तरफ़ से मिलता रहा है. ख़ुद फ्रॉयड के जीवन-काल में उनके कुछ अनुयायी आदिम संस्कृतियों का अध्ययन करने में जुटे हुए थे. यह माना जाता था कि इन संस्कृतियों में शैशव के सभी लक्षण मिलते हैं.

[91]. जोएल कोवील (1970), *व्हाइट रेसिज़म : अ साइकोहिस्ट्री*, एलेन लेन, लंदन : 232.

[92] आशिस नंदी (1981), 'फ्रॉम आउटसाइड द इम्पीरियल : गाँधीज़ कल्चरल क्रिटीक ऑफ़ द 'वेस्ट', *आल्टरनेटिव्ज़*, 7(2) 171-94.

[93] ब्रूनो बेतेलहीम (1979), *सरवाइविंग ऐंड अ एसेज़*, अल्फ्रेड ए. नॉफ़, न्युयॉर्क; लायनेल ट्रिलिंग (1970), 'अ पैसेज टू इण्डिया (1943)', मैलकम ब्रैडबरी (सम्पा.), *ई.एम. फ़ॉर्स्टर : अ पैसेज टू इण्डिया*, मैक्मिलन, लंदन : 77-92, ख़ासकर पृष्ठ 80.

उस संस्कृति की स्वाभाविक निष्पत्ति लगती है जिसके तहत उनके देशवासियों को रहना पड़ रहा था। बहरहाल, एक पल के लिए मैं इस कहानी के एक अन्य पहलू पर बल देना पसंद करूँगा जिसके तहत एक ख़ास तरह का राजनीतिक मत गाँधी के संदर्भ में तात्कालिक सामाजिक आवश्यकताओं और तत्त्वमीमांसीय अवज्ञा के बीच मिलन-बिंदु बन जाता है।)

इतिहास के बारे में गाँधी की राय तीन पूर्व-मान्यताओं पर आधारित थी। इनमें से दो काल संबंधी भारतीय दृष्टिकोणों के आधार पर बनाई गयी थीं।[94] दो में से एक समझ का ताल्लुक़ भारतीय संस्कृति द्वारा मिथक को दी गयी प्रधानता से जुड़ा था। इसके तहत मिथक को एक ऐसी संरचित स्वैरकल्पना के तौर पर ग्रहण किया जाता था जो अपनी तात्कालिक गतिशीलता में उसी की नुमाइंदगी करती थी जिसे किसी अन्य संस्कृति में इतिहास की गतिशीलता कहा जा सकता है।

इस बात को यूँ भी कहा जा सकता है कि इतिहास के व्युत्क्रमिक (डायाक्रॉनिक) संबंध मिथकों के समक्रमिक (सिंक्रॉनिक) दर्पण में लक्षित किये जा सकते हैं, और रूपांतरण के नियमों की जानकारी हो तो इनका व्युत्क्रमिक से समक्रमिक में पूरी तरह से पुनरुत्पादन किया जा सकता है। गाँधी में मिथक के प्रति इस ख़ास तरह के रुझान ने सार्वजनिक चेतना के प्रति एक सामान्य रुझान का रूप ले लिया था।

यहाँ सार्वजनिक चेतना इतिहास के कारणात्मक उत्पाद की तरह देखी न जा कर स्मृतियों और प्रति-स्मृतियों के माध्यम से इतिहास के साथ एक अ-कारणात्मक संबंध के रूप में ग्रहण की जाती है। अगर पश्चिम के लिए वर्तमान प्रकट होते हुए इतिहास का विशिष्ट उदाहरण था, तो पारम्परिक भारत के प्रतिनिधि के तौर पर गाँधी के लिए इतिहास सब कुछ को अपने आगोश में समेट लेने वाला एक स्थायी वर्तमान था जो अपनी निरंतर व्याख्या और पुनर्व्याख्या की प्रतीक्षा कर रहा था। (इसका अप्रत्यक्ष संबंध वृद्धावस्था और भारतीय सभ्यता के बीच एक सहवर्त्ती सजातीयता से भी है, लेकिन फ़िलहाल मैं इसकी चर्चा नहीं करूँगा।)

[94] प्राधिकार और परिवर्तन के संदर्भ में समय की भारतीय अवधारणा के बेहतरीन और विस्तृत विश्लेषण के लिए देखें, माधव देशपाण्डे (1979), 'हिस्ट्री, चेंज ऐंड परमानेंस : अ क्लासिकल इण्डियन पर्सपेक्टिव', गोपाल कृष्ण (सम्पा.), *कंट्रीब्यूशंस टू साउथ एशियन स्टडीज़,* खण्ड 1, ऑक्सफ़र्ड युनिवर्सिटी प्रेस, नयी दिल्ली : 1-28.

पश्चिम में औद्योगिक पूँजीवाद के आलोचकों के लिए भी इतिहास एक ऐसी रैखिक प्रक्रिया है जो कभी-कभी एक अंतर्निहित चक्र पर आधारित होती है। उदाहरण के लिए, मार्क्स ने यहूदी-ईसाई विश्वशास्त्र के मुताबिक़ इतिहास की गति का समीकरण कुछ इस तरह बनाया था—

यथोचित प्राक्-इतिहास (अनैतिहासिक आदिम साम्यवाद) → वस्तुनिष्ठ चरणबद्ध इतिहास (वर्ग संघर्ष) → इतिहास का अंत (वर्गविहीन वयस्क साम्यवाद, वैज्ञानिक इतिहास पर आधारित)

वस्तुनिष्ठ चरणबद्ध इतिहास (वर्ग संघर्ष) ↓ ↑ भ्रांत इतिहास भ्रांत चेतना के अंश के रूप में (इतिहास एक विचारधारा के रूप में)

लेकिन, गाँधी तो एक ऐसे समाज की पैदाइश थे जिसमें अतीत को एक ऐसे सम्भव माध्यम के तौर पर कल्पित किया जाता था जिससे वर्तमान की पुनः पुष्टि हो सके या फिर उसे बदला जा सके—

वर्तमान के विशेष उदाहरण के रूप में अतीत → खण्डित वर्तमान (स्पर्धा करते हुए अतीत) → अतीत को शामिल करके वर्तमान की पुनर्रचना → नया अतीत

यह एक ऐसा दृष्टि-बिंदु है जिसके तहत अतीत एक तरह के प्राधिकार की शक्ल तो ले सकता है, पर उस प्राधिकार की प्रकृति इसमें अंतरणशील, सरंध्र और हस्तक्षेप की गुंजाइश से युक्त ही रह सकती है। मिरसिया इलियड ने यही बात इस तरह कही है :

> हालाँकि आधुनिक व्यक्ति ख़ुद को सार्वभौम इतिहास का परिणाम मान कर चलता है, लेकिन उसमें इस इतिहास को उसकी सम्पूर्णता में जानने का कोई दायित्व-बोध नहीं होता। पुरातन समाजों का व्यक्ति न केवल मिथकीय इतिहास का अनुग्रहपूर्वक स्मरण करता है, बल्कि समय-समय पर उसके बड़े हिस्सों को पुनः मंचित भी करता रहता है। यही है वह बिंदु जहाँ हम पुरातन समाजों के व्यक्ति और आधुनिक व्यक्ति के बीच सबसे बड़ा फ़र्क़ देखते हैं। यह अंतर है घटनाओं की अनुत्क्रमणीयता का। आधुनिक व्यक्ति के लिए यह इतिहास का चारित्रिक गुण है, पुरातन के लिए नहीं ...।[95]

---

[95] मिरसिया इलियेड (1976), *मिथ्ज़, राइट्ज़, सिम्बल्ज़,* वेंडल सी. बीन और विलियम जी. डोटी (सम्पा.), हारपर कोलोफ़ोन बुक्ज़, न्युयॉर्क, खण्ड 1 : 5.

कहना न होगा कि यह बात *बर्न्ट नॉर्टन* में टी.एस. इलियट की अभिव्यक्ति का कुछ सादा सा भावानुवाद लगती है :

समय आज का और समय कल का
मौजूद हैं शायद दोनों ही आने वाले समय में,
और कल के समय में ही समाया हुआ है आने वाला समय।
चिरकाल से उपस्थित है यदि हर तरह का समय
तो (अ-)उद्धार्य है वह हर तरह का समय।

युरगन हैबरमास ने मनोविश्लेषण से उधार ले कर एक अन्य संदर्भ में 'भविष्योन्मुख स्मृतियों' के फ़िकरे का इस्तेमाल उन माध्यमों की जानकारी देने के लिए किया है जिनके ज़रिये व्यक्ति वर्तमान पर अतीत की सत्ता को भंग कर सकता है।[96] भारतीय संस्कृति के कुछ तत्त्वों के लिए यह बात पूरी तरह से स्वीकारयोग्य हो सकती है। लेकिन इस प्रकार के दृष्टिकोण के फलितार्थों का सूत्रीकरण भारतीय संदर्भ में अलग तरह से होगा। किसी भारतीय का अतीत हमेशा खुला रहता है, जबकि उसका भविष्य केवल उसके पुनराविष्कार अथवा नवीकरण की हद तक ही खुलता है।[97] मार्क्स की ही तरह फ्रॉयड का भी ख़याल था कि अस्वस्थता इतिहास की देन होती है, जबकि स्वास्थ्य या तो वर्तमान से मिलता है या फिर भविष्य में रहता है। मार्क्सवादी इतिहासकारों की ही भाँति मनोविश्लेषक एक ख़ास तरह का विशेषज्ञ होता है। वह एक भिन्न तरह के दमित इतिहास को उघाड़ने और उसके साथ रहने की क्षमता का पूर्वानुमान लगा सकता है। इसी इतिहास से अतीत और वर्तमान के बीच निर्णायक वियोजन की रचना होती है। लेकिन भाटों, चारणों और कथाकारों जैसे भारत के लोक-इतिहासकारों के लिए तो अतीत और वर्तमान के बीच किसी तरह का वियोजन हो ही नहीं सकता। उनके लिए तो अगर अस्वस्थता अतीत की देन है तो स्वास्थ्य भी वहीं से आता है। 'निर्धारणत्व' का विचार वर्तमान पर लागू हो सकता है और भविष्य पर भी। नियतिवाद की काफ़ी बदनामी की जा चुकी है, पर इस भारतीय विचार का यही निहितार्थ है। वहाँ अतीत हमेशा विविध चयनों के लिए खुला रहता है।

---

[96] युरगन हैबरमास (1979), 'मॉरल डिवेलपमेंट ऐंड ईगो आइडेंटिटी', *कम्युनिकेशन ऐंड द एवोल्यूशन ऑफ़ द सोसाइटी*, अनु. थॉमस मैक्कार्थी, हाइनमान, लंदन : 69-94.

[97] मनोवैज्ञानिक दृष्टिकोण से इस प्रवृत्ति पर एक संक्षिप्त चर्चा के लिए देखें मेरी रचना (1980), *आल्टरनेटिव साइंसेज़ : क्रियेटिविटी ऐंड ऑथेंटिसिटी इन टू इण्डियन साइंटिस्ट्ज़*', एलाइड, नयी दिल्ली, अध्याय 1.

अतीत वर्तमान की भाँति → खण्डित वर्तमान → पुनर्निमित अतीत → नया अतीत

↓ (अतीत वर्तमान की भाँति) निर्धारित भविष्य (भारतीय नियतिवाद)

↓ (नया अतीत) वैकल्पिक निर्धारित भविष्य (नया 'नियतिवाद')

यह विचार इतिहास का पूरी तरह से निषेध नहीं करता। दरअसल, इसके ज़रिये इतिहास के कई ऐसे उत्तर-औपनिवेशिक दर्शनों और मिथकों की इतिहास-रूप में व्याख्याओं का पूर्वानुमान लग जाता है जो आजकल फ़ैशन में हैं। लेकिन, गाँधीवादी दृष्टि एक इतिहास-विरोधी उप-मान्यता भी पेश करती है। इसके अनुसार चूँकि मिथकों में इतिहास निष्ठापूर्वक समाहित रहता है, चूँकि वे समकालीन रहते हैं, और चूँकि इतिहास के विपरीत उनमें हस्तक्षेप के लिए गुंजाइश रहती है, इसलिए मिथक किसी संस्कृति का सार बन जाते हैं। इसके उलट इतिहास अपने सबसे अच्छे रूप में फ़िज़ूल और सबसे ख़राब स्थिति में गुमराह करने वाला होता है। गाँधी अप्रत्यक्ष रूप से मानते थे कि इतिहास का प्रवाह इकतरफ़ा होता है। उसमें अतीत से संबंधित कुछ मिथकों को ऐसे स्वतंत्र चरों की तरह रचा जाता है जिनसे मानवीय विकल्प सीमित हो जाते हैं, और मानवीय भविष्यों की सम्भावनाएँ पहले से ही दरकिनार हो जाती हैं। इसके विपरीत मिथक व्यक्ति को ऐसी प्रक्रियाओं तक पहुँचाते हैं जिनसे यहाँ और अभी (हियर-ऐंड-द-नाउ) के धरातल पर इतिहास की निर्मिति होती है। मिथकों को संस्कृति के मर्म में स्थित मानना एक समझी-बूझी मान्यता है। उनकी वजह से मानवीय विकल्प कम होने के बजाय बढ़ते हैं। उनके कारण व्यक्ति को अग्रिम शैली में अनुचिंतन करने का मौक़ा मिलता है और वह अतीत का बदला लेने के बजाय वर्तमान के कुछ पहलुओं के निराकरण पर अपने प्रयास केंद्रित करता है। (समरूपीकरण आरोपित करने वाली आधुनिक विज्ञान की विश्व-दृष्टि द्वारा किये जाने वाले विनियोग का प्रतिरोध करके भी मिथक मानवीय विकल्पों का दायरा विस्तृत करते हैं। लेवी-स्त्रॉस की तर्ज़ पर असभ्य मानस की तर्कपरकता दिखाने वाले हालिया विमर्शों के बावजूद कुल मिला कर असभ्य मानस अपनी तर्कपरकता के प्रति बेपरवाह ही रहा है। चाहे मिथकों का विज्ञान हो या फिर

मिथकों को दिया जाने वाला वैज्ञानिक दर्जा हो, ये दोनों आग्रह हर तरह से आधुनिक सरोकारों की कारिस्तानी ही हैं। इन अर्थों में अनैतिहासिकता की अभिपुष्टि से ग़ैर-आधुनिक लोगों की गरिमा और स्वायत्तता की अभिपुष्टि जुड़ी है।)

लेकिन, इस तर्क की एक उलट-दलील भी है कि मिथकों का विश्लेषण किया जा सकता है, उनका सुराग़ लगाया जा सकता है और उन्हें इतिहास में घटाया भी जा सकता है। पूरे आधुनिक दौर में पश्चिमी सामाजिक विश्लेषण लगातार ऐसी कोशिश करता रहा है। वह इतिहास को तो यथार्थ के तौर पर देखता है, पर मिथक उसके लिए एक ऐसी त्रुटिपूर्ण और तर्कहीन परीकथा हैं जिनकी रचना असभ्यों और बच्चों के वास्ते तैयार किये गये 'अचेतन' इतिहास के हाथों होती है। मध्ययुग के अवसान के बाद पश्चिम में पहली बार रची गयी समय की इस अवधारणा का मर्म कारणों पर ज़ोर देने से बना है, न कि संरचनाओं पर ('क्या' के बजाय 'क्यों' पर)। वह प्रगति और क्रम-विकास पर बल देता है, न कि अस्तित्व के भीतर घटने वाली आत्मसिद्धि पर। वह ऐतिहासिक यथार्थ के साथ तर्कपरक समायोजन (परिणामवाद) और निरंतर प्रभावी कार्रवाई के माध्यम से परिवर्तन का आग्रह करता है (न कि पहले की व्याख्याओं के प्रति मूलतः आलोचनात्मक रवैये की तर्कपरकता अपनाते हुए केवल आलोचनात्मक हस्तक्षेपों और नयी व्याख्याओं के ज़रिये बदलाव को अंजाम देने पर)। आधुनिक विश्व और समय की उसकी अवधारणा से प्रभावित लोगों के लिए इतिहास अपने आप में अच्छी-बुरी कार्रवाइयों और उनके कारणों का अनुक्रम भर है। इसी तरह इन लोगों के लिए प्रत्येक क्रांति समय की शृंखला में एक वियोजन की भाँति है जिसका या तो प्रति-क्रांति के मुक़ाबले बचाव किया जाना चाहिए या फिर जिसे किसी सच्ची क्रांति के रास्ते में हुए एक भ्रांत 'आगमन' के रूप में घटा देना चाहिए।

इस दूसरे रवैये की एक पूरक मान्यता कहती है कि मिथकों के आधार पर जी रही संस्कृतियाँ अनैतिहासिक होती हैं, और इस नाते पहले कभी विद्यमान रही दूसरे दर्जे की सामाजिक चेतना की नुमाइंदगी करती हैं। परिपक्व मानवीय आत्म-चेतना के सच्चे प्रतिनिधि तो ऐतिहासिक समाज ही होते हैं, और इसीलिए अनैतिहासिक समाजों की उनके द्वारा की गयी गढ़ंत अपनी वैज्ञानिकता में उन समाजों द्वारा ख़ुद अपने बारे में की गयी गढ़ंत से भी वैध होती है। इस विचार के मुताबिक़ ऐसे समाजों को अपनी अनैतिहासिक नियतियों से पूरा गुज़रना ही होगा, और ये नियतियाँ वे हैं जिनके बारे में दावा किया जाता है कि दुनिया के इतिहासकारों ने उन्हें समझ लिया है।

गाँधीवाद सिद्धांत ही नहीं आचरण में भी वयस्क-बालक संबंध के प्रतिमान को चुनौती दे रहा था।[98] यह काम उसने दो तरीक़ों से किया : नैरंतर्य की भाषा की पुनः पुष्टि करने के ज़रिये और आत्म की भाषा पर पुनः बल देने के माध्यम से। नैरंतर्य की भाषा ने उस गहरे द्वैध से लाभ उठाया जो आधुनिकता की विचारधारा में निहित वियोजन के प्रति था। आधुनिकता हर तरह की 'सच्ची' सृजनशीलता, जिसमें सृजनात्मक सामाजिक कार्रवाई भी शामिल है, को अतीत के साथ स्पष्ट संबंध-भंग में स्थित करती है। दिक़्क़त यह है कि इसके बाद भी विरोधाभासी रूप से वह ऐसे प्रत्येक संबंध-भंग को इतिहास में अवस्थित करने की कोशिश करने में भी कोई कसर नहीं छोड़ती। उदाहरणार्थ, क्रांति का शब्दाडम्बर न केवल हर उस चीज़ को अवमूल्यित करता है जिसका अतीत से पर्याप्त संबंध-भंग नहीं हुआ है, बल्कि वह क्रांति के रास्ते की रुकावट के तौर पर सुधारवाद का भी जम कर अवमूल्यन कर देता है। इसी के साथ-साथ क्रांतियों के प्रत्येक आधुनिक इतिहास और क्रांतिकारी विचार की कोशिश सभी क्रांतियों, वे 'सच्ची' हों या 'झूठी', को इतिहास में रख कर देखने की रहती है। क्रांति की कोई भी व्याख्या या कोई भी आह्वान तब तक सम्पूर्ण नहीं हो सकता जब तक क्रांति की तरफ़ ले जाने वाली या उसकी वंशावली स्पष्ट कर देने वाली ऐतिहासिक निरंतरता का पूरा ख़ाका न पेश कर दिया जाए।

नैरंतर्य की भाषा भारतीय विश्व-दृष्टि द्वारा वियोजन पर कम ज़ोर दिये जाने को फिर से वैध बनाती है। निरंतरता के संदेश में निहित जिस बात को क्रांति की भाषा छिपा लेती है, वह ठीक-ठीक उसी को मान्यता दे देती है। नैरंतर्य की भाषा में भी वियोजन का एक प्रच्छन्न संदेश रहता है। दरअसल, भारतीय संस्कृति में नैरतंर्य

---

[98] व्यवहार के स्तर पर गाँधी ने शैशव और बच्चों के लालन-पालन में एक ऐसे पहलू का समावेश किया जो मूल पाप (ऑरिजिनल सिन) की अवधारणा जैसा था. मनोविज्ञान के लिहाज़ से यह एक विचारणीय विषय है कि क्या शैशव संबंधी इस भारतीय परम्परा को विकृत किये बिना (देखें, सुधीर कक्कड़ (1979), 'चाइल्डहुड इन इण्डिया : ट्रेडिशनल आइडियल्ज़ ऐंड कंटेम्परेरी रियलिटी', *इंटरनैशनल सोशल साइंस जरनल*, 31(3) : 444-56) गाँधी निजी तौर पर सार्वजनिक जीवन में सेवा की अवधारणा और जीवन-स्थितियों में हस्तक्षेप के विचार, जिसकी उच्च भारतीय संस्कृति में न के बराबर जगह थी, को केंद्रीय स्थिति दिला पाते. सेवा की गाँधी-धारणा अनिवार्य तौर पर क्षतिपूर्ति की तरफ़ ले जाने वाली थी. उसका उद्गम उनके अपने निजी अनुभवों से हुआ था. इससे उनके मातृमनोग्रंथिमूलक द्वंद्वों के पश्चिमी शैली के समाधान की गारंटी मिल जाती थी. परिणामस्वरूप गाँधी ने अपनी राजनीतिक और सामाजिक कार्यकारिता की अवधारणा पापी शैशव के अ-भारतीय विचार पर आधारित की. इसका मतलब यह था कि बचपन में किये गये पापों का प्रायश्चित्त वयस्क होने पर जन-सेवा के ज़रिये होने वाली क्षतिपूर्ति से किया जा सकता है. देखें, एरिकसन, *गाँधीज़ ट्रुथ*.

पर इतना अधिक ज़ोर है कि अतीत के साथ हुए बड़े-बड़े संबंध-भंग भी छोटे सुधारों की तरह मान लिए जाते हैं। और ऐसा तब तक माना जाता रहता है जब तक दशकों या सदियों के बाद निरंतरता और स्थायित्व के मुहावरे संस्कृति में घटित हो चुके बुनियादी परिवर्तनों को छिपाने में नाकाम न हो जाते हों। (यहाँ जिस प्रक्रिया की चर्चा की जा रही है उसका एक अच्छा-ख़ासा उदाहरण भक्ति आंदोलन है।) इसलिए, अंततः महत्त्वपूर्ण यह नहीं है कि इस्तेमाल की गयी ज़ोरदार भाषा वियोजन की है या नैरंतर्य की। असली बात तो यह है कि दुख और कष्ट की तात्कालिकता अनुभूति के धरातल पर क़ायम रखी गयी है या नहीं, और एक नफ़ीस क़िस्म की सजावटी बौद्धिक पैकेजिंग के ज़रिये दुखों-कष्टों का मूर्तन तो नहीं कर दिया गया है।

आत्म की भाषा की पुनः पुष्टि को संक्षेप में एक पुरानी द्वंद्वात्मकता के माध्यम से वर्णित किया जा सकता है। आधुनिक विश्व-दृष्टि इस पारम्परिक आस्था को चुनौती देती है कि बेहतर आत्मसिद्धि इस भौतिक जगत की बेहतर समझ की तरफ़ तो ले ही जाती है, वह अ-आत्म की बेहतर समझ भी प्रदान करती है। आधुनिकता में इस विश्वास का समावेश भी है कि मनुष्य 'वस्तुगत' अ-आत्म को, आत्म में निहित अ-आत्म (इद यानी कामतत्त्व, मस्तिष्क की प्रक्रियाएँ, सामाजिक अथवा जैविक इतिहास) समेत, जितना समझेगा या नियंत्रित कर सकेगा, उतना ही वह आत्म [अहं, आचरण (प्रैक्सिस) और चेतना] को समझेगा और नियंत्रित कर पाएगा। अगर कोई ग़ैर-आधुनिक व्यक्ति फ्रॉयडियन या मार्क्सवादी श्रेणियों का इस्तेमाल करे, तो उल्टा तर्क देता हुआ नज़र आएगा कि अपने अहं अथवा अपनी प्रैक्सिस को वह जितना समझ पाएगा, उतना ही वह कामतत्त्व की सार्वभौम प्रक्रियाओं और इतिहास की सार्वभौम द्वंद्वात्मकता को समझ सकेगा। हो सकता है कि जब से आधुनिकता ने दूसरे पक्षों पर ज़ोर देना शुरू किया है, तभी से ग़ैर-आधुनिक सभ्यताओं ने आत्मसिद्धि को दी जाने वाली प्राथमिकता में निहित आलोचनात्मक या सृजनात्मक सम्भावनाओं को एक हद तक खोना शुरू कर दिया हो। लेकिन आधुनिकता अपने तईं उस समय पुरातन दृष्टि के बासीपन में अति-संशोधन की तरफ़ जा रही थी, जब थोरो, टॉल्स्टॉय और गाँधी जैसे आलोचनात्मक परम्परावादियों ने उन विश्व-दृष्टियों को पुनः रेखांकित करने की शुरुआत की जो यह मान कर चलती हैं कि आत्मनियंत्रण और आत्मसिद्धि के माध्यम से इस जगत को समझा और बदला जा सकता है।

इन्हीं दोनों भाषाओं के अंग के रूप में गाँधी ऐतिहासिक निर्धारणवाद की

जकड़ से निकल पाए। मुक्त भारत की उनकी अवधारणा; नस्लगत, जातिगत और अंतधार्मिक टकरावों का उनका समाधान और मानवीय गरिमा से संबंधित उनकी अवधारणा बड़े अनूठे ढंग से इतिहास की सीमाओं से आज़ाद थी। इन दोनों भाषाओं में जो भी ख़ामी रही हो, पर उनके ज़रिये समाजों को तत्कालीन समय में अपने भविष्यों को चुनने का अवसर मिला। और, इसके लिए उन्हें न तो नायकों की ज़रूरत पड़ी, न ज़बरदस्त रूप से नाटकीय घटनाओं की। इसके लिए उन्हें मौलिकता, बिना किसी विच्छिन्नता के होने वाले परिवर्तनों और अंतिम विजयों की सतत खोज की आवश्यकता भी नहीं हुई। ये भाषाएँ उन इतिहासकारों का भारतीय संस्करण थीं 'जिन्होंने तथ्यों के सामने घुटने टेकने के बजाय उनके ऊपर अपना रुतबा ग़ालिब कर पाया था।'[99] अगर अतीत सामाजिक चेतना के लिए बाध्यकारी नहीं है और भविष्य यहीं से प्रारम्भ होता है, तो वर्तमान एक ऐसा क्षण है जो 'ऐतिहासिक' है, जो स्थायी होने के साथ-साथ संकट का परिवर्तनशील मुक़ाम और चयन का समय है। कोई चाहे तो इसे स्थायी क्रांति की अवधारणा का प्राच्य संस्करण कह सकता है, अथवा इसे कुछ एशियायी परम्पराओं के मुताबिक़ चिरकालीन समय की रहस्यमय अवधारणा के व्यावहारिक विस्तार का नाम भी दिया जा सकता है।

इस तरह गाँधी ने औपनिवेशिक चेतना की अपनी आलोचना का उपसंहार किया, और फिर वे उपनिवेशवाद के संगठनात्मक आयामों से संघर्ष करने के लिए निकल पड़े। यह किताब उनकी इस दूसरी लड़ाई की चर्चा नहीं करती।

VIII

मैंने इस वार्ता की शुरुआत इस प्रस्ताव से की थी कि उपनिवेशवाद सबसे पहले चेतना का मसला है और अंततः उसे मानवीय मानस के धरातल पर ही पराजित करना होगा। निबंध के शेष हिस्से में मैंने जैविक विभेदों से प्राप्त दो प्रमुख मनोवैज्ञानिक श्रेणियों अथवा स्तरीकरण के उसूलों की शिनाख़्त करने का प्रयास किया है। इन्हीं के ज़रिये भारत में उपनिवेशवाद की विचारधारा को उसकी संरचना प्राप्त हुई। इस तरह मैंने दिखाने की कोशिश की है कि कैसे इन उसूलों

---

[99] एलमान, 'द क्रिटिक एज़ आर्टिस्ट एज़ वाइल्ड' : 30.

ने अधीनस्थ समुदाय के साथ औपनिवेशिक संस्कृति का संबंध बनाया और मानस के धरातल पर उपनिवेशवाद का वजूद सुनिश्चित किया। उपनिवेशवाद से मुक्ति अगर प्राप्त करनी है तो उसकी शुरुआत उपनिवेशितों से करनी होगी और उस कोशिश का अंत उपनिवेशकों के साथ होगा। मुझे उम्मीद है कि इस चर्चा से यह भी प्रदर्शित हो गया है कि स्वाधीनता अविभाज्य होती है। ख़ुद गाँधी का जीवन कितनी स्पष्टता से इस यथार्थ को स्पष्ट करता है। स्वाधीनता की अविभाज्यता न केवल इस प्रचलित अर्थ में एक हक़ीक़त है कि सारी दुनिया के उत्पीड़ित एक ही मुक़ाम पर खड़े हैं, बल्कि इस अप्रचलित अर्थ में भी यह एक यथार्थ है कि उत्पीड़क स्वयं उत्पीड़न की संस्कृति की गिरफ़्त में फँस जाता है।

एक सवाल ऐसा ज़रूर है जिसका जवाब अभी बाक़ी है। भारत में ब्रिटिश उपनिवेशवाद के मानसिक संसार की आंशिक पड़ताल करते हुए मैंने समय की उलट यात्रा की है। क्या यह काल-यात्रा इतिहास के नियमों के मुताबिक़ थी, या इसे भी मिथकीय समझा जाना चाहिए? क्या वास्तव में गाँधी ने मानवीय प्रकृति और समाज को ठीक उसी तरह से गढ़ा था जैसा मैंने वर्णन किया है? अथवा यह मेरे द्वारा की गयी एक द्वितीयक निर्मिति है? मनोविश्लेषकों की भाषा में कहें तो इसे द्वितीयक व्याख्या कहा जा सकता है, एक ऐसी व्याख्या जो भारत के पारम्परिक भाष्यकार व्यक्तियों और शास्त्रों के बारे में करते रहे हैं। हो सकता है कि यह सवाल प्रासंगिक न हो। वैसे भी गाँधी ने बड़ी सहजता से यह प्रदर्शित कर ही दिया है कि मुक्ति के लिए प्रयासरत लोगों की ख़ातिर कभी-कभी इतिहास मिथकों का अनुसरण करने के लिए मजबूर हो जाता है।

दो

अनुपवेशित मानस

भारत और पश्चिम पर एक उत्तर–औपनिवेशिक दृष्टि

I

रुडयार्ड किपलिंग (1862–1936) का ख़याल था कि साम्राज्यिक ब्रिटेन और अधीनस्थ भारत के बीच एक बड़ी खाई है, और उन्हें पता है कि वे इस खाई के किस तरफ़ खड़े हैं। उन्हें विश्वास था कि ब्रिटेन के हाथों शासित होना भारत का अधिकार, और भारत पर शासन करना ब्रिटेन का कर्तव्य है। उन्हें यह भी यक़ीन था कि दोनों संस्कृतियों का जानकार होने के नाते उन पर दोनों के अधिकार और कर्तव्य परिभाषित करने का दायित्व है। लेकिन, क्या किपलिंग की कहानी बस इतनी–सी ही है? या फिर यह उस कहानी की अंतिम पंक्ति भर है जो वर्षों पहले भारत में गुज़रे किपलिंग के बचपन से शुरू हुई थी?

एंगस विल्सन किपलिंग की जीवनी का प्रारम्भ करते हुए लिखते हैं कि वे 'एक ऐसे व्यक्ति थे जिन्होंने आजीवन ... बच्चों और उनकी कल्पनाओं ... के प्रति पूजा और आदरभाव रहा।'[1] किपलिंग के शुरुआती जीवन से सुराग़ मिलता

[1] एंगस विल्सन (1977), *द स्ट्रेंज राइड ऑफ़ रुडयार्ड किपलिंग,* वाइकिंग, न्युयॉर्क : 1.

है कि किस तरह के शैशव के प्रति उनमें श्रद्धा और सम्मान का भाव था। न केवल उनका जन्म भारत में हुआ था, बल्कि उनका लालन-पालन भी भारतीय माहौल और भारतीय नौकरों द्वारा किया गया था। वे हिंदुस्तानी में ही सोचते, महसूस करते और सपने देखते; मुख्य तौर पर उनका संवाद भी हिंदुस्तानियों से ही होता और वे देखने में भी एक भारतीय बालक जैसे लगते थे।[2] 'कम उम्र का होने के कारण किसी जाति की श्रेणी में न आने' के कारण वे हिंदू मंदिरों में भी जाते थे। एक बार तो माता-पिता के साथ एक खेत का दौरा करते समय उन्होंने एक किसान का हाथ थाम कर अपनी माँ से हिंदुस्तानी में यह तक कह दिया था : 'गुडबाय, मेरा तो ये भाई है।'

युवा किपलिंग पर भारत से जुड़े रोमान, रंगीनियत और रहस्य की गहरी छाप थी। इस तरह यह देश उनके मन में बसे ख़ुशनुमा बचपन के विचार का स्थायी हिस्सा बन गया। भारत उनके लिए 'निरापद उल्लास के वर्षों' और 'स्वर्ग से निष्कासन से पहले का' निजी 'स्वर्ग' था।[3] किपलिंग के जीवन की इस स्मृति को उनके वयस्क आत्म का मर्म मानने का विचार कुछ ज़्यादा ही मनोवैज्ञानिक लग सकता है, पर निश्चित रूप से अंग्रेज़ी का कोई भी ग़ैर-भारतीय लेखक भारतीय अभिव्यक्तियों, भारतीय वनस्पतियों और भारत के छह लाख गाँवों में रहने वाले लोगों के प्रति उनकी संवेदनशीलता का मुक़ाबला नहीं कर सकता। जीवन भर भारतीय किसानों को उनकी निगाह एक प्यारे बच्चों के तौर पर देखती रही।[4]

भारतीय चीज़ों के प्रति अपने लगाव के मुक़ाबले अपने विक्टोरियन माता-पिता के साथ उनका रिश्ता दूर की नज़दीकियों वाला था। माता-पिता के साथ उनकी अन्योन्यक्रिया मुख्य तौर पर तभी होती थी जब नौकर लोग उन्हें औपचारिक रूप से, कभी-कभी तो विधिवत्, माँ-बाप के सामने पेश करते थे। उनकी आत्मकथा के मुताबिक़ माँ-बाप से बात करते समय वे 'अपने सोच और सपनों की देशज भाषा से लड़खड़ाते हुए अनुवाद करते रहते थे।'[5] वैसे तो माता-पिता, ख़ासकर अपनी माँ, के प्रति उनमें असीम स्नेह, आदर और कृतज्ञता प्रतीत

---

[2] एडमण्ड विल्सन (1964), 'द किपलिंग दैट नोबडी रीड', एण्ड्रू रदरफ़र्ड (सम्पा.), *किपलिंग्ज़ माइंड ऐंड आर्ट*, स्टैनफ़र्ड युनिवर्सिटी प्रेस, स्टैनफ़र्ड, कैलिफ़ोर्निया : 17-69, देखें पृष्ठ 18.

[3] एडमण्ड विल्सन, 'द किपलिंग दैट नोबडी रीड'; एंगस विल्सन, द *स्ट्रेंज राइड* : 3.

[4] एंगस विल्सन, द *स्ट्रेंज राइड* : 4.

[5] रुडयार्ड किपलिंग (1937), *समथिंग ऑफ़ माइसेल्फ़, फ़ॉर माइ फ्रेंड्स, नोन ऐंड अननोन*, डबलडे ऐंड डोरन, न्युयॉर्क : 5.

होती थी, लेकिन इसके बावजूद उनके एक जीवनीकार ने उस अंतराल को रेखांकित कर ही दिया है जो उनकी अपनी कहानियों और कविताओं में चित्रित किसी बेटे के जीवन में माँ के 'ऊँचे, तक़रीबन धार्मिक विचार' सरीखे स्थान और उनके और उनकी माँ के साथ संबंधों के बीच था।[6] ज़ाहिरा तौर पर उनकी माँ एलिस किपलिंग भी जज़्बाती रवैये को तरजीह देने वाली स्त्री नहीं थीं।

उल्लेखनीय है कि अपने माता-पिता के ज़रिये ही रुडयार्ड का साबिक़ा अपनी ज़िंदगी के सबसे तकलीफ़देह लम्हों से हुआ। बम्बई में छह ख़ुशनुमा साल गुज़ारने के बाद उन्हें अपनी बहन के साथ इंग्लैण्ड के साउथसी भेज दिया गया जहाँ उन्हें शिक्षा और 'देख-रेख' के लिए किसी रोज़ा आण्टी के साथ रहना था। श्रीमती रोज़ा होलोवे एक ऐसे अंग्रेज़ परिवार से ताल्लुक़ रखती थीं जिसकी आर्थिक हुलिया ख़राब होती जा रही थी। वे अपने रिटायर हो चुके फ़ौजी अफ़सर पति के साथ बच्चों का बोर्डिंग चलाती थीं। ऊपर से देखने में सब कुछ ठीक चल रहा था। बच्चों से मिलने जाने वाले कुछ लोगों को लगा भी कि मिसेज होलोवे रुडयार्ड के लिए एक स्नेही अभिभावक की भूमिका निभा रही हैं और उसकी बहन से भी उनका रिश्ता अच्छा है। यह तो किपलिंग के देहांत के बाद पता चला कि साउथसी में गुज़रे साल उनके लिए किस क़दर त्रासद थे। मरणोपरांत प्रकाशित हुई उनकी आत्मकथा मिसेज होलोवे के बोर्डिंग को 'निराश्रयता का निकेतन' क़रार देती है जहाँ बच्चों को पाबंदियों, धौंस, ज़ुल्म और कुछ-कुछ परपीड़न का भी सामना करना पड़ता था। आत्मकथा ने इस तरह का अनाचार करने वालों में रोज़ा आण्टी और उनके जवान बेटे को भी शामिल किया है।

किपलिंग का लालन-पालन क़ुदरत की ऐसी नज़दीकियों में हुआ था जो अपने आगोश में समेट लेने के बावजूद आज़ादी का एहसास देती थीं। उस प्रकृतिमय संसार में उनके इर्द-गिर्द ऐसे लोग बसते थे जो माँ-बाप के तौर-तरीक़ों से हट कर नरमदिल और गर्मजोश थे। इसके विपरीत बोर्डिंग हाउस की वह दुनिया अकेलेपन और नफ़रत से भरी हुई थी। दूसरी तरफ़ मिसेज होलोवे के लिए रुडयार्ड एक अजनबी जैसा था। लाज़िमी तौर पर अनुशासन की गिरफ़्त में रखे जाने योग्य पापमय शैशव के विक्टोरियन और कैल्विनवादी विचार की ताबेदारी करने वाली उस महिला की निगाह में प्रबल इच्छा-शक्ति, अवज्ञा और

[6] एंगस विल्सन, द *स्ट्रेंज राइड* : 11.

बेलौसियत से भरा वह बच्चा ख़ासा बिगड़ैल, हाथ से निकला हुआ और बदमाश था। इस एहसास में शायद एक तरह की जलन का भाव भी था। कम से कम एक विवरण से तो यह इशारा मिलता ही है। मिसेज होलोवे और उनके आततायी बेटे को यह एहसास सताता रहता था कि यह हेकड़ और धूर्त लड़का ज़रूर ही एक ऐसे माहौल का मज़ा ले चुका है जो उनके नीरस संसार के लिए मुमकिन ही नहीं है।[7]

बालक रुडयार्ड के लिए साउथसी के सितमों का दूसरा नाम था उसके माता-पिता द्वारा किया गया विश्वासघात। चालीस के दशक में एडमण्ड विल्सन द्वारा इस्तेमाल किये गये रुडयार्ड की बहन के मशहूर कथन को मैं यहाँ दोबारा उद्धृत कर रहा हूँ :

> मुड़ कर देखने पर मुझे लगता है कि मेरे भाई के प्रति आण्टी के चिड़चिड़े मिजाज़ और बेरहम रवैये के अलावा हमारे बचपन के उन दिनों की असली त्रासदी तो यह समझ पाने की नाकामी थी कि हमारे माँ-बाप ने हमें छोड़ क्यों दिया था। न हम इसके लिए तैयार थे, न हमारे पास इसकी कोई वजह थी। यह तो एक तरह की दुहरी मौत के समान था, या फिर जैसे कोई बर्फ़ीली नदी वह सब कुछ बहा ले गयी हो जो हमारे लिए परिचित और ख़ुशनुमा था। ... हमें लगता था कि 'जैसे दहलीज़ पर आ कर' हमारा परित्याग कर दिया गया हो। ... हम अकसर कहते थे कि अब हमारे सामने कोई चारा नहीं रह गया है।[8]

कुछ लोगों की दलील है कि बच्चों को इस प्रकार इंग्लैण्ड निर्वासित कर देना उन दिनों आम बात थी और इसे नेक इरादे का नतीजा समझा जाना चाहिए। एंग्लो-इण्डियन माँ-बाप हमेशा डरते रहते थे कि कहीं नौकरों के हाथ में बच्चे बिगड़ न जाएँ। कहीं वे उन्हें मौज़-मज़े का आदी न बना दें और वक़्त से पहले उन्हें यौन-गतिविधियों की जानकारी न मिल जाए। एक बात यह भी थी कि एलिस किपलिंग के तीसरे बच्चे का देहांत हो गया था और वे अपनी बची हुई संतानों के बारे में चिंतित थीं। लेकिन, यहाँ मुद्दा यह नहीं है कि रुडयार्ड के अपने माँ-बाप के प्रति एहसास जायज़ थे या नहीं। मुद्दा तो यह है कि क्या वास्तव में माता-पिता के बारे में उसके ख़याल ऐसे ही थे? इसका जवाब केवल

---

[7] उपरोक्त : 32.

[8] 'सम चाइल्डहुड मेमॅरीज़ ऑफ़ रुडयार्ड किपलिंग', *चैम्बर्स जर्नल*, एट्‌थ सीरीज़, VIII (1939) : 171, एडमण्ड विल्सन द्वारा उद्धृत, 'द किपलिंग दैट नोबडी रीड' : 20.

उसकी बहन के पास ही हो सकता था। इस बारे में बहन की तरफ़ से आने वाला सबूत निर्णायक भी लगता है। एक दूसरा अधिक गम्भीर प्रमाण यह है कि साउथसी में रुडयार्ड को आख़िर में 'सन्निपात का ज़बरदस्त दौरा' पड़ा जिसका और भी बड़ा दुष्परिणाम आंशिक दृष्टिहीनता और मतिभ्रमों के रूप में निकला।[9]

अंत में रुडयार्ड को साउथसी से हटा कर एक ऐसे पब्लिक स्कूल में दाख़िल कराया गया जो फ़ौजी पृष्ठभूमि के, ख़ासकर नौ सेना में जाने के इच्छुक, बच्चों के लिए था। स्कूल का ज़ोर सैन्य और पुरुषोचित गुणों पर रहता था। रैगिंग होना आम बात थी, और खेल-कूद में भाग लेने का सांस्कृतिक दबाव भी बहुत ज़्यादा था। लेकिन, रुडयार्ड की प्रवृत्तियाँ तो बैठ कर काम करने वाली और कला-प्रेमी क़िस्म की थीं। इसका एक कारण यह भी था कि उसकी नज़र ख़ासी कमज़ोर थी, और दूसरी बात यह थी कि सम्भवतः उसने एक चिंतनशील जीवन गुज़ारने का मन बना लिया था। इसके अलावा किपलिंग देखने में साफ़ तौर पर अ-श्वेत भी लगते थे। (कुछ भारतीयों का तो यह मानना भी था किपलिंग का साँवलापन शायद भारतीय सूरज की कारिस्तानी नहीं था)। इन सब बातों के मिले-जुले नतीजे के तौर पर उनकी तकलीफ़ें पब्लिक स्कूल में और बढ़ गयीं। काश उनके माता-पिता ने किपलिंग को अंग्रेज़ी स्नेह के किसी दूसरे पक्ष से परिचित कराया होता और मिसेज होलोवे के रूप में उन्हें अंग्रेज़ी प्राधिकार का कोई और पहलू देखने को मिला होता। लेकिन, विजातीय दिखने वाले उस 'स्त्रैण' स्कूली लड़के को जिस तरह की धौंसपट्टी और बहिष्कार का दुख झेलना पड़ा, उसके कारण उसे अंग्रेज़ उप-संस्कृति का वह चेहरा दिख गया जिसके गर्भ से उपनिवेशों के शासक अभिजन ने जन्म लिया था।

कुल मिलाकर कहा जा सकता है कि इंग्लैण्ड बालक रुडयार्ड के लिए एक भीषण अनुभव साबित हुआ। आख़िरकार उसका लालन-पालन स्नेही भारतीय सेवकों की सोहबत में हुआ था। किपलिंग का परिवार विक्टोरियन होने के बावजूद न तो कैल्विनिस्ट विचारों का अनुयायी था और न ही उसमें चर्च जाने के प्रति निष्ठा थी। फिर नौकर-चाकरों के कारण इस परिवार की दुनिया उतनी शफ़्फ़ाफ़ नहीं रह जाती थी। चूँकि किपलिंग का परवर्ती लालन-पालन इंग्लैण्ड

---

[9] एडमण्ड विल्सन, 'द किपलिंग दैट नोबडी रीड' : 20.

की संस्कृति में ही हुआ था, इसलिए वह संस्कृति उनके लिए सराहनीय हो सकती थी। पर उस संस्कृति से प्रेम करना उनके लिए असम्भव था। इंग्लैण्ड में वे एक अलग दिखने और दुहरी सांस्कृतिक निष्ठाओं वाले साहब की तरह ही रहे। अंग्रेज़ियत के शिकार जिस भूरे साहब से उन्हें बाद में वितृष्णा हुई, इंग्लैण्ड में वे ख़ुद उसी की ब्रिटिश प्रतिच्छाया थे। उनकी इस सीमांत स्थिति और उससे पैदा होने वाले सामाजिक बेढंगेपन की अनुभूति दूसरों को भी थी, जिसके कारण वे इंग्लैण्ड में ब्रिटिश समाज से और तदनंतर भारत में भी उस समाज से और दूर होते चले गये। आगे चल कर उनके लेखन में यह दूरी और झलकी। इसीलिए वे वैसा मनोहर लेखन इंग्लैण्ड के बारे में कभी नहीं कर पाए जो उन्होंने भारत के बारे में किया।[10]

इस सब के बावजूद इंग्लैण्ड में गुज़ारे गये उन उत्पीड़नकारी वर्षों ने अपरिहार्य तौर पर किपलिंग के कानों में यह संदेश ज़रूर फूँक दिया कि इंग्लैण्ड ही उनके सच्चे आत्म का हिस्सा है, और यह कि उन्हें अपने भारतीयपन को त्यागते हुए सीखना होगा कि उत्पीड़ितों के साथ ख़ुद को कैसे न जोड़ा जाए। इन वर्षों ने किपलिंग को यह भी सिखाया कि इंग्लैण्ड द्वारा थमाई गयी उत्पीड़ित-पहचान से न केवल कतराना मुमकिन है, बल्कि उत्पीड़कों के साथ जुड़ कर, ख़ासकर उनके मूल्यों के प्रति निष्ठा जता कर वह पहचान महिमामण्डित भी की जा सकती है।

किपलिंग ज़ाती तौर पर स्त्रैण, दुर्बल, व्यक्तिवादी और अवज्ञाकारी तो थे ही, साथ ही वे यह मानने के लिए भी तैयार नहीं थे कि जीवन का अर्थ केवल श्रम या उपयोगी गतिविधियों में निहित है (साउथसी के स्कूल के दौरान वे अंकगणित में कमज़ोर थे और छह साल की उम्र तक उनके लिए पढ़ पाना मुश्किल था)। यही थीं वे ख़ामियाँ जिनके लिए उन्होंने आगे चल कर पश्चिमीकृत भारतीयों की कड़ी आलोचना की। एक तरह से ख़ुद का अवमूल्यन करते हुए उन्होंने भी भेड़चाल को अपना आदर्श बनाया और वह नैतिकता स्वीकार की जिसके आधार पर इस प्रकार की झुण्ड-सामूहिकता क़ायम रखी जा सकती थी। वे यह पूर्वानुमान लगाने में सदैव विफल रहे कि पश्चिमीकृत भारतीय से

[10] इसके बारे में देखें, भास्कर राव (1967), *रुडयार्ड किपलिंग्ज़ इण्डिया,* युनिवर्सिटी ऑफ़ ओकाहामा, नॉर्मन : 23-4.

भारतीयकृत पश्चिमवासी बनने के बीच केवल एक छोटे क़दम जितना ही फ़ासला होता है। उन्हें कभी यह एहसास नहीं हुआ कि भारत समर्थक बुद्धिजीवियों और उपनिवेशवाद विरोधी उदारतावादियों की जिस सीमांत स्थिति को वे नीची निगाह से देखते थे, वह दरअसल उनकी अपनी स्थिति भी थी।

सवाल यह है कि इन दो किपलिंगों के बीच के सूत्र क्या थे? पश्चिमी सभ्यता के प्रति निष्ठावान नायक और अपने भीतर के पश्चिमवासी से नफ़रत करने वाले भारतीयकृत पश्चिमवासी के बीच का सूत्र क्या था? संस्कृतियों की आंतरिक रज्जु बनने वाले नायक और उस प्रति-नायक के बीच कौन सा सूत्र था जो सांस्कृतिक संकरता से घृणा और अपने भीतर के आत्म संबंधी धुँधलके पर अफ़सोस करता था?

यह सूत्र अंधी हिंसा और प्रतिशोध की उग्र कामना में देखा जाना चाहिए। किपलिंग हमेशा हिंसा को न्यायोचित ठहराने के लिए तैयार रहते थे, बशर्ते वह प्रति-हिंसा हो। एडमण्ड विल्सन ने कुछ-कुछ हिकारत के साथ निष्कर्ष निकाला है कि किपलिंग के अधिकतर लेखन की विलक्षणता प्राधिकार के प्रति सच्ची अवज्ञा और उत्पीड़ितों के प्रति किसी तरह की सहानुभूति से वंचित होने में है।[11] दरअसल, बात केवल इतनी ही नहीं है। किपलिंग ने हमेशा दो तरह के उत्पीड़ितों के बीच फ़र्क़ किया। इनमें एक था वह उत्पीड़ित जो जम कर लड़ते हुए उत्पीड़क को उसी की शैली में जवाब देने वाला था, और दूसरा वह जो निश्चेष्ट-आक्रामकता अपनाने वाला, स्त्रैण और असहयोगी, कामचोर, ग़ैर-ज़िम्मेदार, बीमारी का बहाना बनाने के साथ-साथ आमने-सामने की लड़ाई से इंकार करने वाला था। किपलिंग के लिए पहले जैसा व्यक्ति 'आदर्श उत्पीड़ित' था जो वे ख़ुद भी होना चाहते थे। दूसरा उत्पीड़क दरअसल वह था जिसकी ज़िंदगी उन्होंने ख़ुद जी थी और इसीलिए उस तरह का जीवन गुज़ारने से उन्हें घृणा थी। यानी, अगर उनमें दुनिया के उत्पीड़ितों के प्रति कोई करुणा नहीं थी, तो इसका मतलब यह हुआ कि वे अपने ही एक अंश के प्रति भी करुणा-सम्पन्न नहीं थे।

फिर भी किपलिंग की साहित्यिक संवेदनशीलताओं ने इस दायरे में भी उन्हें पूरी तरह से नाकाम नहीं होने दिया। वे जानते थे कि यह मामला हिंसा और अहिंसा के बीच का न हो कर दो तरह की हिंसाओं के बीच का है। पहली हिंसा

---

[11] एडमण्ड विल्सन, 'द किपलिंग दैट नोबडी रीड'.

सीधी और प्रकट है। उसमें वैधता व प्राधिकार का पुट भी है। यह आत्मविश्वास से भरे उन सांस्कृतिक समूहों की हिंसा है जो ज़बरदस्त मज़बूती के मुक़ाम से हिंसक परिस्थितियों का सामना करने के अभ्यस्त होते हैं। दूसरी हिंसा कमज़ोरों और प्रभुत्वाधीनों की है जिन्हें ख़ासे नुक़सानदेह मुक़ाम से हिंसा का सामना करना पड़ता है। इस दूसरे क़िस्म की हिंसा में एक लक्ष्यहीन आक्रोश, नैराश्य और नियतिवाद का स्पर्श होता है। और, इस दुनिया के विजेताओं और स्वामियों की मान्यता के मुताबिक़ उसमें एक कायरता जैसी चीज़ भी होती है। यह हिंसा अकसर यथार्थ जगत में एक हस्तक्षेप होने के बजाय एक स्वैरकल्पना की तरह और पहले क़िस्म की हिंसा का कारण या उसका औचित्य होने के बजाय उसके प्रति अनुक्रिया की तरह सामने आती है।

किपलिंग के जीवन में पहले तरह की हिंसा भारत के ब्रिटिश शासकों का विशेषाधिकार थी। दूसरे तरह की हिंसा भारत के अधीनस्थ वासियों की थी। किपलिंग को सही तौर पर यह एहसास हो गया था कि विजेता की हिंसा का महिमामण्डन सामाजिक क्रम-विकास और अंततः उपनिवेशवाद के सिद्धांत का आधार है। वे यह भी ठीक से समझ गये थे कि उपनिवेशवाद को प्रगति के एक औज़ार के रूप में त्यागे बिना हिंसा को त्यागना नामुमकिन है।

लेकिन, इस नैतिक अंधता की क़ीमत भीषण साबित हुई। किपलिंग के जीवन का केंद्रीय पहलू यह बन गया कि वे लगातार अपने भीतर देखने से इंकार करते रहे। उन्होंने आक्रामक ढंग से 'ऊहापोह विरोधी' रवैया अपनाया जिसने उन्हें सभी तरह के गहरे द्वंद्वों से कतराने और मानवीय समस्याओं को जातीय रूढ़ छवियों से अलग न करके देखने के लिए मजबूर किया। अपने असाधारण बहिर्मुखी रवैये के कारण उन्होंने सामूहिकता के सभी रूपों पर बल दिया और प्रजातिमूलक व रक्त-संबंधों को व्यक्ति-व्यक्ति के बीच संबंधों की अपेक्षा अधिक महत्त्व देते रहे। सम्भवतः उन्हें लगता था कि साम्राज्यिक प्राधिकार की सेवा करते हुए सांस्कृतिक जड़ों की बहिर्मुखी तलाश करके वे इन संबंधों के रचयिता के तौर पर उस छटपटाहट और यदाकदा अवसाद से निज़ात पा लेंगे जो साउथसी के दिनों से ही उनका पीछा नहीं छोड़ रहा था। वे अपनी अधिक कोमल, अधिक सृजनशील और ग़ुशगवार क़िस्म के दूसरे आत्म एवं उससे जुड़ी अनिश्चितता और आत्म-घृणा से जूझते हुए ही जिये और मरे।

इसी के साथ-साथ, वे केवल एक ही क़िस्म के भारत का आदर करने के

लिए तैयार थे। उस भारत का जिसका ताल्लुक़ अपने रणप्रिय अतीत और उपसंस्कृतियों से था, और जो पश्चिम का आसुरी (डायनीयज़ियन) प्रतिद्वंद्वी और सहयोगी एक साथ था। सम्भवतः, एक दूसरे धरातल पर अपने बाद आये नीरद सी. चौधुरी और वी.एस. नैपॉल की तरह किपलिंग ने भी एक ऐसे भारत की खोज में ज़िंदगी गुज़ारी जो अपने कठोर पौरुषपूर्ण पराक्रम में पश्चिम के साथ समान होड़ की क्षमता रखता हो— उस पश्चिम के साथ जो अपने ही प्रामाणिक आत्म की अवमानना, परित्याग और तिरस्कार कर चुका था।

कुछ आलोचकों ने किपलिंग की दो आवाज़ों की चर्चा की है। एक ने तो इन आवाज़ों को सेक्सोफ़ोन और शहनाई के नाम तक दे दिये हैं। शायद सेक्सोफ़ोन किपलिंग का रणप्रिय, हिंसक और दम्भी आत्म था जो शांतिवाद को ख़ारिज करता हुआ सिपहपेशे का महिमामण्डन करता था, अवसाद के दौरों से गुज़रता था, विरूप और बीभत्स से सम्मोहित था, और उन्माद व मृत्यु से भयग्रस्त रहता था। शहनाई किपलिंग का भारतीयपन थी। भारत की संस्कृति और उसके मानस, उसकी विविधता और जटिलता, उसकी असंगति और 'प्राचीन रहस्य' से विस्मित रहने के साथ-साथ किपलिंग की यह आवाज़ श्रम के प्रति और मनुष्य के मशीनीकरण के प्रति भारत के प्रतिरोध और अंततः उसकी उभयलैंगिकता से चकित रहती थी। दोनों आवाज़ें एक-दूसरे की विलोम थीं। एक तरफ़ पौरुष की कठोरता औ.र साम्राज्यिक दायित्व था, और दूसरी तरफ़ स्त्रीसुलभ कोमलता और पार-सांस्कृतिक हमदिली थी। जीत सेक्सोफ़ोन की हुई, लेकिन शहनाई किपलिंग के कानों के पास कहीं बजती रही ताकि उनकी सभ्यता की एक अधीनस्थ धारा अपनी कथित दुर्बलता में अपने दिल की धड़कनें क़ायम रख सके।

II

यह लम्बी कहानी उन लोगों के संसार के बारे में हमसे कई बातें कहती हैं जिन्होंने साम्राज्यों का शीराज़ा खड़ा किया, उन्हें संचालित किया या वैधता दिलायी। यह कहानी हिंसा के उस अनुभव के बारे में बताती है जिसके कारण उन लोगों के भीतर हिंसा के प्रति भय और आदर आजीवन जड़ जमा कर बैठा रहा। यह कहानी उन कोशिशों का पता देती है जिन्होंने बहिर्मुखी हिंसा के सिद्धांतों का विकास करने के ज़रिये अपने निजी दुखों का अर्थ-ग्रहण करने की कोशिश की। लेकिन इसका दूसरा पक्ष यह था कि आक्रामक और उत्पीड़क के

साथ तादात्म्य स्थापित करने और शक्तिशाली का कीर्तन करने के सभी प्रयास दरअसल इन लोगों को 'अपने ख़ुद के विरोध में' भी कर देते थे। यह एक ऐसी प्रतिरक्षात्मकता थी जो इस मामले में आत्मविनाश की कगारों को छू लेती थी। इन्हीं प्रक्रियाओं को कुरेदने पर हमें राजनीति और संस्कृतियों की नियति के महत्त्वपूर्ण सुराग़ मिल सकते हैं।

फ़िलहाल मैं किपलिंग की निजी ज़िंदगी की एक ऐसी दुविधा पर रोशनी डालूँगा जो न केवल सभी तरह की औपनिवेशिक विचारधाराओं पर लागू होती है, बल्कि उत्तर-औपनिवेशिक समझ के अधिकतर रूपों पर भी लागू की जा सकती है। इस दुविधा की अहमियत इसलिए है कि उपनिवेशवाद के आर्थिक, राजनीतिक और नैतिक परिणामों की चर्चा तो हो चुकी है, पर उसकी भावनात्मक और संज्ञानात्मक क़ीमत नज़रअंदाज़ की गयी है। वैसे भी इस शताब्दी में ही फ्रॉयड हमें याद दिला चुके हैं कि जो बात हम भूल जाना पसंद करते हैं वह हमें 'इतिहास' के दायरे में सताने के लिए वापिस आती है।

किपलिंग की दुविधा आसानी से समझी जा सकती है : वे एक साथ पश्चिमी और भारतीय नहीं हो सकते थे। वे पश्चिमी हो सकते थे या फिर भारतीय। उन्होंने अपने ऊपर जो चयन आरोपित किया, उसी ने उनकी आत्मविनाशकारी प्रवृत्ति को उनके जीवन की त्रासदी से जोड़ दिया। किपलिंग पश्चिमी मूल्यों को खुल कर स्वीकारते थे और उन्होंने जिसे ख़ारिज किया था वह उनका कम-समाजीकृत भारतीय आत्म था। उन्हें दोनों में से एक को चुनना था। अगर वे ऐसा न करके दोनों को अपना लेते तो एक भूरे साहिब या बाबू बन कर कम से कम अपना द्वि-सांस्कृतिक आत्म स्वीकार तो कर सकते थे, और इस प्रकार कुछ अधकचरे ढंग से ही सही पर उनके भीतर के पूर्व और पश्चिम के बीच परस्पर सामंजस्य बैठ सकता था।

ऊपर से देखने में परिकल्पनात्मक और छोटा लगने वाला यह अंतर दरअसल वह पहला सुराग़ है जिससे पता लगता है कि उपनिवेशवाद किस तरह पश्चिमी चेतना पर क़ब्ज़ा करता है, उसे अपनी आवश्यकताओं के अनुकूल बनाता है, औपनिवेशिक मशीन का अंग बनने के लिए तैयार प्रत्येक श्वेत पुरुष से उसकी पूर्णता छीन लेता है, और उसे एक ऐसी आत्मपरिभाषा थमा देता है जो भले ही अपने सांस्कृतिक रुझान में पारिवेशिक हो, पर जो अपने भौगोलिक विस्तार में सार्वभौम होती है।

सिंहावलोकनात्मक लिहाज़ से मानना पड़ेगा कि कुछ मुक़ाम तो ऐसे ज़रूर

थे जिन पर अंततः उपनिवेशवाद जीत का दावा कर सकता था। उसने आख़िरकार पश्चिमी व्यक्ति को पारिभाषिक रूप से ग़ैर-पूर्वी बना कर दम लिया और उसे एक ऐसी आत्म-छवि और विश्व-दृष्टि प्रदान की जो मूलतः उपनिवेशवाद की आवश्यकताओं की अनुक्रिया में रची गयी थी। वह एक ऐसा व्यक्ति था जो ग़ैर-पूर्वी के अलावा कुछ और हो ही नहीं सकता था। वह अपनी नकारात्मक अस्मिता के रूप में पूर्व का अध्ययन, व्याख्या और अर्थ-ग्रहण करने के लिए मजबूर था।[12] एडवर्ड सईद ने पूर्व की जिस 'खोज' का ख़ूबसूरती से वर्णन किया है,[13] उसकी डिज़ाइन तो एक दूसरे पूर्व को निष्कासित करने के लिए तैयार की गयी थी— उस पूर्व के निष्कासन के लिए जो कभी मध्ययुगीन युरोपियन चेतना का एक अंग था— उसके आदिरूप और उसकी सम्भावना की तरह। उस दूसरे पूर्व को भी कभी-कभी शत्रु की भाँति देखा जाता था, लेकिन भले ही अनिच्छा के साथ हो, उसका आदर भी किया जाता था। उस पूर्व में न केवल एक वैकल्पिक विश्व-दृष्टि का वास माना जाता था, बल्कि वह पश्चिम के बारे में ज्ञान का एक वैकल्पिक स्रोत भी था। उदाहरण के लिए, वॉल्तेयर का चीन आधुनिक मानवशास्त्री के पूर्व जैसा नहीं था। वह तो उस मानवतावादी हस्ती के लिए पश्चिम की द्वितीय आत्मा की तरह था। मध्ययुगीन मध्य-पूर्व वह जगह थी जहाँ कई युरोपियन अरस्तू का अध्ययन करने के लिए जाते थे। ब्रिटिश भारत में उपनिवेशकों की पहली पीढ़ी की भी यही स्थिति थी, भले ही वे साम्राज्य के महानतम निर्माताओं में से ही क्यों न हों। इनमें वारेन हेस्टिंग्ज़ जैसे लोग भी शामिल थे जिन्हें लगता था कि वे उस सभ्यता को सिखा कम और उससे सीख ज़्यादा सकते हैं जिस पर उनकी हुकूमत है।

यह दूसरा पूर्व, जो पश्चिम का हमशक्ल था, उपनिवेशवाद की आवश्यकताओं के मुताबिक़ नहीं था। वह एक वैकल्पिक, सार्वदेशिक और बहु-सांस्कृतिक जीवन-शैली के संदेशों का वाहक था। अगर एंगस विल्सन की एक अभिव्यक्ति को परिवर्तित संदर्भ में ग्रहण किया जाए तो कहा जा सकता है कि यह दूसरा पूर्व किपलिंग और उनके अंग्रेज समकालीनों के नीरस क्षितिज की पहुँच से दूर था। उन्होंने ख़ुद को और प्रत्येक द्वि-सांस्कृतिक पश्चिमवासी को मजबूर किया कि वह इस दूसरे पूर्व को न चुने।

---

[12] नकारात्मक अस्मिता की अवधारणा मैंने एरिक एरिकसन से ली है. इसके लिए ख़ास तौर से देखें उनकी **1958** की रचना *यंग मैन लूथर,* नॉर्टन, न्युयॉर्क.

[13] एडवर्ड सईद (1978), *ओरिएंटलिज़्म,* रुटलेज ऐंड कीगन पाल, लंदन.

दूसरी तरफ़ उपनिवेशवाद ने चालाकी से भारतीय चेतना को प्रतिस्थापित करने की कोशिश की ताकि एक ऐसी भारतीय आत्म-छवि खड़ी की जा सके जो पश्चिम की मुख़ालफ़त करते हुए भी अपने सार में एक पश्चिमी गढ़ंत ही हो। अगर औपनिवेशिक अनुभव ने मुख्यधारा की पश्चिमी चेतना को पारिभाषिक रूप से ग़ैर-पूर्वी बना दिया था और पश्चिम की आत्म-छवि को पूर्व के निषेध की तरह पुनः परिभाषित कर दिया था, तो उसी औपनिवेशिक अनुभव ने पूर्व की आत्म-छवि और भारत की संस्कृति के साथ इसका ठीक उल्टा सुलूक़ करना चाहा। उपनिवेशवाद ने उस प्राच्य, जो अज्ञेय था, की उस सामान्य रूढ़ छवि को प्रतिस्थापित कर दिया जो उसने अपने सांस्कृतिक मानकों के आधार पर गढ़ी थी। इस छवि की जगह जिस व्याधिमूलक रूढ़ छवि को रखा गया वह एक विचित्र और आदिम लेकिन पूर्वानुमेय प्राच्य की थी। यह प्राच्य धार्मिक लेकिन अंधविश्वासी था, यह चतुर लेकिन धूर्त था, और यह अव्यवस्थित रूप से हिंसक लेकिन स्त्रैण ढंग से कायर था। इसी के साथ-साथ उपनिवेशवाद ने विमर्श का एक ऐसा संसार रचा जिसमें इन रूढ़ छवियों का अतिक्रमण करने के लिए उन्हें उलटना पड़ता था, उनके विलोम बनाने पड़ते थे : जैसे, अंधविश्वासी लेकिन आध्यात्मिक, अशिक्षित लेकिन बुद्धिमान, स्त्री सरीखा लेकिन प्रशांत आदि-आदि। किसी भी तरह का उपनिवेशवाद तब तक अपने आप में सम्पूर्ण नहीं हो सकता था जब तक वह अपने ही शिकारों की अवज्ञा से निकलने वाली भाषा को हड़प कर जातीय रूढ़ छवियों के अपने भण्डार को 'सार्वभौमीकृत' और समृद्ध न कर ले। यही है वह कारण जिसके तहत उपनिवेशवाद के शिकारों का प्रतिवाद अंततः किसी और तरह की भाषा में सुना जाना ज़रूरी है— एक ऐसी भाषा में जो उपनिवेशिक के लिए अज्ञेय हो, और साथ ही उन उपनिवेशवाद विरोधी आंदोलनों के लिए भी अज्ञेय हो जो उपनिवेशिक द्वारा पाले-पोसे जाने के बाद पालतू बना लिए जाते हैं। यही कारण है कि इस विश्लेषण का बाक़ी हिस्सा लाज़िमी तौर पर उत्तर-औपनिवेशिक भारत में औपनिवेशिक विरासत को एक ऐसी भाषा में समझने की कोशिश करता है जिसने आधुनिक विश्व की भाषा को तो अपने भीतर समेट ही लिया हो, लेकिन जो साथ में उसके दायरे के बाहर रहने की कोशिश भी करती हो। आगे के पृष्ठों में जब काल अतीत से वर्तमान में और वर्तमान अतीत में विवर्तन करता दिखेगा, तो वह इसी तरह की कोशिश का नतीजा होगा।

भारत ग़ैर-पश्चिम नहीं है; भारत तो भारत ही है। एक ज़माने में उपनिवेशवाद की सम्पूर्ण पैठ से प्रभावित और अब उस औपनिवेशिक स्मृति के उत्तराधिकारी बन चुके भारतवासियों के एक छोटे से तबक़े को छोड़ कर साधारण भारतीयों के पास ऐसी कोई वजह नहीं है कि वे ख़ुद को पश्चिमी व्यक्ति की प्रति-थीसिस या उनके प्रति-अभिनेता के रूप में देखने लगें। सम्पूर्णतः ग़ैर-पश्चिमी बनने का थोपा गया दायित्व एक साधारण भारतीय के सांस्कृतिक आत्म का दायरा सिकोड़ देगा— ठीक उसी तरह जैसे किसी ज़माने में सम्पूर्णतः पश्चिमी बनने का दायित्व अपने ऊपर थोप कर कुछ भारतवासियों ने अपने और अपने समाज के भविष्य संबंधी चयनों को सीमित कर लिया था। आज भी कभी-कभी उन्हें उन सीमाओं का सामना करना पड़ता है। यह थोपा गया नया दायित्व अर्थात् ग़ैर-पश्चिमी बनने की ज़िम्मेदारी एक तरफ़ तो भारतीयों को अपनी संस्कृति के केवल उन अंशों पर ज़ोर देने के लिए विवश करती है जिनका पश्चिम के साथ पश्चसंबंध ही है, दूसरी तरफ़ वे अपनी संस्कृति के ही उन दो तरह के अंशों को कम महत्त्व देने के लिए मजबूर हो जाते हैं जो पश्चिमी संस्कृति में भी पाए जाते हैं या जिन्हें पश्चिम अभी तक परिभाषित करने में नाकाम रहा है। पश्चिम का प्रतिवर्त बनने का दबाव मनुष्य और ब्रह्मांड संबंधी समग्र भारतीय दृष्टि की पारम्परिक प्राथमिकताओं को विकृत करके एक भारतीय की संस्कृति के अनूठे विश्व-दृष्टिकोण को बरबाद कर देता है। दरअसल, इस चक्कर में वह पश्चिम की अटूट गिरफ़्त में और फँस जाता है।[14]

इस लिहाज़ से देखने पर साफ़ हो जाता है कि भारतीय राष्ट्रवाद के विभिन्न संस्करण और किपलिंग की विश्व-दृष्टि में कैसा आमूल-चूल साम्य है। दोनों में वह पहलू समान है जिसे माध्यमिका दर्शन के शब्दों में संस्कृतियों के बीच सापेक्षिक भिन्नताओं के परमनिरपेक्षीकरण की प्रवृत्ति की संज्ञा दी जा सकती है।[15] भारतीय राष्ट्रवाद और किपलिंग की विश्व-दृष्टि के बीच समानता यह है कि वे दोनों पूर्व और पश्चिम को स्थायी और नैसर्गिक प्रति-ध्रुवों की तरह दिखाने की कोशिश करते हैं। दोनों ही अपनी सांस्कृतिक जड़ें उसी उत्तर-ज्ञानोदयी युरोप के

[14] मुझे यहाँ उस तर्कपरक और नैतिक करतब की तरफ़ ध्यान खींचने की ज़रूरत नहीं है जिसकी मदद से ग़ैर-पश्चिमी होने से किया जाने वाला इंकार और पश्चिमी होने को एक समान मान लिया जाता है.

[15] के. वेंकटरमणन (1978), *नागार्जुन्स फ़िलॉसफ़ी, एज़ प्रज़ेंटेड इन द महाप्रज्ञापारमिता शास्त्र*, मोतीलाल बनारसीदास, दिल्ली.

सांस्कृतिक दर्प में तलाशते हैं जो न केवल 'सच्चे' पश्चिम को, बल्कि 'सच्चे' पूर्व को भी परिभाषित करने का दावा करता है। और, दोनों ने ही ऐसे सामाजिक आलोचकों को पैदा किया है जो एक साथ इस बचकाने यक़ीन के शिकार हैं कि इस प्रक्रिया के परिणामस्वरूप उपजी सांस्कृतिक दरिद्रता ने पश्चिम के मुक़ाबले पूर्व को अधिक आहत किया है।

लेकिन, हमें यह भी समझना होगा कि जिस तरह एक दूसरा भारत है, उसी तरह एक दूसरा पश्चिम भी है। अगर दूसरा भारत एक विस्मृत बहुसंख्या है, तो दूसरा पश्चिम एक ऐसी अल्पसंख्या है जिसे भुला देने के नतीजे इस दुनिया के लिए अधिक त्रासद निकले हैं। दूसरे भारत में मूर्तिमान पूर्व कभी भी पूरी तरह से पराजित नहीं किया जा सका, लेकिन कम से कम बीसवीं सदी में तो एक विस्मृत अल्पसंख्या के रूप में पश्चिम पूरी तरह से अधीनस्थ किया जा चुका है। इसका वजूद मौजूदा पश्चिम के भीतर ही कहीं एक रहस्यमय शै की तरह बाक़ी है, और बहुत मुमकिन है कि ग़ैर-पश्चिम के कोनों में भी एक ज़िंदा यथार्थ के रूप में यह कहीं बचा हुआ हो। मैलकम मग़रिज ने जब कभी यह कहा होगा कि 'अंग्रेज़ अगर कहीं बचे हैं तो केवल भारतीयों के रूप में ही' तो इस उनके इस कथित वक्तव्य में एक ही साथ निहित एक जैसे क्षोभ और उपहास को समझा जा सकता है। इस कथन को एक अजानी मान्यता की तरह भी पढ़ा जा सकता है कि भारतीय समाज ने पश्चिम के उन आयामों को एक अमानत की तरह बचा रखा है जिन्हें ख़ुद पश्चिम खो चुका है।

बहरहाल, अगर थोड़ी देर के लिए पश्चिम की यह समस्या दरकिनार कर दी जाए और उस दूसरे भारत की विकट परिस्थिति पर ग़ौर किया जाए जो न तो प्राक्-आधुनिक है और न ही आधुनिकता विरोधी है, बल्कि जो केवल ग़ैर-आधुनिक है, तो हमें दिखेगा कि यही है वह भारत है जो पश्चिम के भीषण आक्रमण से बच निकला है। यह भारत आधुनिकतावादियों के भारत के साथ सहअस्तित्व में है। इन आधुनिकतावादियों ने उपनिवेशिक-आक्रामकता के साथ तादात्म्य स्थापित करने की कोशिश करके भारतीय उपमहाद्वीप में पश्चिमी व्यक्ति की दयनीय प्रतिलिपियों को जन्म दिया है। लेकिन, इस सहअस्तित्व के बावजूद दूसरे भारत ने भारतीय राष्ट्रवाद के ऐसे अधिकतर संस्करणों को ख़ारिज कर दिया है जो पश्चिम के साथ प्रतिक्रियामूलक, ईर्ष्यामूलक, घृणा-भय आधारित और प्रति-भीतिमूलक अभंग्य बंधनों में बँधे हुए हैं। इस दूसरे भारत का जीवन

इस मान्यता से परिपूर्ण लगता है कि उसे सांस्कृतिक रूप से न तो पूर्व और पश्चिम के बीच में चुनाव करना है और न ही उत्तर और दक्षिण के बीच में। उसके लिए तो यह चुनाव और यह जद्दोजहद भारत के भीतर और साथ में पश्चिम के भी भीतर एपोलोनियन और डायनीज़ियन आयामों के बीच है।[16] इस शताब्दी ने दिखाया है कि यूटोपियाई ख़यालों को हक़ीक़त में बदलने की योग्यता कैसे विकसित की जा सकती है, और इसके ज़रिये प्रदर्शित किया है कि यदि किसी उत्पीड़नकारी संस्कृति में एपोलोनियन और डायनीज़ियन के बीच फ़र्क़ मौजूद नहीं है, तो भी उत्पीड़न के शिकारों को अपनी दिमाग़ी सेहत और इंसानियत क़ायम रखने के वास्ते इस फ़र्क़ को मौजूद मान कर चलना होगा। मुझे थॉमस मान के एक कथन का हवाला दिया गया है कि नाज़ी-प्रकरण के अनुभव के बाद उन्होंने पुष्टि की थी कि जर्मनी दो नहीं बल्कि एक हैं। शायद उस ज़माने के थॉमस मानों को जर्मनी की एकलता दिखाने की ज़िम्मेदारी का निर्वहन करना पड़ा होगा, परंतु जर्मनी से आहत होने वालों के लिए एक धरातल पर लाज़िमी तौर पर जर्मनियाँ दो थीं जो एकल क़िस्म के संज्ञानात्मक और नीतिगत विमर्श के अंत:सूत्र से आवश्यकता पड़ने पर जुड़ जाती थीं।

आधुनिक पश्चिम के भीतर एपोलोनियन और डायनीज़ियन के बीच के युद्ध में पूर्व को एक बहुत छोटी हद तक ही शामिल किया गया है— हालाँकि इस लड़ाई में उसे शामिल किये जाने की वांछनीयता का मुद्दा पूरी तरह से अलग तरह का है। लेकिन, पूर्व में होने वाले इस संघर्ष में पश्चिम को निश्चित रूप से शामिल किया गया है। दरअसल, मुख्यधारा की भारतीय संस्कृति की अंतर्निहित मान्यता है कि इस जद्दोजहद के केंद्र में जो विषय-वस्तुएँ हैं उनके तहत पश्चिम की विश्व-दृष्टि को एक बाहरी एजेंसी मान कर उसके साथ न तो समायोजन करने की ज़रूरत है, और न ही उसकी ताक़त के ख़िलाफ़ लड़ने की। कारण यह कि युद्धक प्रजातियों और कुलीन-अकुलीन असभ्यों से जुड़ी अपनी सैद्धांतिकियों के बावजूद पश्चिम सम्भवत: भारत को अपने साथ एकीभूत नहीं करता, जबकि भारत उसे अपने में समाविष्ट करता है। टी.के. महादेवन ने गाँधी का एक अनूठा वक्तव्य उद्धृत किया है जिससे इस विकट परिस्थिति पर नाटकीय प्रकाश पड़ता है—

---

[16] मेरा बौद्धिक लालन-पालन समाज-विज्ञानी के रूप में हुआ है, और इस बात का पता मुझे हाल ही में लगा कि इन दो पदों के कई अर्थ होते हैं. यहाँ मेरा मतलब केवल रुथ बेनेडिक्ट द्वारा 1934 में प्रकाशित अपनी रचना *पैटर्न्स ऑफ़ कल्चर*, हॉटन मिफ़्लिन, बोस्टन में निकाले गये अर्थ से है.

> किसी भी भारतीय ने किसी भी क्षेत्र में जो कुछ भी उल्लेखनीय उपलब्ध किया है, वह प्रत्यक्ष या अप्रत्यक्ष रूप से पश्चिमी शिक्षा का ही फल है। लेकिन, इसी के साथ जनता पर उसका जो भी कल्याणकारी असर पड़ा है, उसका कारण अधिकांशत: उसकी पूर्वी संस्कृति है।[17]

समझने की बात यह है कि पश्चिम का सम्पूर्ण निषेध भारतीय परम्पराओं के बुनियादी विन्यास का निषेध भी है। यह अलग बात है कि विरोधाभासी रूप से उस विन्यास की स्वीकृति में पश्चिम का सशर्त निषेध भी निहित हो सकता है।

यही है ग़ैर-आधुनिक भारत के जातीय सार्वभौमिकतावाद का आंतरिक पक्ष। यही है वह सार्वभौमिकतावाद जो औपनिवेशिक अनुभव और उसके कारण हुए अपूर्व कष्टों को रेखांकित करते हुए उस प्रक्रिया से भारतीय परम्पराओं का एक अधिक परिपक्व, अधिक समकालीन और अधिक आत्मालोचनात्मक संस्करण तैयार करता है। यह सार्वभौमिकतावाद पश्चिमीकृत भारत को एक उप-परम्परा की तरह देखता है— एक ऐसी उप-परम्परा के तौर पर जो अपने व्याधिमूलक और त्रासद-प्रहसनात्मक मर्म के बावजूद एक अन्य सभ्यता का वह 'पचाया हुआ' रूप है जो कभी बलपूर्वक भारत में घुस आयी थी। भारत ने अपने सांस्कृतिक दायरे में पश्चिम के वैशिष्ट्य को पकड़ने की कोशिश की है, लेकिन ऐसा करने के लिए वह पश्चिम को केवल राजनीतिक रूप से एक अनुचित हस्तक्षेपकारी शक्ति या सांस्कृतिक रूप से हीन मान कर नहीं चला, बल्कि उसे भारतीय संदर्भ के तहत अपने आप में सार्थक और, सर्वाधिक न सही लेकिन एक महत्त्वपूर्ण उप-संस्कृति की तरह ग्रहण किया। यही है मेरा तात्पर्य जब मैंने कहा था कि किपलिंग जब पश्चिमी होना चाहते थे तो पश्चिमी और भारतीय एक साथ नहीं रह पाते थे, लेकिन एक आम भारतवासी अपने भारतीय होने के दौरान साथ में सहज रूप से पश्चिमी भी होता है।

किपलिंग और ई.एम. फोर्स्टर, दोनों यह दलील देते प्रतीत होते हैं कि भारत में पूर्व और पश्चिम का मिलन कभी नहीं हो सकता। इस प्रकार के तर्क के पीछे भारतीय जीवन और विभिन्न स्तरों और दायरों में पश्चिम की आभ्यंतरिकता ही है।[18] हम जानते हैं कि घनिष्ठता दूरी भी पैदा कर सकती है। अगर समाज के

---

[17] टी.के. महादेवन (1977), *द्विज,* एफ़िलियेटेड ईस्ट-वेस्ट प्रेस, नयी दिल्ली : 118-19.

[18] 1967 में प्रकाशित अपनी रचना *अ पैसेज टू इण्डिया,* ऑर्नल्ड, लंदन में ई.एम. फ़ोर्स्टर ने इस विभाजन की

अधिकतर हिस्से को अपनी चेतना की अतल गहराइयों में पश्चिम से निबटने की समस्या का सामना नहीं करना पड़ रहा, और अगर भारतीय विश्वशास्त्र के भीतर एक सीमित दायरे में पहले से अंतर्जात पश्चिम मौजूद है, तो फिर भारत के पास पश्चिम को पूरी तरह से अतिक्रामी (अनुचित हस्तक्षेपकारी) या सर्वाधिक महत्त्वपूर्ण अतिक्रामी के रूप में देखने का कोई कारण नहीं रह जाता। इसी तरह पूर्व और पश्चिम के बीच सांस्कृतिक द्वंद्व को भारतीय जीवन के केंद्रीय द्वंद्व के रूप में देखे जाने की भी कोई वजह नहीं रह जाती। हाँ, यह ज़रूर है कि इस प्रक्रिया में भारतीय समाज के उपनिवेशवाद से संक्रमित हिस्से अपने दहलीज़ पर अटके अस्तित्व और उखड़े हुए वजूदों से उपजने वाले भयों से निबटते रहेंगे। वी.जी. केरनन ने ऐसे ही लोगों को 'दो संसारों के बीच बेढंगे तरीक़े से लटके हुए' की संज्ञा दी है। चूँकि समाज के ज़्यादातर हिस्सों को पूर्व-पश्चिम के मुद्दे में कोई ख़ास दिलचस्पी नहीं है, इसलिए भी उपनिवेशवाद से संक्रमित भारतवासी भारतीय-अभारतीय या 'हम' और 'वे' के बीच अंतर से कुछ अधिक ही परेशान हो कर आत्म-घृणा और बेचारगी की अनुभूतियों से अपना सिर टकराते रहते हैं। लेकिन, यहाँ हमें यह भी मानना होगा कि पश्चिम के साथ क़रीब चार सौ साल लम्बे सम्पर्क के परिणामस्वरूप बना भारतीय समाज का यह हिस्सा भी पश्चिम के बरअक्स पूरी तरह से विश्वासहीनता का शिकार नहीं हो पाया है। ऐसे लोगों को भी कहीं न कहीं इस यक़ीन का एक एहसास है कि उनके पैर पूरी तरह से नहीं उखड़ेंगे, और वे भी अपने मक़सदों के लिए पश्चिम का इस्तेमाल कर पाएँगे। किपलिंग ने तो जुगुप्सा के साथ स्वीकारा भी है कि भारत का धूर्त बाबू गोरों से फ़ायदा उठाना जानता है, यानी ऐसे लोगों के पास भी पश्चिम से निबटने की (सैद्धांतिक) जुगाड़ होती है।

अभी कुछ समय पहले ही इस परिस्थिति के पूरे फलितार्थों से हमारा साक्षात्कार हुआ है। 1979 में मुझे जे. डंकन और एम. डेरेट यह कहते हुए मिले :

> यह मान कर चला जाता था, और अपने से वरिष्ठ और अधिक योग्य लोगों के साथ-साथ इस आलेख के लेखक की भी मान्यता थी कि अंग्रेज़ी भाषा सीखने के साथ भारत के लोग अंग्रेज़ी तौर-तरीक़े और मूल्य भी ग्रहण करते जा रहे हैं, और

व्याख्या के रूप में औपनिवेशिक संस्कृति को पेश करने की कोशिश की है. दरअसल, इस रूप में यह फ्रांज़ फ़ानो की 1967 में प्रकाशित रचना *द रेचेड ऑफ़ द अर्थ*, अनु. कांस्टेंस फ़ेरिंग्टन, हारमंड्सवर्थ, पेंगुइन में दिये गये तर्क का क्षीण संस्करण ही है.

यह भी कि भविष्य के तोता-रटंतों की प्रजाति के रूप में उन्होंने 'असाधारण प्रगति की है ...'। लेकिन यह देख कर अफ़सोसनाक ताज्जुब होता है कि उनके पेशे और कार्यान्वयन के बीच एक द्वंद्व है। जैसे ही कोई संकट आता है, ऐसे भारतीयों की प्रतिक्रिया भी उन लाइलाज प्राच्यवासियों जैसी होती है जिनका प्रशिक्षण केवल पश्चिमी कला और विज्ञान में हुआ है। आत्मविश्वास का उनका अभाव उनके बारे में इस एहसास को बार-बार पुख़्ता करता था, क्योंकि किसी नयी समस्या का सामना होने पर वे दयनीय ढंग से विदेशी सलाह की अपेक्षा करते थे (शुल्क अदा करने के बाद जिसे दरकिनार कर दिया जाता है)। वे इस भाव से काम करते चले जाते थे जैसे तनी हुई रस्सी पर चलने वाला महज़ उस पर चलने के लिए चलता है, या जैसे कोई नींद में चल रहा हो। भीषण दुर्घटनाओं से बचने की कोशिश रहती थी, पर बिना यह समझे कि ऐसा क्यों किया जा रहा है ...। इस लेखक को काफ़ी देर में यह समझ में आया और अब तो यह बात एक तथ्य की तरह है कि 'प्रभार' हमेशा भारतीय परम्परा के पास ही रहा है, और अंग्रेज़ी विचार और अंग्रेज़ी तौर-तरीक़े अंग्रेज़ी भाषा की ही तरह भारतीय मक़सदों के लिए इस्तेमाल किये जाते रहे हैं। सच्चाई तो यह है कि इस्तेमाल तो अंग्रेज़ों का किया गया है, और अंग्रेज़ ही बेवकूफ़ी के साथ नींद में चलते रहे हैं। मेरा भारतीय बिरादर भूरा अंग्रेज़ नहीं है। वह एक भारतीय ही है जिसने मेरे ड्राइंग रूम में सक्रिय रहना सीख लिया है और जब तक उसकी ग़र्ज़ होगी वह ऐसा करता रहेगा। जब कभी वह मेरे विचार ग्रहण करेगा, तो अपने हिसाब से करेगा, और केवल तब तक उन पर चलेगा जब तक उसे उनकी ज़रूरत रहेगी।[19]

डेरेट अगर चाहते तो इस कथन में यह भी जोड़ सकते थे, 'सच्ची मेधा *(धर्मनामभूतप्रत्यवेक्षा)* न केवल निश्चयात्मक (डिटरमिनेट) को निश्चयात्मक के रूप में अनावृत करती है, वरन् यह भी बता देती है कि उसके भीतर क्या अनिश्चयात्मक है अथवा ऐसा क्या है जो अनुकूलित नहीं हो पाया है।'[20] पूर्व के लोगों की कथित धूर्तता का एक पहलू यह भी है कि ऐसे सभी प्राच्यवासियों की तरह भारतवासी भी पूरी तरह से नियंत्रित होने के बावजूद अपनी अनिश्चयात्मकता और स्वतंत्रता का दामन नहीं छोड़ते। भूरे साहबों में सबसे ज़्यादा निचले स्तर पर बाबू वर्ग ही रहा है और हम जानते हैं कि किपलिंग उससे किस क़दर नफ़रत करते थे। लेकिन, बाबू-परम्परा के वाहकों को इस हक़ीक़त

---

[19] 'ट्रेडिशन ऐंड लॉ इन इण्डिया', देखें, आर.जे. मूर (सम्पा.) (1979), *ट्रेडिशन ऐंड पॉलिटिक्स इन साउथ एशिया,* विकास, नयी दिल्ली : 32-59. ख़ास तौर से देखें पृ. 34-35.

[20] वेंकटरमणन, *नागार्जुन्स फ़िलॉसफ़ी* : 39.

पर कभी फ़ख़्र नहीं हो पाया कि वे आंशिक रूप से किपलिंग होने की जुर्रत कर सकते थे, पर किपलिंग में आंशिक रूप से बाबू होने की हिम्मत कभी नहीं रही।

अब सवाल यह उठता है कि रणप्रिय भारतीय की उस उप-श्रेणी को कैसे समझा जाए जो किपलिंग की निगाह में असली भारतीय था? इसी के साथ सवाल यह भी है कि उस साम्राज्यिक हुक्मरान का अर्थ-ग्रहण कैसे किया जाए तो किपलिंग की निगाह में प्रामाणिक तो था, पर असल में उस श्वेतांग के कंधे अपने ही सभ्यताकारी मिशन के साथ-साथ इस डर से भी झुके हुए थे कि अगर वह चौकन्ना नहीं रहा तो वह उन्हीं लोगों की असभ्यता में प्रतिगमन कर जाएगा जिन पर हुकूमत करने का उसे दैवी आदेश मिला है? क्या किपलिंग के सच्चे भारतीय और प्रामाणिक श्वेतांग शासक की कोई देशज गढ़ंत भी थी, या फिर वे केवल एक देव-द्रोही विचित्र नमूने की तरह थे जिसे भारतवासियों के मत्थे मढ़ दिया गया था? कहना न होगा कि भारत की जीवंत परम्पराओं में आधुनिक पश्चिम के एक डायनीज़ियन आयाम की उपस्थिति रही है। इस भारतीय उप-परम्परा को आसुरी प्रकृति की तरह समझा जाता है :

> इदमद्य मया लब्धमिमं प्राप्स्ये मनोरथम्।
> दिमस्तीदमपि मे भविष्यति पुनर्धनम्॥
> असौ मया हतः शत्रुर्हनिष्ये चापरानपि॥
> ईश्वरोऽहमहं भोगी सिद्धोऽहं बलवान्सुखी॥
> आढ्योऽबिजनवानस्मि कोऽन्योऽस्ति सदृशो मया।[21]

भारतीय समाज में असुरत्व को आम तौर पर सद्गुणों के निषेध की तरह ग्रहण किया गया है, पर कभी-कभी इसे क्षत्रियत्व में निहित व्याधिमूलकता के तौर पर भी देखा जा सकता है। दरअसल, सारी गड़बड़ियों का ज़िम्मेदार यह क्षत्रियत्व ही है।[22] सम्भवतः यही है वह रूपरेखा जिसके दायरे में किपलिंग की साम्राज्यिक चेतना के साथ-साथ रणप्रिय प्रजातियों की देशज विचारधारा की

---

[21] 'मैं यह चाहता था और आज मैंने इसे प्राप्त कर लिया. मैं वह चाहता हूँ : इसे मैं कल प्राप्त कर लूँगा. यह तमाम समृद्धि अब मेरी है : शीघ्र ही मेरे पास और अधिक हो जाएगी. मैंने इस शत्रु को मार डाला है. बाक़ी शत्रुओं को भी मैं मार डालूँगा. मनुष्यों का शासन मेरे हाथ में है. मैं इस धरती का ऐश्वर्य भोगता हूँ. मैं सफल, बलवान और सुखी हूँ. मैं बड़ा धनी और ऊँचे कुल वाला हूँ. मेरे समान कौन है?, *गीता,* अध्याय 16, श्लोक 13-15. यह अनुवाद *भगवद्-गीता,* अनु. स्वामी प्रभवानंद और क्रिस्टोफ़र ईशरवुड (1974), श्री रामकृष्ण मठ : 240 से.

[22] लगता है कि रिचर्ड लेनॉय ने 1975 में प्रकाशित अपनी रचना द *स्पीकिंग ट्री : अ स्टडी ऑफ़ इण्डियन कल्चर ऐंड सोसाइटी,* ऑक्सफ़र्ड युनिवर्सिटी प्रेस, लंदन : 256 में इस गतिशीलता को आंशिक रूप से समझ लिया है. यहाँ वे कहते हैं 'पारम्परिक समाज के दृष्टिकोण से पश्चिमीकरण क्षत्रियकरण का एक विस्तार है'.

ब्रिटिश समझ भी फ़िट होती है। किपलिंग अपने हालात के कारण प्रांतिक नहीं थे, उन्होंने प्रांतिक होना चुना था। ऐसे किपलिंग का विचार था कि क्षत्रियत्व की संगति उपनिवेशवाद की विश्व-दृष्टि के साथ तो बैठती ही है, वह भारतीयता का सच्चा रूप भी है। ज़ाहिर है कि वे पारम्परिक भारतीय विश्वशास्त्र में क्षत्रियत्व को दी गयी सीमित भूमिका देखने से चूक गये। बजाय इसके उन्होंने उस औपनिवेशिक संस्कृति के तहत इन सीमाओं के नकार में दिलचस्पी दिखाई जिसका गठन हिंसा और प्रति-हिंसा, पुरुषत्व और पुंसत्व के चरमीकरण के इर्द-गिर्द हुआ था। यह औपनिवेशिक संस्कृति इतिहास के ऐसे सिद्धांत की अनुयायी थी जिसके तहत सभी सभ्यताओं को ऊँची या नीची श्रेणियों में बाँट कर उसी के मुताबिक़ शक्तिशाली होने के औचित्य और दुर्बल की यथायोग्यता को समझा जाना था। किपलिंग जानते थे कि भारतीय संस्कृति में युद्धक और ग़ैर-युद्धक को दिया गया वज़न अलग-अलग है, पर इस तथ्य को विस्मृत करना ही उनकी आवश्यकता थी।

III

> संगतिपूर्ण प्रकृतिवाद अथवा मानववाद आदर्शवाद और भौतिकवाद से भिन्न तो है ही, उसमें उन दोनों का मर्म भी एकरूप हो कर आता है...। केवल प्रकृतिवाद ही विश्व-इतिहास की सक्रियता को समझ सकने की क्षमता रखता है।
>
> —कार्ल मार्क्स[23]

मेरा तर्क यह है कि किपलिंग ने आधुनिक पश्चिम की पैरोकारी करते हुए एक ओर तो भारतीय को पश्चिमी व्यक्ति के विपर्यय की तरह पुनः परिभाषित करने की कोशिश की, और दूसरी तरफ़ पश्चिमी व्यक्ति को एक वैध विजेता और शासक की तरह फिर से परिभाषित करने का प्रयास किया। मेरी दलील यह भी है कि भारत की परिस्थिति पश्चिम जैसी नहीं थी। ये नयी परिभाषाएँ ज़्यादातर भारतवासियों द्वारा गहराई से आत्मसात् नहीं की गयी थीं। दरअसल, इन भारतीयों के पास तो पहले से ही आधुनिक पश्चिमी व्यक्ति के देशज प्रतिरूप मौजूद थे।

---

[23] देखें मार्क्स की 1974 में प्रकाशित रचना *इकॉनॉमिक ऐंड फ़िलॉसफ़ीकल मैन्युस्क्रिप्ट ऑफ़ 1844,* प्रोग्रेस पब्लिशर्स, मास्को : 135.

वे तो पश्चिमी व्यक्ति को एक ऐसे अस्थायी शासक के तौर पर देखते थे जो अन्य सभी अस्थायी शासकों की तरह इस ग़लतफ़हमी में रहता है कि उसकी हुक़ूमत स्थायी रहेगी। हाँ, यह ज़रूर है कि साम्राज्यिक चेतना ने पश्चिमीकृत भारतीय चेतना के कुछ अंशों पर हावी होने में कामयाबी हासिल कर ली थी। अब मैं इस कहानी के एक हिस्से का संक्षेप में वर्णन करूँगा। इसके लिए मैं एक उदाहरण पेश करूँगा कि किस तरह उपनिवेशवाद का अनुभव पश्चिमीकृत भारतीय को पहले भारतीय आत्म-छवि के विभाजन के लिए मजबूर करता है, और फिर उस छवि के एक हिस्से को मिथ्या बताते हुए वह उसकी पुनः रचना कर डालता है।

भारत 'सदैव से ही एक अलग तरह का संसार रहा है जिसमें किसी भी बाहरी व्यक्ति, पूर्वी हो या पश्चिमी, के लिए पैठ करना बहुत मुश्किल साबित हुआ है।'[24] इस तरह की संस्कृति ख़ुद में एक प्रक्षेपी (प्रोजेक्टिव) परीक्षा बन जाती है, क्योंकि वह न केवल दावत देती है कि कोई अगर चाहे तो उसके ऊपर अपनी गहनतम स्वैर-कल्पनाएँ प्रक्षेपित कर ले, बल्कि वह ऐसे आत्म-प्रक्षेपण के माध्यम से व्याख्या के विषय के बजाय व्याख्याता को ही अनावृत हो जाने का अवसर देती है। भारत की सभी व्याख्याएँ अंततः आत्मकथात्मक ही होती रही हैं। जैसा कि पहले से अनुमान लगाया जा सकता था, किपलिंग के भारतीय मानस-पुत्रों के एक छोटे से समूह ने रणप्रिय भारत को सच्चे भारत की तरह इस उम्मीद में खड़ा कर दिया है कि एक दिन वह पश्चिम को उसके ही खेल में मात दे देगा। ये लोग विजय के उस शानदार दिन का इंतज़ार कर रहे हैं, और उसे थोड़ा नज़दीक लाने के लिए समूची भारतीय संस्कृति को ही बदल डालने के इच्छुक हैं। यह प्रवृत्ति उस अमेरिकी फ़ौजी अफ़सर जैसी है जिसने वियतनाम में एक समूचे गाँव को उसके दुश्मनों से बचाने के लिए नष्ट कर दिया था। ये लोग आम भारतवासी पर पड़ा रहस्यावरण हटा कर उसे पश्चिमी व्यक्ति का छद्म विकल्प बना देना चाहते हैं— एक ऐसा छद्म विकल्प जो अध्यात्म का पाखण्ड करेगा और चालाकी से भौतिकवादी, हिंसक और आत्म-केंद्रित बना रहेगा। वह न तो पश्चिम को उसके अपने ही खेल में पराजित करने का प्रयास करने वाला जापान

---

[24] वी.जी. केरनन (1972), द *लॉड्‌र्स ऑफ़ ह्यूमन काइंड : युरोपियन एटीट्यूड टू द आउटसाइड वर्ल्ड इन द इम्पीरियल एज*, हारमंड्सवर्थ पेंगुइन : 71, ज़ोर मेरा.

जैसा समर्पित प्रति–अभिनेता होगा, और न ही कनफ़्यूशवादी चीन की तरह प्राच्य की स्पष्ट नुमाइंदगी करेगा। यह चीन पश्चिम के प्रति मुखर शत्रुभाव तो रखता था, पर कार्यान्वयन, संगठन और कारगर तर्कपरकता जैसे बुनियादी मूल्यों में उसके साथ साझेदार भी था। यह छद्म विकल्प एक ऐसे व्यक्ति के रूप सामने आएगा जो न तो पश्चिम में शिष्टता की मूल्यगत कसौटियों पर खरा उतर सकेगा, और न ही उसका आचरण एक संकोचहीन कुलीन असभ्य की भाँति होगा। इन नये क्षत्रियों का सांस्कृतिक आदर्श सख़्त क़िस्म की दुनियादारी पर टिका हुआ एक कठोर भारतीय राज्य है।

इसकी प्रतिक्रिया में दूसरों ने आध्यात्मिक भारत को ही वास्तविक भारत बताना शुरू कर दिया है। ये लोग मानते हैं कि अध्यात्म से किसी भी तरह का भटकाव ख़ुद भारतीयता से ही भटकाव है। आधुनिक पश्चिम के भौतिकवाद के ख़िलाफ़ ये लोग भारत को असहमति की भूमण्डलीय चेतना की धुरी के तौर पर देखते हैं। इस विचार के मुताबिक़ पश्चिम श्रेष्ठतर पूर्वी सभ्यताओं के हाथों पहले ही पराजित किया जा चुका है, लेकिन उसकी ढिठाई यह है कि वह इस तथ्य को स्वीकार नहीं करना चाहता।

सवाल यह है कि क्या इस तरह के अंतर्विरोधों का अवबोध संस्कृति के आईने में देखे बिना हो सकता है? क्या किसी समाज को हमेशा भौतिकवाद और अध्यात्मवाद के बीच, एवं कठोर वास्तविकताओं और अवास्तविक स्वप्नों के बीच ही चुनाव करना चाहिए? अथवा, क्या इस तरह के चयन का अवबोध अपने आप में किपलिंग के साम्राज्यिक मिशन की ही देन नहीं है?

भारतीय संस्कृति के प्रति ब्रिटिश उपनिवेशवाद का रवैया हमेशा से असंगत रहा है। इस मामले में अंग्रेज़ निरंकुश व्यक्तित्व (अथॉरिटेरियन पर्सनैलिटी) के कुछ समकालीन अध्ययनों द्वारा पेश एथनोसेंट्रिज़म (अपनी संस्कृति के मानकों के आधार पर परायी संस्कृतियों की समझ बनाना) के विवरणों पर खरे उतरते हैं। अंग्रेज़ों ने एक तरफ़ तो भारतीयों को हद से ज़्यादा दुनियावी, बेइंतिहा चालाक, लालची, स्वार्थी और धनलोलुप क़रार दिया, और दूसरी तरफ़ भारतवासियों से बेहद आध्यात्मिक होने के नाते इसलिए नफ़रत की कि वे आधुनिक विज्ञान और प्रौद्योगिकी, राजकाज और उत्पादक श्रम की दुनिया के लायक़ नहीं हैं। (हालाँकि यह उपनिवेशकों की ख़सलत होती है, फिर भी भारत में उपनिवेशकों ने ख़ास तौर से साबित किया कि एक दमनकारी व्यवस्था सभी

मुमकिन ज़रियों से वैधता हासिल करने की कोशिश करती है। ज़ाहिर है कि ब्रिटिश भारत में अध्यात्म महज़ अफ़ीम मिश्रित औषधि की तरह ही उपयोगी नहीं था।) भारत के आधुनिक दायरों में यह विभाजन टिकाऊ साबित हुआ। जैसे ही भारत की समस्याओं की व्याख्याएँ चुक जाती हैं, आधुनिक भारतीय को सुविधापूर्वक लगता है कि अब उसे या तो आध्यात्मिक भारतीय की या फिर छद्म-आध्यात्मिक रूढ़ छवि का दामन थाम लेना चाहिए।

इसका मतलब यह मान लेना नहीं हो सकता कि अधिकतर भारतीय भारत का अर्थ इस प्रकार ग्रहण करते हैं। भारत को सिर्फ़ उसके आध्यात्मिक आत्म के आईने में ही नहीं देखा जा सकता। निश्चित रूप से भारतीय समाज में आध्यात्मिकता को एक अहम मुक़ाम मिला हुआ है, पर भारतीयता को अध्यात्म से अभिभूत मानना उचित नहीं होगा। मार्क्सवादी और संरचनात्मक-प्रकार्यात्मक नज़रियों से किये गये कई आनुभविक अध्ययन हमें कम से कम इस तथ्य के प्रति तो सचेत कर ही देते हैं कि भारतीय आध्यात्मिकता के आधार में अधिकांशत: लौकिक चयन, ठोस स्वार्थ और यथार्थ की कसौटियों की भूमिका है। यह अलग बात है कि यह हक़ीक़त किसी को, यहाँ तक कि ऐसे अध्ययन करने वाले विद्वानों को भी भारतीयों को और अधिक लौकिक और यथार्थवादी होने के लिए प्रेरित करने से नहीं रोक पायी। डी.डी. कोसम्बी जैसा बहुश्रुत विद्वान भी कुछ-कुछ मासूमियत के साथ पहले तो *गीता* पर 'धूर्त अवसरवादिता' का इल्ज़ाम लगाता है और फिर उसी पैराग्राफ़ में यह स्वीकार करता है कि 'भौतिक यथार्थ' उसमें 'घोर विभ्रम' के अलावा कुछ नहीं है।[25] यही बात भारतीय भौतिकवाद पर भी लागू होती है। इस तर्क के तहत सभी तरह की भौतिकवादी व्याख्याएँ चुक जाने के बाद भी आध्यात्मिक सरोकारों का अक्षय तत्त्व ही भारत के कठोरतम भौतिकवाद पर प्रकाश डालने के लिए बच रहता है। कभी-कभी तो इस पहलू को एक ऐसी अवशिष्ट विवेकहीनता के रूप में देखा जाता है जिसके तहत व्यक्ति का कुछ करने के लिए इच्छुक दैहिक वजूद उसके कमज़ोर दिल के हाथों मजबूर बन जाता है। संबंधित रूपक की इस प्रतिलोमता की भी एक कहानी है। कभी तो इसे केवल और केवल पाखण्ड की संज्ञा दी जाती है, और कभी उन अंधविश्वासी भारतीय समुदायों के साथ राजनीतिक समझौते की तरह दिखाया

---

[25] डी.डी. कोसम्बी (1962), *मिथ ऐंड रियलिटी,* पॉपुलर प्रकाशन, बम्बई : 17.

जाता है जिनके पास सत्ता तो है लेकिन उसके लिए ज़रूरी कुशाग्रता का अभाव है। जो भी हो, इस हक़ीक़त से इंकार नहीं किया जा सकता कि चाहे अपनी तर्कपरक सामाजिक आलोचना के लिए चर्चित राममोहन रॉय (1772–1833) द्वारा ब्रिस्टल में गुज़ारे गये प्रार्थनालीन दिन हों, या अज्ञेयवादी जवाहरलाल नेहरू (1889–1964) द्वारा छोड़ी गयी अंतिम विरासत और इच्छापत्र में निहित रहस्य हो, इस कहानी की समय-यात्रा जीवन के एक आश्रम से दूसरे में जाती है, पर कभी नहीं बदलती।

ऐसा लगता है कि आनंद कुमारस्वामी और सर्वपल्ली राधाकृष्णन का भारत केवल देकार्तवादी चेतना के दायरे में ही डी.डी. कोसम्बी और देवी प्रसाद चट्टोपाध्याय के भारत का निषेध कर पाता है। ये दो भारत एक ही जीवन-चक्र में द्वंद्वात्मक रूप से अंत:संबंधित और सम्पूरक धाराओं की तरह रहने के बजाय केवल आधुनिक चेतना के दायरे में ही दो विचारधाराओं के रूप में मानवीय मस्तिष्क पर क़ब्ज़े के लिए होड़ कर पाते हैं।[26] इस बात को यूँ भी कहा जा सकता है कि विचारधाराओं के माध्यम से पेश ये दोनों भारत पश्चिम द्वारा किये गये अनुचित हस्तक्षेप की देन हैं। ये दोनों ही भारतीय संस्कृति की उस पुनर्रचना की नुमाइंदगी करते हैं जो आधुनिक पश्चिमी मानस के प्रति आंतरिक रूप से सुसंगत विचार-श्रेणियों के मुताबिक़ लगती है। दोनों ही प्रयास जीवन-निर्वाह के चरणों— अथवा आत्म के आयामों— को विचारधारा के प्रकारों में बदल देना चाहते हैं।

अधिकतर विश्व-दृष्टियों की तरह भारतीय विश्व-दृष्टि के तहत भी जब हम समझ लेते हैं कि विचारधाराओं को पेशेवर अध्ययन के विषय की तरह नहीं देखना चाहिए, तो एक से एक अड़ियल विचारधाराएँ भी जीवन-निर्वाह के चरणों अथवा किसी ख़ास अस्तित्वमूलक समस्या के प्रति अनुक्रिया के रूप में पढ़ी जा सकती हैं। दरअसल, किसी एक जीवन-शैली के दायरे में एक से अधिक

---

[26] दरअसल, यह बात राधाकृष्णन और चट्टोपाध्याय की रचनाओं के तुलनात्मक अध्ययन के ज़रिये पूरी तरह स्पष्ट की जा सकती है. एक अजीब तरीक़े से ये दोनों दृष्टियाँ परस्पर विलोम की तरह उभरने के लिए विवश हैं. देखें, विशेषकर एस. राधाकृष्णन (1977), *इण्डियन फ़िलॉसफ़ी,* ब्लैकी, बम्बई, खण्ड 1 और 1926 में लंदन से प्रकाशित उनकी रचना *द हिंदू व्यू ऑफ़ लाइफ़.* और देखें, डी.पी. चट्टोपाध्याय (1973), *लोकायत : अ स्टडी इन एंशिएंट इण्डियन मैटीरियलिज़्म,* पीपुल्स पब्लिशिंग हाउस, नयी दिल्ली और 1977 में यहीं से प्रकाशित *व्हाट इज़ लिविंग ऐंड व्हाट इज़ डेड इन इण्डियन फ़िलॉसफ़ी.* भारतीय व्यक्तित्व पर अपनी सद्य: प्रकाशित बिना शीर्षक की रचना में एलेन रोलाँ ने इस सम्पूरकता को आत्म के तितरफ़ा विभाजन (आध्यात्मिक, कौटुम्बिक और वैयक्तिक) की तरह व्याख्यायित किया है. यहाँ सांस्कृतिक और मनोवैज्ञानिक के बीच समाकृतिकता देखी जा सकती है.

विचारधाराओं को जगह मिल सकती है। आख़िरकार एक जीवंत संस्कृति अपनी ख़ातिर ही जीवित रहती है, न कि अपने विश्लेषक की ख़ातिर। चाहे उसका अपना हो या किसी और का, वह किसी भी मॉडल के प्रति वफ़ादारी दिखाने के लिए तो कभी मजबूर होती ही नहीं। आधुनिक विद्वान निश्चित रूप से अपने ज्ञानानुशासनों के प्रति निष्ठावान होते हैं, लेकिन वे जीवन-शैलियों के विचारधाराओं में सहज परिवर्तन की गारंटी नहीं कर सकते। वे भौतिकवादी और आदर्शवादी भारत के बीच खुद के गढ़े गये 'अंतर्विरोध' को हल करने के लिए केवल दोनों में से एक भारत को भ्रांत बताने तक सीमित रह जाते हैं।

यही कारण है कि आधुनिक भारत एक ख़ास तरह की दुविधा बन कर उभरता है। एक तरफ़ तो आधुनिक भारत की वे पूजनीय समझी जाने वाली हस्तियाँ हैं जो भारत के भीतर से भौतिक भारत को बहिष्कृत करके आध्यात्मिक भारत पर ज़ोर देने में लगी हैं। आध्यात्मिकता और फटाफट मोक्ष के पश्चिमी बाज़ार में स्वयं एक बिकाऊ वस्तु बनने की प्रक्रिया में आज के ये गुरु आधुनिक विश्व की प्रमुख संरचनाओं पर अधिकाधिक निर्भर हो चुके हैं। इन लोगों ने आधुनिक विज्ञान के माध्यम से प्राचीन भारतीय विचार का वैधीकरण करने की कोशिश की है। दरअसल, भारतवासियों के लिए उनकी सच्ची आध्यात्मिक अस्मिता खोजने का दावा करने वाले इन गुरुओं द्वारा आधुनिक समस्याओं के निदान के लिए पारम्परिक ज्ञान का इस्तेमाल करने से दोनों के ही क्षुद्रीकरण का जोखिम पैदा हो गया है।

दूसरी तरफ़ वे लोग हैं जो भारतीय आध्यात्मिकता को 'भाँप लेने' का दावा करते हैं और उन्हें उसकी तह में केवल दूसरे दर्जे का भौतिकवाद ही मिलता है। आध्यात्मिक भारत की अहमियत घटा कर ही तो नीरद सी. चौधुरी और वी.एस. नैपॉल जैसे लोग आधुनिक महर्षियों और आचार्यों के प्रति-अभिनेता बन सकते हैं।[27] पेशेवर खण्डनकर्ता बन कर ही ये लोग पेशेवर गुरुओं के आधुनिक संसार का हिस्सा बन पाते हैं। अपने द्वारा ख़ारिज किये जाने वाले गुरुओं की तरह ही इन्होंने भी भारत के अपने संस्करण का प्रचार करने के लिए आधुनिक विश्व का इस्तेमाल किया है। फ़र्क़ केवल यह है कि आध्यात्मिक भारत को बेच कर और भौतिक भारत

---

[27] नीरद सी. चौधुरी (1965), *द कांटिनेंट ऑफ़ सरसी,* चैट्टो ऐंड विंडुज़, लंदन; वी.एस. नैपॉल (1964), *एन एरिया ऑफ़ डार्कनेस,* आंद्र ड्यूश, लंदन; और (1977), *इण्डिया : अ वूंडेड सिविलाइज़ेशन,* आंद्रे ड्यूश, लंदन.

को निपटा देने का दावा करने के बजाय इन लोगों ने भौतिकवादी भारत को बेच कर आध्यात्मिक को ठण्डे बस्ते में डाल दिया है। ये भी उन गुरुओं के प्रतिलोम ही हैं और इस नाते वे भारत को इस बात के लिए माफ़ करने के लिए बिल्कुल तैयार नहीं हैं कि वह न तो पश्चिम की सच्ची प्रतिलिपि बन पाया, न ही उसका सच्चा प्रति-अभिनेता। जिसे वे भारतीय समाज की प्रमुख नाकामी के रूप में चिह्नित करते हैं, उससे भी कहीं ज़्यादा उन्हें एक भारतवासी की उलझी हुई आत्म-परिभाषा से घृणा है। मसलन, एक हिंदू जब शांतिवाद की चर्चा करता है तो उसका लहज़ा आक्रामक हो जाता है, शुद्धता की अपनी विचारधारा के बावजूद वह अस्वच्छ रहता है, आध्यात्मिकता की पैरोकारी करते हुए भी वह भौतिकवादी होता है, और पश्चिमी होने की कोशिश में हास्यजनक ढंग से भारतीय रह जाता है।[28]

व्यक्तियों में तो पाखण्डी होने की सम्भावना होती ही है, लेकिन क्या संस्कृतियाँ भी पाखण्डी होती हैं? अगर संस्कृतियों के पाखण्ड की नज़दीकी पड़ताल की जाए तो क्या उसका परिणाम अपने आप में मानवीय अवस्था के अंतर्विरोध के रूप में सामने नहीं आएगा? क्या इसका मतलब यह निकाला जाए कि पाखण्डी को सिर्फ़ अपनी धोखेबाज़ी के प्रति बेपरवाह व्यक्ति के तौर पर ही देखना चाहिए? या वह एक ऐसा व्यक्ति है जो ख़ुद तो दुनियावी प्रलोभनों के चक्कर में फँस गया है, लेकिन जो एक ऐसे संसार में उन बुनियादी मूल्यों की पुनः पुष्टि भी करता है जिसके लिए उन मूल्यों की कोई क़ीमत नहीं है? क्या एक पाखण्डी दैनंदिन जीवन का एक ऐसा अनिच्छुक आलोचक नहीं हो सकता जिसकी निजी नाकामियाँ एक बृहत्तर सांस्कृतिक संकट की ओर इशारा कर रही हों?

मुझे तो लगता है कि इन सवालों के मुक़ाबले उनके जवाब कहीं कम पेचीदा हैं। आख़िरकार भारत इस दुनिया के बाहर तो अवस्थित है नहीं। दुनिया के अन्य हिस्सों की भाँति सदियों से भारत भी एक मानवीय समाज हासिल करने के लिए वैसा ही अव्यवस्थित और आंशिक रूप से ईमानदार प्रयास करता रहा है। निश्चित रूप से एक सभ्य सामाजिक जीवन की उपलब्धि के कई भारतीय प्रयोग बहुत बड़ी-बड़ी बाधाओं के सामने टिकने के लिए किये गये अस्थायी प्रयास ही रहे हैं। कहना न होगा कि इनमें से कई प्रयोग नाकाम साबित हुए हैं, और संस्कृति के कई स्वप्नों का अंत दुःस्वप्नों में हुआ है।

---

[28] विशेष रूप से देखें, नीरद सी. चौधुरी, द *कांटिनेंट ऑफ़ सरसी,* अध्याय 5.

इसके अलावा, पिछले कुछ सौ सालों में भारतीय समाज को उत्पीड़न की बाह्य शक्तियों के साथ बहुत बड़ा समझौता भी करना पड़ा है। इन ताक़तों की पीठ पर आधुनिकता की शक्तिशाली विचारधारा और सारी दुनिया पर निरपवाद रूप से छा जाने वाली प्रौद्योगिकी का हाथ है। भारत अभी भी इस अनुभव से निबटने की जद्दोजदह में लगा हुआ है। उसे आत्मरक्षा के लिए एक ऐसा रचनात्मक मोर्चा विकसित करना पड़ा है जो उत्पीड़न के शिकार अकसर मजबूरी के हालात में ही खड़ा करते हैं। इसके लिए भारत ने एक तरह का नकलचीपन अख़्तियार कर लिया है जो वैसे तो थोड़ा हास्यजनक है पर उससे अप्रत्यक्ष रूप से उत्पीड़क की ही खिल्ली उड़ती है। भारत की आत्मरक्षात्मकता उत्पीड़क तौर-तरीक़ों का साधनात्मक उपयोग (इंस्ट्रूमेंटल यूज़) करती है। इस हथकण्डे के तहत वह पश्चिम की श्रेष्ठता तो स्वीकार कर लेता है, पर उसकी संस्कृति ठुकरा देता है। (इसका एक मतलब यह भी है कि भारत श्रम, उत्पादकता, पुरुषत्व, परिपक्वता या वयस्कता, बुद्धिवाद और सामान्यीकरण जैसे पश्चिमी मूल्य स्वीकार करने से इंकार करता है।) इसी के साथ भारत ने उन कौशलों और लक्षणों के साथ एक अलौकिक क़िस्म की फ़ितनागरी भी की है जिन्हें पश्चिम ने बहुत ऊँचा दर्जा दिया है और जिन्हें अपनाने से पश्चिम द्वारा संचालित 'प्रणाली' का हिस्सा बनने की गारंटी हो जाती है। (ये कौशल और लक्षण हैं बुद्धिमत्ता, सृजनशीलता, उपलब्धि, समायोजन, निजी प्रगति या विकास।) इसी के साथ भारत ने अपनी आत्मरक्षा के घटकों के रूप में ठकुरसुहाती की एक ऐसी शैली अपनाई है जिसका भड़कीलापन अप्रत्यक्ष रूप से अनुग्रहकर्ता के विकल्प सीमित कर देती है। साथ ही, भारत ने पारलौकिकता की एक ख़ास डिज़ाइन विकसित की है जो कम से कम उन लोगों को तो लाजवाब कर देती है जो उसे स्व-हित के निषेध के रूप में देखते हैं।

किपलिंग ने बड़ी चतुराई से पश्चिमीकृत भारतीय शख़्सियत की व्याधिमूलकता चिह्नित की थी। दरअसल इसकी जड़ भी किपलिंग के ही आदर्श-अहं (ईगो-आइडियल) के साथ भारतीय मुठभेड़ में ही निहित थी। चौधुरी और नैपॉल जैसे लोग न केवल आत्मरक्षा के एक अपरिहार्य तरीक़े के आलोचक हैं, बल्कि असल में वे उसके अंग भी हैं। वे तो उस संस्कृति का 'द्वितीयक विस्तरण' मुहैया कराते हैं जो अपने वास्तविक आत्म— अर्थात् उत्पीड़न के शिकारों की गहनतम सामाजिक चेतना— को बाहरी लोगों से छिपाने के लिए डिज़ाइन किया गया है।

ज़ाहिर है कि जो निश्चयात्मक है वह अंततः अपेक्षानुसार निर्धारित नहीं हुआ है।

IV

अगर भारतीय भौतिकवाद और भारतीय अध्यात्मवाद की कूट भाषा का अर्थग्रहण एक बार कर लिया जाए, तो इस तरह के संसार में इन दोनों को एक जैसे या पूरक सरोकार रखने वाली विचार-श्रेणियों के तौर पर दिखाना मुमकिन है। यहाँ मैं श्री अरबिंद (1872-1950) के जीवन में निहित इस पारस्परिकता की जाँच करना चाहता हूँ। श्री अरविंद कई दृष्टियों से किपलिंग के प्रति-अभिनेता थे। किपलिंग और अरविंद पर तुलनात्मक निगाह डालते हुए मैं यह दिखाना चाहता हूँ कि उपनिवेशवाद के प्रति अरविंद की अनुक्रिया में एक सांस्कृतिक आत्माभिपुष्टि का पहलू था। यह सांस्कृतिक आत्माभिपुष्टि अपने भीतर 'अन्य' के आत्म के प्रति कहीं अधिक आदरभाव रखता था। इसका मतलब था मुक्ति के एक अधिक सार्वभौम मॉडल की खोज करना, भले ही यह खोज हममें से बहुतों को बेजार या बेतुकी लगती हो। दरअसल, यहाँ दलील दी जा सकती है कि अरविंद के निजी जीवन की गहराइयों में बिंधा हुआ 'बेजारपन' या 'बेतुकापन' अपने आप में औपनिवेशिक संस्कृति की ही देन था। अरविंद का अध्यात्म सांस्कृतिक आक्रामकता की एक परिस्थिति से निबटने के तरीक़े की भाँति भी देखा जा सकता है। इस लिहाज़ से उनका अध्यात्म अवज्ञा की एक ऐसी भाषा की तरह सामने आता है जो भारतीय शर्तों पर पश्चिम का अर्थग्रहण करने की कोशिश कर रही थी। अब हमें फ़ैसला यह करना है कि अरविंद की इस कोशिश को उनके समाज ने किस हद तक समझा, और कहाँ तक उनका उद्यम पारलौकिक भारतीय के पश्चिमी संस्करण की असंगति का प्रदर्शन बन कर रह गया।

सांस्कृतिक रूप से किपलिंग एक भारतीय बालक थे जो बड़े हो कर पश्चिम की नैतिक और राजनीतिक श्रेष्ठता के सिद्धांतकार बने। अरविंद सांस्कृतिक रूप से एक युरोपियन बालक थे, लेकिन वे बड़े हो कर भारत की सांस्कृतिक नेतृत्वकारिता के पैरोकार बने। किपलिंग को अपनी भारतीयता का त्याग करना पड़ा ताकि वे सच्चे युरोपीय की अपनी अवधारणा पर खरे उतर सकें। अरविंद को अपनी भारतीयता ग्रहण करनी पड़ी ताकि प्रामाणिक भारतीय के अपने संस्करण के मुताबिक़ बन सकें। हालाँकि दोनों को ही उपनिवेशवाद की मनोव्याधिमूलकता की पैदावार की तरह देखा जा सकता है, पर अरविंद की अनुक्रिया उन टूटनों के प्रति अधिक सार्वभौम थी जो उपनिवेशवाद की कारिस्तानी थीं। आख़िरकार अरविंद को अपनी तरह का भारतीय बनने के लिए अपने भीतर

के पश्चिम को नहीं त्यागना पड़ा। जीवन के आख़िरी क्षण तक पश्चिमी संस्कृति उनकी सृजनशील आत्माभिव्यक्ति का वाहक बनी रही। उन्होंने पश्चिम को ईश्वर-कृपा के दायरे से बाहर कभी नहीं माना। हालाँकि प्रजाति और क्रम-विकास जैसे मसले पश्चिमी विश्वशास्त्र के सर्वाधिक जोखिम भरे विषय हैं, लेकिन अरविंद ने उनकी चर्चा करते समय भी विभाजित मानवता से जुड़ी अवधारणाओं का एक बार भी उपयोग नहीं किया। मानव प्रजाति और मानवीय क्रम-विकास का महत्त्व उनके लिए हमेशा केंद्रीय रहा। द्वितीय विश्व-युद्ध के दौरान उन्होंने एक चौंका देने वाला दावा किया था कि युरोप में युद्ध की दिशा तथा जापान का भाग्य उनके योग के हाथों ही तय हो रहा है। ऐसा दावा करते हुए भी वे जानते थे कि उन भीषण युद्धों में उन्हें किसका पक्ष लेना है, और सभ्यता की किस प्रवृत्ति को उन्हें अपनी यौगिक शक्तियों द्वारा बचाना है। नाज़ी जर्मनी उनके लिए हमेशा से ही एक शैतानी ताक़त थी। हालाँकि एशिया का पुनर्जन्म उनका प्रिय स्वप्न था, लेकिन जापान के सैन्यवाद से उन्हें नफ़रत थी।[29] अरविंद के बारे में इस नतीजे पर पहुँचना ही पड़ता है कि किपलिंग से जुड़ी 'आत्मा की व्याधि' की अपेक्षा अरविंद की मस्तिष्कीय व्याधि मानवीय विषमावस्था के बेहतर संज्ञान में सफल थी। साथ ही, उसने आर.डी. लैंग के मंच पर आगमन से बहुत पहले ही यह दिखा दिया था कि उच्चता और निर्वैयक्तीकरण की गहनतम अनुभूतियों में भी एक तरह की वैकल्पिक राजनीतिक नैतिकता की आहटें होती हैं।

इसी बात को एक अलग ढंग से भी कहा जा सकता है। अरविंद उपनिवेशवाद के प्रति बेहद गहन प्रतिक्रियात्मक अनुक्रिया करने वाली परम्परा के थे। आंशिक रूप से यह परम्परा बंकिमचंद्र और विवेकानंद से प्रेरणा ग्रहण करती थी। अरविंद भी बंकिम और विवेकानंद की ही भाँति पश्चिम को भारतीय सभ्यता में सदैव एक समुचित स्थान देते थे। इसके विपरीत किपलिंग की निगाह

---

[29] यह तथ्य दो अन्य कारणों से भी महत्त्वपूर्ण है. पहला, अपने शुरुआती राजनीतिक दिनों में अरविंद का जिन लोगों से परिचय हुआ उनमें से कई और सुभाष चंद्र बोस जैसे युवा राजनेता, जिनके प्रति उनमें बड़ा प्रशंसाभाव था, जर्मनी और जापान से मदद माँग रहे थे ताकि अंग्रेज़ों को भारत से निकाला जा सके. इनमें से कई युवा नेताओं पर अरविंद की शुरुआती राजनीतिक विचारधारा और सक्रियता का गहरा असर था. दूसरा, वे मित्र राष्ट्रों द्वारा युद्ध में अपनी जीत का बेजा इस्तेमाल किये जाने के अंदेशे से बाक़ायदा परिचित थे. युद्ध में अरविंद के योग संबंधी हस्तक्षेप के लिए देखें, श्री अरविंद (1972), *ऑन हिमसेल्फ़,* श्री अरविंद आश्रम, पाण्डिचेरी : 38-9, 393-9; लेनिन और रूसी क्रांति पर उनकी टिप्पणियों के लिए पृ. 388 देखें जिनमें वे यह कहते हुए लगते हैं कि वे स्वयं 'विश्व-शक्तियों' में अपने योग संबंधी हस्तक्षेपों का मतलब बहुत ठोस संदर्भों में नहीं निकालते थे.

में भारतीय सभ्यता समान अधिकारों का दावा करने लायक़ ही नहीं थी। वे तो भारत को एक भौगोलिक क्षेत्र के रूप में चाहते थे। इसके अलावा भारत उनके लिए एक रहने लायक़ समाजशास्त्रीय स्पेस था जिसके दायरे में वे ख़ुद को अपने असली 'पुरुष' होने की शर्त पर पा सकते थे। यह फ़र्क़ किसी भी तरह से अनायास क़िस्म का नहीं था। सबसे ज़्यादा समझने योग्य यह है कि अरविंद उत्पीड़न के एक शिकार थे जिसने अपनी उत्पीड़ित अस्मिता के माध्यम से कष्टभोगी होने का एक नया अर्थ और अवज्ञा का एक नया मॉडल गढ़ा था। एक उत्पीड़ित के रूप में उन्हें अपनी मानवता और नैतिक विवेक की हिफ़ाज़त और अधिक सावधानी से करनी थी, और उन्होंने की भी, क्योंकि भले ही औपनिवेशिक व्यवस्था ने उन्हें मात्र एक वस्तु के रूप में देखा हो, लेकिन वे उपनिवेशिकों को महज़ वस्तुओं की निगाह से नहीं देख सकते थे। अपनी उत्तरजीविता के लिए किये जाने वाले संघर्ष के एक हिस्से के रूप में अरविंद जैसे उत्पीड़ित भारतीय के लिए पश्चिम एक आंतरिक मानवीय यथार्थ था— एक ऐसा मानवीय यथार्थ जिससे प्रेम के साथ-साथ घृणा की जा सकती थी, और जिसके साथ तादात्म्य के साथ-साथ प्रति-तादात्म्य भी स्थापित किया जा सकता था।

अरविंद एक्रॉयड घोष अपने माता-पिता के तीसरे बेटे थे। बीच का पश्चिमी नाम जन्म के समय ही उनके पिता ने उन्हें दिया था। कलकत्ता के नज़दीक रहने वाला शहराती ब्रह्मसमाजी घोष परिवार भारत में चल रही समाज-परिवर्तन की नयी धाराओं से पूरी तरह दो-चार हो चुका था। पिता कृष्णधन इंग्लैण्ड से पढ़ कर आये एक डॉक्टर थे, और सरकारी नौकरी करते थे। दोस्तों और रिश्तेदारों के बीच में उन्हें अपने अत्यंत मुखर अंग्रेज़ी तौर-तरीक़ों के लिए जाना जाता था। उन्होंने अपने बच्चों के लिए बांग्ला सीखने या बोलने की मुमानियत कर रखी थी। घर के भीतर भी बातचीत अंग्रेज़ी में ही करनी पड़ती थी। पोशाक और खान-पान भी अंग्रेज़ी था। इसके अलावा कृष्णधन नास्तिक थे और उन्होंने अपने बच्चों को हिंदू धर्म के दुष्प्रभावों से बचाने की भरपूर कोशिश की। कुछ ऐसे कारण थे कि अपनी उत्साही सोशल इंजीनियरिंग की आज़माइश करने के लिए पिता ने अपने बेटों में सबसे ज़्यादा ध्यान बालक अरविंद पर ही दिया। कृष्णधन ने 'इस

बात की सबसे ज़्यादा कोशिश की कि उनके इस बेटे को भारतीय नाम की कोई चीज़ छू भी न पाए।'[30]

अरविंद के 'अधिकारिक' जीवनीकार ने उनकी माँ स्वर्णलता के बारे में कुछ चुप्पी-सी साध रखी है। वे विख्यात विद्वान, धार्मिक नेता, समाज-सुधारक और राष्ट्रवादी राज नारायण बोस की बेटी थीं। मुख्य तौर पर अपनी सुंदरता के लिए चर्चित स्वर्णलता एक सुधारवादी परिवार से आने और एक बेहद पश्चिमीकृत पुरुष से विवाह होने के बावजूद एक परम्परानिष्ठ हिंदू थीं। कहना न होगा कि उन्हें अपने पति के पश्चिमी तौर-तरीक़े ज़्यादा पसंद नहीं थे। न ही उन्हें घर के भीतर अंग्रेज़ी में बातचीत करने का ढकोसला पसंद आ सकता था। लेकिन, परिवार के भीतर मानवीय संबंधों में इस भाषाई उत्पीड़न से भी कहीं ज़्यादा गड़बड़ी स्वर्णलता की बीमारी ने पैदा की। उस समय अरविंद छोटे थे। उनकी बीमारी को उनके समकालीनों ने हिस्टीरिया या उन्माद की संज्ञा दी है। ज़ाहिर है कि यह किसी अधिक गम्भीर बीमारी का शुरुआती दौर था। हालाँकि स्वर्णलता के पिता स्वास्थ्यलाभ के लिए उन्हें अपने देवघर स्थित घर ले गये, फिर भी उनकी स्थिति धीरे-धीरे 'क़ाबू से बाहर' होती चली गयी। इसी बीच कृष्णधन ने घर में एक उपपत्नी रख ली।

स्वर्णलता की बीमारी से जुड़े तथ्यों को वक़्त की गर्दिश ने ढँक लिया है। हम केवल इतना जानते हैं कि पिता की तरफ़ से स्वर्णलता के परिवार में कई लोगों को दौरे पड़ते थे, और यह कि उनकी बीमारी कभी-कभी उन्हें उनके बच्चों के प्रति हिंसक भी कर देती थी। (इसका कम से कम एक उदाहरण तो मिलता ही है जब स्तब्ध और भयभीत बालक अरविंद ने माँ के हाथों अपने बड़े भाई को पिटते देखा था।[31]) हम यह भी जानते हैं कि अरविंद ने बचपन में ही मूकता के लक्षणों के साथ-साथ अंतर्वैयक्तिक संवाद छोड़ कर अपने आप में सिमट जाने के लक्षण दिखाने शुरू कर दिये थे। इनका कारण या तो माँ की बीमारी थी या फिर घर के माहौल के प्रति उसकी अनुक्रिया रही होगी। यह अलग बात है कि श्री अरविंद के प्रशंसक बाद में उनके बचपन के इसी पहलू को आध्यात्मिकता के प्रारम्भिक चिह्नों के रूप में देखने लगे।[32]

---

[30] शिशिरकुमार मित्र (1954), *द लिबरेटर : श्री अरविंद, इण्डिया ऐंड द वर्ल्ड*, जैको, दिल्ली : 24; और देखें, सतप्रेम (1968), *श्री अरविंद ऑर द एडवेंचर ऑफ़ कांशसनेस*, श्री अरविंद आश्रम, पाण्डिचेरी, अध्याय 1.

[31] नीरदबरन (1980), *श्री अरविंदायन*, श्री अरविंद पथमंदिर, कलकत्ता, तीसरा संस्करण : 17.

[32] उनकी विरुदावलि सरीखी जीवनी में उनमें से केवल एक का यह धोखे से किया गया चतुर प्रेक्षण दर्ज है कि अरविंद अपने नाना को छोड़ कर किसी और रिश्तेदार की परवाह नहीं करते थे. देखें, प्रमोदकुमार सेन (1977), *श्री अरविंद : जीवन ओ योग*, श्री अरविंद पथमंदिर, कलकत्ता : 9-10.

पश्चिम अरविंद को कुछ दूसरे तरीक़ों से भी उत्पीड़ित करता रहा। जब वे पाँच साल के थे तो उन्हें दार्ज़ीलिंग के एक पूरी तरह से पश्चिमीकृत और अभिजन कान्वेंट में पढ़ने के लिए भेजा गया जहाँ उनकी माँ की भूमिका एक अंग्रेज़ गवर्नेस ने निभायी। उस स्कूल में अरविंद के अधिकतर साथी छात्र गोरी चमड़ी के ही थे। अंग्रेज़ी ही शिक्षा का एक मात्र माध्यम थी और स्कूल के बाहर भी अंग्रेज़ी में ही संवाद करना होता था। यह एक तरह का निर्वासन था जिसकी अभिव्यक्ति अरविंद ने उस छोटी-सी उम्र में भी कुछ इस अंदाज़ में की जैसे कि वे किसी और के बारे में लिख रहे हों : 'हिमालय की छाँव में, हिमाच्छादित चोटियों के नज़ारे के बीच, अपनी ही धरती पर उनका लालन-पालन एक अजनबी माहौल में किया गया।'[33] दार्ज़ीलिंग में जब अरविंद को पहली बार परासामान्य अनुभव हुआ तो उस पर अकेलेपन और अवसाद की छाप थी। उन्हें दिखाई पड़ा कि जैसे एक सघन और स्पर्शगोचर अंधकार तेज़ी से पृथ्वी पर उतरते हुए उनके भीतर प्रवेश कर रहा है। अगले चौदह साल तक इस अँधेरे ने अरविंद का साथ नहीं छोड़ा।

अरविंद जब केवल सात साल के थे तो उनके माता-पिता उन्हें और उनके दोनों भाइयों को इंग्लैण्ड छोड़ आये। अब उन तीनों का साबिक़ा भारतीयों की पश्चिमीकृत जीवन-शैली से नहीं, बल्कि अंग्रेज़ों के पश्चिमी तौर-तरीक़ों से पड़ना था। लंदन में इन भाइयों को एक अंग्रेज़ दम्पति की देख-रेख में रखा गया। ये थे रेवरेंड और श्रीमती ड्रेवेट जिन्हें 'कड़ी हिदायत' दी गयी थी कि इन बच्चों को 'किसी भी भारतीय से जान-पहचान करने या किसी भी भारतीय अनुभव से दो-चार होने की इजाज़त नहीं मिलनी चाहिए। इन हिदायतों पर अक्षरशः अमल किया गया।'[34] ड्रेवेट दम्पति से पिता कृष्णधन ने यह भी कहा कि बच्चों को किसी भी तरह की धार्मिक शिक्षा नहीं दी जानी चाहिए। (यह अलग बात है कि रेवरेंड ड्रेवेट की माँ अपने ईसाई धर्मप्रचार से डिगने के लिए तैयार नहीं हुईं, और उन्हें अरविंद की आत्मा की फ़िक्र सताने लगी। एक रविवार को वे उसे ले गयीं और ईसाई के रूप में उनका बपतिस्मा करा डाला।)

ड्रेवेट दम्पति के साथ गुज़ारे गये दिनों और उसके बाद लंदन के एक अभिजन स्कूल में अरविंद का परिचय युरोप की क्लासिकल विरासत, ख़ासकर

---

[33] के.आर. श्रीनिवास आयंगर (1950), *श्री अरविंद*, आर्य पब्लिशिंग हाउस, कलकत्ता के पृ. 15 पर अरविंद का उद्धरण.

[34] मित्र, *द लिबरेटर* : 25.

लैटिन और यूनानी से हुआ। वे लैटिन, यूनानी और अंग्रेज़ी भाषा में कविताएँ लिख कर प्रकाशित कराने लगे।[35] बाद में उन्हें केम्ब्रिज के किंग्ज़ कॉलेज की छात्रवृत्ति मिली जहाँ उन्होंने शास्त्रीय ग्रंथों के अध्ययन में प्रतिभा का प्रदर्शन करते हुए एक साल के भीतर मिलने वाले सभी पुरस्कार जीत लिए। उन्होंने फ्रेंच और थोड़ी-सी जर्मन व इतालवी सीखने की फ़र्ज़ अदायगी भी कर डाली। उस समय तक उन्हें किसी भी तरह की बग़ावती हवा ने छुआ भी नहीं था।

पढ़ाई-लिखाई में मिली यह कामयाबी बीच-बीच में होने वाली उन आर्थिक और लालन-पालन संबंधी दुश्चिंताओं को दूर नहीं कर सकती थी जिनका सामना अरविंद और उनके भाइयों को इंग्लैण्ड में करना पड़ा। उनके पिता पैसे वाले थे, लेकिन उन्होंने न जाने क्यों अपने बेटों को धन भेजना बंद कर दिया। परिणामस्वरूप तीनों भाइयों को ज़बरदस्त ग़रीबी में समय गुज़ारना पड़ा। ऊपर से अरविंद का अकेलापन तो था ही। इंग्लैण्ड में उनकी किसी से घनिष्ठता नहीं थी।[36] इसका परिणाम एक तरह के 'अंतर्मुखी अवसाद' में निकला जिसका ज़िक्र अरविंद ने प्रौढ़ होने पर एक बार चलताऊ रूप से किया भी था।[37] इसके दूसरे परिणाम का पूर्वानुमान ज़्यादा आसानी से लगाया जा सकता था। वर्षों तक जिस इंग्लैण्ड की घुट्टी उन्हें एक आदर्श समाज के तौर पर पिलाई गयी थी, वही उन्हें पश्चिम के साथ जुड़ी शुरुआती दुश्चिंताओं की याद दिलाने लगा।

अंततः अरविंद ने पश्चिम से निबटने के वैकल्पिक तरीक़े टटोलने, और साथ में अपने पिता के एंग्लिसिज़्म (अंग्रेज़वाद) द्वारा थमाए गये सफलता के मॉडल की अवज्ञा करनी शुरू की।[38] इसीलिए क्लासिकल ट्रिपोज़ (ऑनर्स की परीक्षा) के पहले दौर में प्रथम श्रेणी प्राप्त करने के बाद उन्होंने और डिग्रियाँ

---

[35] कविता में अरविंद की दिलचस्पी आगे भी बनी रही. उनकी सर्वाधिक रचनात्मक उपलब्धि अंग्रेज़ी का महाकाव्य *सावित्री* है. इसकी रचना उन्होंने तब शुरू की थी जब वे बीस के पेटे में चल रहे थे. यह कृति उनके देहांत के कुछ पहले ही पूरी हो पाई. वे ख़ुद को सबसे पहले कवि मानते थे. नीरदबरन, *श्री अरविंद* : 40.

[36] अरविंद, *ऑन हिमसेल्फ़* : 7. और देखें, अरविंद का दिलीप (1935) को पत्र जिसका हवाला श्रीनिवास आयंगर, *श्री अरविंद* : 19 में दिया गया है.

[37] अरविंद, *ऑन हिमसेल्फ़* : 20.

[38] इसमें अरविंद की मदद उनकी माँ के परिवार की परम्पराओं ने की. उनके नाना राज नारायण बोस ने हिंदू राष्ट्रवाद के कुछ सिद्धांतों का पूर्वानुमान लगा लिया था. साथ ही अरविंद के तरंगी पिता के दूसरे आत्म ने भी अपनी भूमिका निभायी. कृष्णधन ने भले ही ख़र्चा भेजने में चूक की हो, लेकिन वे इंग्लैण्ड स्थित अपने बेटे को कलकत्ता से प्रकाशित एक राष्ट्रवादी पत्रिका भेजना नहीं भूले जिसमें भारत के ब्रिटिश उत्पीड़न के ब्योरे को रेखांकित कर दिया गया था.

लेने का विचार त्याग दिया। इससे भी आगे बढ़ कर उन्होंने इण्डियन सिविल सर्विस की परीक्षा में घुड़सवारी का इम्तहान नहीं दिया, जिसके कारण उन्हें अयोग्य घोषित कर दिया गया, बावजूद इसके कि उनके पिता की निगाह में यह परीक्षा बहुत अहम थी और उन्होंने घुड़सवारी के अलावा परीक्षा में बहुत अच्छा प्रदर्शन किया था।[39] आख़िर में अरविंद ने केम्ब्रिज की इण्डियन मजलिस में कुछ उग्र राष्ट्रवादी भाषण दिये और भारतीय स्वतंत्रता के लक्ष्य के लिए समर्पित शुरुआती दौर के गोपनीय संगठनों की गतिविधियों में भाग लेने लगे।

इंग्लैण्ड में अपने प्रवास के इस दौर में अरविंद ने अपना बीच का नाम एक्रॉयड भी हटा दिया। यह एक तरह से पश्चिम के साथ उनके संबंध-भंग का प्रतीक था।

इंग्लैण्ड में गुज़ारे गये चौदह साल के दौरान अरविंद का जम कर वि-राष्ट्रीयकरण या डिनैशनलाइज़ेशन हुआ। इस अभिव्यक्ति का इस्तेमाल ख़ुद अरविंद ने ही किया है। इसके बाद वे भारत लौटे और पाया कि उनके पिता का देहांत हो चुका है। आख़िरी वक़्त में उनके पिता का दिल इस अफ़वाह से पूरी तरह से टूट चुका था कि अरविंद को भारत ले कर आ रहा जहाज़ डूब गया है। जल्दी ही अरविंद को यह भी दिखा कि विक्षिप्तता के संगीन दौर में पहुँच चुकीं उनकी माँ काफ़ी मुश्किल से ही उन्हें पहचान पा रही हैं। बहरहाल, इस समय तक उनका रुझान नयी पितृसुलभ हस्तियों की तरफ़ हो चुका था। वैसे भी भारत की धरती पर क़दम रखते ही उनके मानस पर दार्जीलिंग के ज़माने से ही हावी अंधकार छँट गया था। एक गहन शांति और मौन की अनुभूति उन्हें अपने आगोश में ले चुकी थी।[40] आख़िरकार वे अपनी मातृभूमि पर वापस आ चुके थे, ताकि अपनी मातृभाषा सीख सकें। जल्दी ही हम देखेंगे कि उनके लिए इसका मतलब माँ के आद्य-प्राधिकार की खोज करना भी था।

बड़ौदा में अरविंद ने अपनी ज़िंदगी की शुरुआत एक सरकारी अधिकारी और भाषा-अध्यापक के तौर पर की। इंग्लैण्ड में एक अंग्रेज़ी के विद्वान से उन्होंने थोड़ी बांग्ला और संस्कृत सीखी थी। बड़ौदा पहुँच कर इस ज्ञान को माँजने के

---

[39] मित्र, द *लिबरेटर* : 26.

[40] उपरोक्त : 34.

साथ-साथ उन्होंने मराठी व गुजराती भी सीख ली। भाषाओं और सार्वजनिक रूप से भाषण देने के मामले में वे हमेशा से ही प्रतिभाशाली थे। निजी जीवन के इस दौर में एक तरफ़ तो वे शांत होते गये, और दूसरी तरफ़ औपचारिक संवाद में उनकी वक्तृता प्रभावी होती गयी। उन्होंने राष्ट्रवादी पत्र-पत्रिकाओं में लिखना शुरू कर दिया और धीरे-धीरे एक प्रमुख सार्वजनिक हस्ती बनते चले गये। बड़ौदा में ही उन्हें पहली बार अपनी आध्यात्मिक शक्तियों का साक्षात्कार हुआ। एक बार बग्घी में यात्रा करते समय उन्होंने स्वयं को अपनी ही देह से अलग हुई एक दैवी और दीप्तिमान आत्म के ज़रिये घोड़ों को क़ाबू में करवाया और इस तरह ख़ुद को दुर्घटना से बचाया। एक बार उन्हें एक काली प्रतिमा में एक जीवंत उपस्थिति भी दिखाई पड़ी।

1901 में अरविंद ने विवाह किया। उनके श्वसुर द्वारा किये गये वर्णन के मुताबिक़ उनकी दुल्हन मृणालिनी देवी चौदह साल की एक आकर्षक, लेकिन साधारण क़िस्म की बालिका थीं। अपने इस साधारणपन का मृणालिनी को ख़मियाजा भी भुगतना पड़ा। अरविंद ने उन्हें स्वयं चुना था, पर जैसे ही यह स्पष्ट हुआ कि वे उनकी अपेक्षाओं पर खरी नहीं उतर पाएँगी, उनमें अरविंद की दिलचस्पी समाप्त हो गयी। 1918 में अरविंद द्वारा संन्यास ग्रहण करने के कुछ वर्ष बाद जब मृणालिनी का देहांत हुआ तो वे निस्संतान और अकेली थीं। उनका दिल टूट चुका था। उनकी मृत्यु पर शायद ही किसी ने अफ़सोस किया हो। वे अरविंद की घर से लम्बी अनुपस्थिति की पीड़ा इस उम्मीद में झेलती रहीं कि एक न एक दिन वे आएँगे और अपनी नयी ज़िंदगी में उन्हें शामिल कर लेंगे। अरविंद द्वारा छोड़े गये अपनी वापिसी के संकेतों पर भरोसा करके वे आख़िर तक मासूमियत के साथ धार्मिक गतिविधियों के ज़रिये उनके लिए स्वीकारोग्य बनने की कोशिश करती रहीं।[41] पर अरविंद कभी नहीं लौटे। मृणालिनी के पिता ने अपनी बेटी की मृत्यु के बाद एक मर्माहत करने वाला लेख लिखा। अरविंद आश्रम द्वारा की गयी छेड़छाड़ के बावजूद यह रचना पति पर मोहित एक ऐसी सरल हृदय पत्नी की त्रासदी व्यक्त करती है जो उन ताक़तों द्वारा कुचल दी गयी थी जिनके बारे में उसे ज़रा भी अंदाज़ा नहीं था।

---

[41] मृणालिनी के पिता द्वारा लिखित एक बिना शीर्षक का निबंध जो 1977 में प्रकाशित श्री अरविंदेर पत्र, मृणालिनि के लिखिता, श्री अरविंद आश्रम, पाण्डिचेरी, पहला विस्तारित संस्करण : 31-5 (देखें, पृ. 33) में छापा गया था.

अरविंद को राष्ट्रवादी आंदोलन के भँवर में कूदने से न तो उनकी आध्यात्मिक तलाश रोक पाई, न ही उनका विवाह। जल्दी ही वे ब्रिटिश शासन का हिंसक तख़्तापलट करने के लिए संघर्षरत दलबंदियों के महत्त्वपूर्ण नेता बन गये। उन्होंने एक उल्लेखनीय राष्ट्रवादी पत्रिका का सम्पादन शुरू किया और कलकत्ता के एक राष्ट्रवादी कॉलेज के प्रधानाचार्य का पद सँभाला। साथ ही वे एक राजनीतिक विचारधारा की शुरुआती रूपरेखा भी बनाते रहे। अस्पष्ट क़िस्म के लोकलुभावनवाद के इर्द-गिर्द बुनी यह विचारधारा मानती थी कि 'सर्वहारा' को 'परिस्थिति की वास्तविक कुंजी'[42] की तरह काम करना होगा। यह विचारधारा शक्ति के रूप में भारत का मिथकीकरण करती थी— उसके लिए शक्ति का अर्थ था एक ऐसी सामर्थ्यवान माँ जो पश्चिम द्वारा उत्पीड़ित है और जिसे उसकी संतानें अपना रक्त की आहुति दे कर मुक्त करेंगी।

> मैं अपने देश को मातृ-रूप में देखता हूँ। मेरी भक्ति, मेरी पूजा उसे ही समर्पित है। अगर उसकी छाती पर चढ़ कर कोई राक्षस उसका ख़ून चूसना चाहेगा तो उसकी संतान क्या करेगी? क्या वह चुपचाप बैठ कर अपना आहार खाती रहेगी ... या उसे बचाने के लिए तत्पर होगी? मैं जानता हूँ कि मेरे भीतर मेरे पराजित देश को मुक्त कराने की शक्ति है। ... यह शक्ति है ब्रह्मतेज, जिसका आधार ज्ञान में है। मेरे लिए यह कोई नयी अनुभूति नहीं है ... मैंने तो इसी अनुभूति के साथ जन्म लिया है ... ईश्वर ने यही लक्ष्य वेधने के लिए मुझे धरती पर भेजा है। ...[43]

यह बिम्ब-विधान आंशिक रूप से बंकिमचंद्र चटर्जी से लिया गया था जिन्हें भारतीय राष्ट्रवाद में मातृशक्ति की विषयवस्तु प्रस्तावित करने का श्रेय जाता है। अरविंद इसके लिए तो बंकिम के प्रशंसक थे ही, वे उनकी रचनाओं में धड़कती इस आशा के लिए भी उनके प्रशंसक थे कि एक दिन भारत से

---

[42] मित्र, *द लिबरेटर* : 37.

[43] *श्री अरविंदेर पत्र.* क्या अरविंद द्वारा राष्ट्र का अवधारणात्मक सूत्रीकरण माँ के रूप में किया गया था, या फिर माँ का कहीं अधिक आद्य बिम्ब उनकी भारत संबंधी अवधारणा में अभिव्यक्त हो रहा था? 'विश्व की अंतहीन क्रांतियों के दौरान जब परमात्मा का चक्र सही दिशाकोण में घूमता है तो एक दैवी ऊर्जा परमात्मा से फूट पड़ती है और उस चक्र को चलाती है. ... वह दैवी ऊर्जा भवानी है. वह दुर्गा भी है. वह काली है. वह राधा प्यारी है, वह लक्ष्मी है. वह हमारी माँ हैं और हम सबकी जननी है। आज के युग में माँ ही शक्ति के मुख्य उद्गम की तरह व्यक्त हो रही है.' देखें, अरविंद की रचना भवानी मंदिर, अनु. मित्र, *द लिबरेटर* : 48.

अरविंद की राजनीतिक विचारधारा के बारे में तत्कालीन संदर्भ में एक बेहतर विवरण के लिए देखें, हरिदास और उमा मुखर्जी (1958), *श्री अरविंद्ज़ पॉलिटिकल थॉट (1893-1908)*, फर्मा के.एल. मुखोपाध्याय, कलकत्ता.

कृष्णधन की प्रिय अंग्रेज़ी भाषा को देशनिकाला दे कर उसकी जगह अरविंद की मातृभाषा को स्थापित किया जा सकेगा।[44]

कहना न होगा कि क्रांतिकारी राजनीति के कारण अरविंद को अंततः जेल जाना पड़ा और फिर वे राजद्रोह के इल्ज़ाम में एक लम्बे और नाटकीय मुक़दमे से गुज़रे।[45] जेल में गुज़ारा गया साल, ख़ासकर तनहाई की क़ैद उनके लिए आध्यात्मिक रूप से बहुत महत्त्वपूर्ण साबित हुई। वहाँ उन्होंने योगाभ्यास किया, गीता और उपनिषदों का अध्ययन किया, मृत्यु के अवरोधों के बारे में विवेकानंद से बातचीत की और भगवान कृष्ण तक के दर्शन किए। एकरसता भंग करने के लिए वे यदाकदा वे सतह से उठ कर हवा में भी झूले।[46] दैव की जिन कृपाओं के लिए उन्होंने स्वयं को सबसे ज़्यादा कृतज्ञ महसूस किया, वे 1908 में उनके ऊपर जेल में ही हुईं : यह थी 'मौन' और 'रिक्तता' की उपलब्धि।[47] इसके बाद से 'जिसका भी आगमन हुआ, इसी रिक्तता में हुआ'। इसी के कारण वे 'कभी भी सक्रियता छोड़ कर शांति के विशुद्ध मौन' में अंतरण कर सकते थे।[48]

मई, 1909 में अरविंद मुक़दमा जीत गये। ख़ुशकिस्मती से ब्रिटिश कानून में राजद्रोह जॉन लॉक के फ़लसफ़े के मुताबिक़ परिभाषित किया जाता था। इसी को हमने अपने ज़माने में ईसइया बर्लिन की बात मानते हुए नकारात्मक स्वतंत्रता के विचार की तरह पेश करना सीख लिया है। उस वक़्त राजद्रोह सिग्मण्ड फ्रॉयड अथवा इस लेखक के दार्शनिक पूर्वगामियों की हिदायतों के अनुसार परिभाषित नहीं होता था। परिणाम यह निकला कि राजनीतिक अवज्ञा, मुक़दमे, रिहाई और अनुपालन के दौर से गुज़रते हुए कृष्णधन के बेटे के मानस पर छाये हुए प्राधिकार

---

[44] अरविंद ने एक बार गर्व से कहा था : 'जब किसी मराठा और गुजराती को कोई अहम बात कहनी होती है तो वह अंग्रेज़ी में कहता है. बंगाली जब कहता है तो बांग्ला बोलता है. ... अंग्रेज़ी लगातार बाहर धकेली जा रही है. जल्दी ही उसे केवल हमारी बातचीत से ही निकालना बाक़ी रह जाएगा. *इंदु प्रकाश,* 23 जुलाई. 1894. मित्र, द *लिबरेटर* : 47 में उद्धृत.

[45] आगे चल कर अरविंद ने जेल में गुज़ारे गये अपने दिनों का विवरण लालित्य और विनोदपूर्ण बांग्ला में लिखा. यह रचना उस ब्रिटिश न्याय-प्रणाली का बेहतरीन समाजशास्त्रीय विश्लेषण भी है जो भारतीय परिस्थितियों में दबाव महसूस कर रही थी. अरविंद घोष (1977), 'काराकहिनी', *बांग्ला रचना,* श्री अरविंद आश्रम : 257-314.

[46] *ऑन हिमसेल्फ़* : 68. अरविंद, 'काराकाहिनी' भी देखें, और नीरदबरन, *श्री अरविंदायन* भी.

[47] सम्भवतः ये 'मौन' और 'रिक्तता' उनके साथ बचपन से ही थीं. बाद में उन्होंने इनके नये और निरापद तात्पर्य खोज लिए होंगे.

[48] अरविंद, *ऑन हिमसेल्फ़* : 89.

संबंधी निजी संकट के मातृमूलक अर्थ क़ानूनी दस्तावेज़ों में दबे रह गये। दूसरी तरफ़, सरकार पर न तो अरविंद की पारलौकिक वाग्मिता का असर था, न ही अदालती आदेश का। इसलिए दुबारा गिरफ़्तारी सिर पर झूल रही थी।[49] शायद अरविंद को भी ब्रिटिश क़ानून के उदारतावाद से उम्मीद नहीं थी। उनके रहस्यवाद का एक व्यावहारिक पक्ष भी था जिसमें सेकुलर पहलू स्पष्टतः शामिल थे।[50] अतएव, 1910 में 'ऊपर से' आदेश मिलने पर वे पाण्डिचेरी के लिए प्रस्थान कर गये जो उस समय फ्रांसीसी उपनिवेश था। वहाँ जा कर उन्होंने कई लोगों की खीज की परवाह न करते हुए संन्यासी-जीवन की शुरुआत की, हालाँकि विचित्र बात यह थी कि ऐसा करके वे अपने समय के कई बंगाली आतंकवादियों के नक़्शे-क़दम पर ही चल रहे थे। पाण्डिचेरी में अनुयायियों का एक छोटा-सा समूह उनके इर्द-गिर्द जमा हो गया। ये लोग एक सरल और अनौपचारिक जीवन गुज़ारते हुए योगाभ्यास करते थे जिसका मक़सद न केवल भारत को बल्कि किसी को भी कहीं भी मुक्त करना था। अरविंद ने स्वयं स्पष्ट किया कि अब वे क्षात्रतेज अथवा युद्धक शक्ति हासिल करने के बजाय ब्रह्मतेज प्राप्त करना चाहते हैं जो तपस्वी जीवन से ही मिल सकता है।

इस मुक़ाम पर अरविंद की कहानी ख़त्म हो सकती थी, लेकिन पश्चिम की तरफ़ से उनके जीवन में एक और निर्णायक हस्तक्षेप होना था। 1914 में एक 37 वर्षीय आकर्षक फ्रांसीसी महिला मीरा पॉल रिचर्ड अपने घर, पति और बच्चों को छोड़ कर उनके साथ जुड़ गयीं। दरअसल, दावा तो यह किया जाता है कि पहली मुलाक़ात के पूर्व अरविंद और मीरा एक-दूसरे को योग के ज़रिये जानते थे, और मानवीय क्रम-विकास जारी रखने के लिए दोनों तो इतिहास के प्रारम्भ से ही साथ-साथ कार्यरत थे।[51] (भले ही यह कहा जाता हो कि उनकी संयुक्त कृतियाँ अपने भीतर शताब्दियाँ समेटे हुए हैं, पर उनके बीच शैलीगत फ़र्क़ तो थे ही। अरविंद ने अपनी सभी दावेदारियाँ आंशिक तौर पर रूपकीय अंदाज़ में की थीं, जबकि मीरा की अभिव्यक्ति कहीं अधिक यथातथ्य थी।[52]

---

[49] अरविंद को भी निश्चित रूप से अपनी रिहाई की अपेक्षा थी : 'उन्हें अपने अंतर से आश्वासन मिला था और वे जानते थे कि वे रिहा कर दिये जाएँगे.' *ऑन हिमसेल्फ़* : 32.

[50] अरविंद ने स्पष्ट किया था कि उनके अध्यात्म का ताल्लुक़ 'किसी तपस्वी की तरह सेकुलर चीज़ों का त्याग या उनके प्रति तिरस्कार या घृणा' से नहीं है. *ऑन हिमसेल्फ़* : 430.

[51] अरविंद, *ऑन हिमसेल्फ़* : 445. श्री अरविंद (1928), *द मदर,* श्री अरविंद आश्रम, 1979 में पुनः प्रकाशित.

[52] बांग्ला के पाठकों को शायद राज शेखर बोस (1968-69) का वह तीखा व्यंग्य याद होगा जिसमें उन्होंने ऐसी भाषा की ख़बर ली है, देखें उनकी रचना 'बिरिंचबाबा', *कज्जाली,* एस.सी. सरकार ऐंड संज़, दसवाँ संस्करण : 1-37.

यहाँ तक कि तंत्र-मंत्र के मामलों में भी वे सीधी बात करती थीं।) ज़ाहिर था कि आश्रम का संगठन जल्दी ही उनके हाथों में चला गया और अरविंद ने उन्हें श्री माँ की उपाधि दे दी।

पाण्डिचेरी के उस समूह के नेता की करिश्माई शख़्सियत के बावजूद उसके सदस्यों में शुरू से ही परस्पर समानता का भाव था। मीरा रिचर्ड ने उन पर औपचारिक अनुशासन और एक स्पष्ट पदानुक्रम लागू करके परस्पर अ-हस्तक्षेप का माहौल ख़त्म कर दिया।[53] समानता के किसी दिखावे की भी इजाज़त नहीं रह गयी।[54] अरविंद सर्वोच्च गुरु और मोक्ष की अंतिम कुंजी बन गये। इसी के साथ इहलौकिक अन्यों के साथ अरविंद के संवाद का नया माध्यम मीरा बन गयीं। अरविंद ने इस स्थिति को इस प्रकार व्यक्त किया कि मीरा को 'चेतना के निचले स्तर तक उतरना पड़ा' क्योंकि ज़्यादातर लोग एक ऐसे प्राधिकार के इच्छुक थे जो न तो बहुत अमूर्त हो, न बहुत दूरस्थ हो और न ही बहुत 'कठोर' हो।[55] भारी मख़मली वस्त्रों में लिपटी मीरा की शख़्सियत एवं उससे भी ज़्यादा रँगा-पुता उनका चेहरा आश्रम की दीवारों से अरविंद के चेहरे की ही तरह अहर्निश झाँकने लगा। तर्क यह दिया गया कि यह चेहरा ऐसे ही लोगों की ख़ातिर था।

1926 में मीरा को अपनी शक्ति मान लेने के बाद अरविंद मौन और एकांत की गहराइयों में और ज़्यादा डूबते चले गये। केवल मीरा और कुछ अनुयायी ही उनके निकट सम्पर्क में रहते हुए उनसे नियमित रूप से मिलते रहे। दूसरों के लिए वे साल में केवल चार बार ही संक्षिप्त से दर्शन देते। उनका बाक़ी वक़्त अपने यौगिक प्रयासों द्वारा पृथ्वी पर अतिमस्तिष्क (सुपरमाइंड) का अवतरण सुलभ कराने में गुज़रता ताकि अतिमानवों (सुपरमेन) की एक प्रजाति पैदा की जा सके।[56] अरविंद के इस एकांत की वजह से श्री माँ को आश्रम के ऊपर और कड़ा नियंत्रण क़ायम करने का मौक़ा मिल गया। अरविंद के देहांत के बाद तो आश्रम पर उनकी यह जकड़ सम्पूर्ण हो चुकी थी। धीरे-धीरे ही सही, लेकिन निश्चित रूप से उन्होंने अरविंद के रहस्यवाद में निहित खुलेपन और

---

[53] अरविंद, *ऑन हिमसेल्फ़* : 460.

[54] नीरदबरन, *श्री अरविंदायन;* अरविंद, *ऑन हिमसेल्फ़* : 460.

[55] अरविंद, *ऑन हिमसेल्फ़* : 450.

[56] अतिमानव के इस विचार का नीत्शे की विश्व-दृष्टि से कोई ताल्लुक़ नहीं था. अरविंद के अतिमानव को तो चेतना के क्रम-विकास को आगे ले जाना था. उसे तो अपने रुझान में अधिक सार्वभौम होना था. उसे विश्व को आध्यात्मिक उपलब्धियों के माध्यम से बदलने की क्षमता के मामले में अधिक शक्तिशाली होना था.

कल्पनाशीलता का अंत कर दिया। उनकी प्रभावशाली उपस्थिति और सक्षम मार्गदर्शन में आश्रम अत्यधिक प्रतिष्ठा-सचेत, राजनीतिक रूप से अनुदार और आसपास के लोगों के उत्पीड़न का ज़रिया बनता चला गया। यहाँ तक कि अरविंद के देहांत के बाद कुछ दिनों तक तो आश्रम ने पाण्डिचेरी के वि-उपनिवेशीकरण तक का विरोध किया।[57] आश्रम द्वारा एक सुसंगठित आधुनिक सम्प्रदाय और एक निगमीकृत चर्च जैसा तामझाम अपनाने की प्रक्रिया उत्तरोत्तर और अपरिहार्य रूप से चलती रही।

बहरहाल, किसी व्यक्ति का ऐतिहासिक यथार्थ उसकी शख़्सियत से जुड़े तात्पर्यों में पैठने के लिए बेहतर मार्गदर्शक कभी साबित नहीं होता। यही कारण है कि लम्बे समय तक कष्ट भोगते हुए चुप रहने और उसका विरोध न करने वाले स्वर्णलता और कृष्णधन के बेटे के साथ एक प्रभावशाली और समर्पित युरोपीय स्त्री के रिश्तों की गहराई में एक बिल्कुल अलग तरह का अर्थ छिपा हुआ था। अरविंद को लगता था कि स्वतंत्र हो चुके पूर्व को अंततः श्री माँ के प्रतीकात्मक रूप में एक ग़ैर-उत्पीड़क पश्चिम मिल गया है। और, इस मिलन के बाद से उनका पूर्व श्री माँ के पश्चिम के बिना अपूर्ण रहेगा, एवं उनका पश्चिम उनके पूर्व के बिना आंशिक ही रह जाएगा। कभी पश्चिम ने उन्हें निकटताओं, प्रेम और पोषण से अलग कर दिया था। अब पश्चिम के एक अंश ने वापसी करके उन्हें उनके साथ जोड़ दिया है। अरविंद ने घोषणापूर्वक कहा, 'शक्ति तो केवल एक ही है, श्री माँ की शक्ति— अगर तुम किसी और तरह से कहना चाहो तो श्री माँ ही अरविंद की शक्ति हैं।'[58] उन्होंने यह भी कहा कि, 'अगर कोई अरविंद के लिए प्रस्तुत है और श्री माँ के लिए नहीं, तो असल में वह अरविंद के लिए भी प्रस्तुत नहीं है।'[59] धीरे-धीरे पूर्व-में-पश्चिम के भीतर ख़ुद को खो कर पूर्व की तलाश एक भावातीत लक्ष्य और एक व्यावहारिक सम्भावना

---

[57] क्लॉड अलवारिस (1975), 'श्री अरविंद, सुपरमेन अथवा सुपरटॉक'?, *क्वेस्ट*, जनवरी-फ़रवरी 1975 (93): 9-23, देखें पृ. 10-11. अलवारिस ने स्थानीय लोगों और आश्रम के कर्मचारियों के बीच शत्रुता का संक्षिप्त लेकिन प्रभावशाली वर्णन किया है. यह अलग बात है कि वे इसका उद्‌गम अरविंद के दर्शन में देखते हैं जिसका विश्लेषण उन्होंने अकादमीय दर्शनशास्त्र के नज़रिये से किया है.

[58] अरविंद, *ऑन हिमसेल्फ़* : 458.

[59] उपरोक्त : 458.

का रूप लेती चली गयी। इस प्रक्रिया में सम्पूर्णता का चरण पूर्ण समर्पण था। यह सम्पूर्णता तब हासिल होनी थी 'जब तुम्हारा दैवी मातृशक्ति से सम्पूर्ण तादात्म्य स्थापित हो जाएगा और तुम्हारे भीतर अन्य और पृथक् अस्तित्व, उपादान, सेवक या कर्मचारी होने की अनुभूति नहीं रह जाएगी और तुम एक सच्चे बालक और श्री माँ की चेतना और शक्ति के शाश्वत अंश बन जाओगे।'[60]

ऐसा लगता है कि अंततः अरविंद को अपने भीतर पश्चिम द्वारा उत्प्रेरित अंतरंगता और पोषण के अभाव के ख़िलाफ़, निरर्थक मौन और रिक्तता के विरुद्ध, एवं गहनांतर स्थित पार्थक्य और विच्छिन्नता के ख़िलाफ़ श्री माँ के रूप में सुरक्षा मिल गयी थी।

V

अरविंद के जीवन को पढ़ना उस 'आंतरिक' पीड़ा को समझे बिना असम्भव है जिसका रिश्ता साम्राज्यवाद के साथ था। अधिकांशतः यह पीड़ा उन्हें परिवार के दायरे में पहुँचाई गयी थी और उनके सांस्कृतिक आत्म का अधिकतर विनाश भी उसी दायरे में किया गया था। यही था वह कारण जिसके कारण इस पीड़ा को शिक्षा, लालन-पालन और विकास का नाम देने का मौक़ा और भी आसानी से मिल गया। दरअसल, बालक अरविंद को एक पूरी की पूरी प्रणाली का ही सामना करना पड़ा। हालात कुछ इस तरह के थे कि विद्रोह से भी कोई उम्मीद निकलती नहीं दिख रही थी। रहस्यवाद में एक 'विदेशज' आकर्षण था जिसे उन्होंने विकल्प के रूप में अपनाया। सम्भवतः उनके लिए उपलब्ध भी केवल यही था। उनकी चुनौती यह थी कि इस रहस्यवाद की सहृदयता क़ायम रखते हुए उसे राजनीतिक रूप से किसी मत के साथ न जुड़ने दिया जाए। काफ़ी समय तक कुछ सीमाओं के भीतर अरविंद ऐसा करने में सफल रहे। (मीरा रिचर्ड ने उनके अध्यात्मवाद को सांगठनिक धार दी जिसने आध्यात्मिकता की भाषा को मोक्ष की आधुनिक प्रौद्योगिकी में बदल कर अरविंद को भारत का पहला आधुनिक गुरु बना दिया। यही था वह रूप जिसे धारण करके अरविंद ने 'विश्व-शक्तियों में हस्तक्षेप' की दावेदारी की और इसी रूप में आज उनके हमसफ़र 'प्राकृतिक नियमों से साहचर्य' की चर्चा करते हैं। मानना पड़ेगा कि इस संदर्भ में अरविंद पश्चिम से पराजित हो गये थे।)

---

[60] अरविंद, *द मदर* : 24.

इसी बात को एक और तरीक़े से कहा जा सकता है। अरविंद की ज़िंदगी की कहानी और उनका अध्यात्म यदि पीड़ा का एक वक्तव्य है, तो वह कुछ मूल्यों की रक्षा के लिए अपनाया गया एक अंतर्वैयक्तिक विलगाव भी है। ऐसा न करने की सूरत में प्रचलित तर्क-बुद्धि के दबाव में ये मूल्य उन्हें छोड़ने पड़ सकते थे। कला के बारे में फ्रॉयड ने जो कहा था, कुछ-कुछ उसी शैली में वे भी कह सकते थे कि केवल अध्यात्म के दायरे में ही विचार सर्वशक्तिमान हो कर उभरता है, और इसीलिए उसी दायरे में अधीनस्थ की राजनीतिक शक्ति और नैतिक दृष्टि सभ्यता के भीतर बचा कर रखी जा सकती है। वस्तुतः यह मनुष्य के एकत्व और एक आंगिक संसार के अंग के रूप में उसके विचार को सुरक्षित रखने का 'पागलपन भरा' और 'तर्कहीन' सा प्रयास था। यह एक ऐसा संसार था जिसने स्तालिनग्राद में रूसियों को और डंकिर्क में अंग्रेज़ों को एक शवभक्षी युद्ध में फँसा रखा था। अब वही संसार एक योगी को युद्ध में हस्तक्षेप करके उसी ब्रिटिश राज को बचाने की दावत दे रहा था जिसने कभी उस राज के ख़िलाफ़ हथियारबंद बग़ावत लामबंद करने की कोशिश की थी। ज़ाहिर है कि सभी तरह का उत्पीड़न एक जैसा ही होता है, और उसमें हर व्यक्ति की ज़िम्मेदारी होती है।

क्या अरविंद को औपनिवेशिक शासन के तहत उनके समाज के व्यापक कष्टों के प्रतीक की तरह देखा जा सकता है? क्या एक नयी भाषा बोलने के उनके प्रयास को उनके समाज के प्रयास के समकक्ष ठहराया जा सकता है? उनका समाज भी अपने दुःखों के प्रति एक प्रच्छन्न चेतना व्यक्त करना और साथ-साथ उसे बचाना भी चाहता था। इन प्रश्नों के अंतिम उत्तर तो नहीं दिये जा सकते, पर कुछ क़यास ज़रूर लगाए जा सकते हैं।

पहली बात तो यह है कि पराजय, अपमान, शोषण और हिंसा के मुक़ाबले अपने आत्माभिमान की रक्षा के लिए भारतीय समाज ने स्वायत्तता का एक मॉडल विकसित किया है। इस समाज की उत्पीड़ित हैसियत के आईने में इस मॉडल को अपनी परिभाषा मिली है। इसने दुःखानुभव की एक सैद्धांतिकी विकसित की है जिसके केंद्र में कुछ रूपक हैं जो सांस्कृतिक 'विसंगतियों' और नैतिक 'अंतर्विरोधों' के ज़रिये ख़ुद को व्यक्त करते हैं। विसंगतियाँ नैतिकता के अतिरेक की पैदाइश हैं। नैतिकता का यह अतिरेक एक ऐसे विश्व में कुछ मूल्यों की रक्षा में निहित पीड़ा को छिपाने के काम आता है जो दरअसल उन मूल्यों का शत्रु है।

ये अंतर्विरोध अंशत: परम्पराप्रदत्त और अंशत: थोपे गये विभाजित प्राधिकार के बावजूद बचे रहने की कामना के परिणाम हैं। बचे रहने की इस कामना ने उस उत्पीड़ित की दुनिया खण्डित कर दी है। दरअसल, यह एक ऐसे बैंक-क्लर्क का संसार है जो गोपनीय रूप से कविता लिखता है, लेकिन या तो उसे इस नीरस दुनिया के दबाव में छिपाए रखता है या फिर छत पर खड़े हो कर हास्यजनक ढंग से उसकी घोषणा करता है ताकि अपनी बौद्धिक श्रेष्ठता स्थापित कर सके। एक मान्यता है कि कविता तो कविता है, और विदूषक भी विदूषक ही हैं, और दोनों का आकलन इसी भाँति करना चाहिए। लेकिन कुछ लोग यह भी मानते हैं कि कविता अगर एक मूढ़ता है, तो एक गोपनीय अवज्ञा भी है जो कठोर, पौरुषपूर्ण और कविता-विरोधी संसार में मानसिक संतुलन बनाए रखने की पुन:पुष्टि करती है।[61] वैसे भी ज़रूरी नहीं कि अवज्ञा हमेशा ही आत्म-सचेत हो। ज़रूरी नहीं कि अवज्ञा के पीछे हमेशा ही ऐसे उत्कट, हिंसक और नैतिक आवेगों की प्रेरणा हो जो एकेश्वरवादी धर्मों की विशेषता है। हिंदू धर्म के अतिआधुनिक और राष्ट्रवादी संस्करणों को भी अब इस तरह के आवेगों पर उत्तरोत्तर महारत हासिल होती जा रही है।[62]

---

[61] समाज में संस्कृति की भूमिका के बारे में कई विचारकों की राय से इसकी तुलना की जा सकती है. देखें, थियोडोर डब्ल्यू. एडोर्नो (1977), *मिनिमा मोरालिया,* अनु. ई.एफ़.एन. जोफ़कॉट, एनएलबी, लंदन; इसके अलावा देखें, अंर्स्ट ब्लॉक (1971), ऑन कार्ल मार्क्स, हर्डर ऐंड हर्डर, न्युयॉर्क. यह नज़रिया ब्लॉक के बारे में डिक हॉवर्ड (1977) के अध्याय में और स्पष्ट हो कर सामने आता है : द *मार्क्सियन लीगेसी,* मैक्मिलन, लंदन का चौथा अध्याय. अमिलकर कबराल (1973) ने आधुनिक उपनिवेशवाद के संदर्भ में यह तर्क बिना किसी हीले-हवाले के दिया है. देखें उनकी रचना 'नैशनल लिबरेशन ऐंड कल्चर', *रिटर्न टू द सोर्स : सिलेक्टेड स्पीचेज़,* मंथली रिव्यू प्रेस, न्युयॉर्क : 39-56, 39-40.

'जब गोयबल्स ने ... सुना कि चर्चा संस्कृति के बारे में हो रही है, तो उसने अपना रिवॉल्वर निकाल लिया. इससे ज़ाहिर होता है कि साम्राज्यवाद और प्रभुत्व-पिपासा की सबसे दुखांत अभिव्यक्ति के रूप में नाज़ियों ... को साफ़ तौर पर पता था कि विदेशी प्रभुत्व के ख़िलाफ़ प्रतिरोध के मामले में संस्कृति के कारक का महत्त्व क्या है. ... इस प्रभुत्व का भौतिक पक्ष जो भी हो, उसे संबंधित जनता के सांस्कृतिक जीवन के स्थायी और संगठित दमन के माध्यम से ही क़ायम रखा जा सकता था.

'विदेशी प्रभुत्व साम्राज्यवादी हो किसी और क़िस्म का, उसे दो में से एक का चुनाव करना पड़ता है :

'या तो उसे अधीनस्थ देश की पूरी आबादी का ही सफ़ाया कर देने का फ़ैसला करना पड़ता है ताकि सांस्कृतिक प्रतिरोध की सम्भावना ही ख़त्म हो जाए;

'या उसे अधीनस्थ लोगों की संस्कृति को क्षति पहुँचाए बिना ख़ुद को उन पर थोपना पड़ता है, अर्थात् उसे उन लोगों की सांस्कृतिक शख़्सियत के साथ अपने राजनीतिक-आर्थिक प्रभुत्व को समरस करना होता है.'

इस पुस्तक के पहले हिस्से में इस आयाम का विस्तृत विश्लेषण किया गया है.

[62] पश्चिमी संदर्भ में स्वघोषित सौंदर्यवादी ऑस्कर वाइल्ड इस बात को समझ सकते थे, क्योंकि उनका संबंध कविता से भी था और उन विदूषकाना हरकतों से भी था जिन्हें भद्र समाज में 'पोज़िंग' या बनावटीपन की संज्ञा

किपलिंगों और नैपॉलों की समझ के हिसाब से देखें तो यह अवज्ञा एक तरह की भ्रामकता नज़र आएगी। ख़ासकर इसलिए कि उसके कारण हिंसक और अहिंसक के बीच, विजेता और पराजित के बीच, अतीत और वर्तमान के बीच, भौतिक और अ-भौतिक के बीच की विभाजक रेखाएँ धुँधली पड़ जाती हैं। दरअसल, अपनी विजय में असुरक्षित विजेता हो, या अपने आत्म-दमन में असुरक्षित दरबारी कवि हो, दोनों के पास सापेक्षिक भिन्नताओं को आख़िरी तौर पर सुनिश्चित कर डालने के कारण होते हैं। दूसरी तरफ़ जो पराजित हो चुका है, और जो कवि है, वह अल्बेयर कामू की हिदायतों पर चलते हुए इतिहास के शिकारों के पक्ष में अपना गीत गाता है। उसके पास इन भिन्नताओं को आख़िरी तौर पर परिभाषित करने के कारण अपेक्षाकृत कम होते हैं। परिणामस्वरूप जिस अवज्ञा को दुष्टता के साथ समझौते और भ्रामकता की तरह समझा जाता है, उसे उत्पीड़क को बेहतर ढंग से समझने के रास्ते की तरह भी ग्रहण किया जा सकता है। यह एक ऐसी स्थिति है जिसके तहत 'इतिहास' के कर्ता ही नहीं बल्कि विषय होने का भी ज़िम्मा ढोने वाले उत्पीड़ित उस दुःख और पतन को गम्भीरता से ले पाते हैं जिससे उत्पीड़क को गुज़रना पड़ता है।[63] जो अवस्था ऊपरी तौर पर संज्ञानात्मक अंतर में नाकामी की तरह दिखती है, वह दरअसल इस नयी समझ के तौर पर भी सामने आ सकती है कि आधुनिक युग में जिन्हें आम तौर पर विपर्यय समझा जाता है, वे ज़रूरी नहीं कि हमेशा वास्तविक प्रतिलोम ही निकलें। इस शताब्दी ने दिखाया है कि संगठित उत्पीड़न की हर अवस्था के तहत असली विपर्यय हमेशा ही बहिर्वेशित अंश बनाम समावेशित समग्र के रूप में सामने आता है— अर्थात् पुरुषत्व बनाम स्त्रीत्व के बजाय इन दोनों में किसी के भी सामने खड़ा उभयलैंगिकता; अतीत बनाम वर्तमान के बजाय इन दोनों में से किसी के मुखामुखम होता हुआ वह समयातीतपन जिसमें अतीत वर्तमान होता है और

दी जाती है. कवि के रूप में उन्होंने चीज़ों को उस रूप में पेश किया जिस रूप में वे नहीं थीं, और एक बनावटी व्यक्ति के रूप में उन्होंने दैनंदिन जीवन के यथार्थ की अवज्ञा की. वाइल्ड आलोचक के रूप में अपनी इन विशेषताओं के बावजूद नहीं, बल्कि इन्हीं के लिए जाने जाते थे. देखें, रिचर्ड एलमान (1967), 'द क्रिटिक एज़ आर्टिस्ट एज़ वाइल्ड', एनकाउंटर, जुलाई : 29-37. दरअसल, वाइल्ड अंर्स्ट ब्लॉक की इस आस्था को व्यावहारिक रूप दे रहे थे कि 'तुच्छता' प्रति-क्रांतिकारी होती है.

[63] हो सकता है कि किसी को यह वाक्य जार्ज लुकास से उधार लिया हुआ लगे, लेकिन निश्चित रूप से यह उस समझ को संस्कृति और काल के दायरे से बाहर अवस्थित करने का प्रयास नहीं है जो उत्पीड़ित द्वारा मनुष्य की विषम परिस्थितियों के बारे में बनाई जाती है. यह सूत्रीकरण तो मार्क्सवादी दायरे में एंतोनियो ग्राम्शी की रचनाओं के कुछ पाठों के अधिक निकट है.

वर्तमान अतीत; उत्पीड़ित बनाम उत्पीड़क के बजाय दोनों के ही मुक़ाबले खड़ी वह विवेकसम्मत दृष्टि जो दोनों को ही सह-कष्टभोगियों की तरह देखती है।

कुछ अपने ही अलग ढंग से अरविंद ने अपनी संस्कृति के नाम पर यही समझने की कोशिश की थी। अंग्रेज़ी भाषा की तुच्छता और उन्नीसवीं सदी की पश्चिमी सामाजिक आलोचना द्वारा प्रचलित श्रेणियों का मामूलीपन दिखाने के लिए कोई चाहे तो कह सकता है कि भारत नाम की अस्तव्यस्त शै में थीसिस का विलोम प्रति-थीसिस नहीं होता, क्योंकि यहाँ दोनों ही एक-दूसरे को ख़ारिज कर देते हैं। यहाँ तो थीसिस का असली 'दुश्मन' सिंथेसिस (संश्लेषण) है, क्योंकि वह थीसिस को अपने भीतर समाविष्ट करके उसके होने के तर्क को ही ख़त्म कर देता है। ध्यान रहे कि एक जीवंत धर्म के रूप में बौद्ध मत का भारत में ख़ात्मा किसी ब्राह्मणवादी शास्त्रीयता या किसी राज्यप्रवर्तित बुद्ध-विरोधी विचारधारा ने नहीं किया। उसका ख़ात्मा तो शंकर के वेदांत ने किया था जिसके ऊपर बौद्ध दर्शन की ही स्पष्ट छाप थी।[64] सफलता मिली हो या विफलता, अरविंद ने पश्चिम के प्रति इसी तरह की अनुक्रिया विकसित करने का यत्न किया था।

दीर्घकाल तक संत्रस्त रहा मानस ही जीवन के प्रति इस प्रकार की दृष्टि में गहनता का समावेश कर सकता था, भले ही इस दृष्टि की जड़ें प्राचीन बुद्धि और विरासत द्वारा थमाए गये विश्वशास्त्र में क्यों न हों। अति-पौरुष, वयस्कता, इतिहासवाद, वस्तुनिष्ठवाद और अति-सामान्यीकरण की संस्कृति से उत्पीड़ित लोगों ने अपनी हिफ़ाज़त का एक तरीक़ा खोज निकाला है : वे एक तरफ़ तो हुक्मरानों की रूढ़-छवि की तरह दिखने की कोशिश करते हैं और इसके लिए उन्हें अपने आत्म के उन आयामों पर कुछ अधिक ज़ोर देना पड़ता है जो ताक़तवर शासकों से मेल खाते हैं; दूसरी तरफ़ उनके हृदय के एक कोने में अवज्ञा के वे गोपनीय पहलू भी रहते हैं जिनके कारण विजेता की पराजितों के बारे में धारणा बेतुकी साबित हो जाती है, और विजेता का वह अनकहा यक़ीन भी बेकार साबित होता है जिसके तहत वह ख़ुद को इतिहास की नाइंसाफ़ी के शिकार अधीनस्थों के मुक़ाबले नैतिक और सांस्कृतिक रूप से श्रेष्ठ मानता है।

---

[64] अगर माधव देशपांडे (1979) के विश्लेषण का थोड़ा सा विस्तार करें तो सिंथेसिस या संश्लेषण के विचार को वेदांत और भट्ट मीमांसा की तर्ज पर 'संज्ञान की एक उच्चतर श्रेणी' की तरह समझा जा सकता है. इसके ज़रिये पहले के वैध संज्ञान को भ्रांत सिद्ध किया जा सकता है (*परत: अप्रमाण्यम और स्वत: प्रमाण्यम*). देखें, देशपांडे की रचना 'हिस्ट्री, चेंज ऐंड परमानेंस : अ क्लासिकल इण्डियन पर्सपेक्टिव', गोपाल कृष्ण (सम्पा.), *कंट्रीब्यूशंस टू साउथ एशियन स्टडीज़ I*, ऑक्सफ़र्ड युनिवर्सिटी प्रेस, नयी दिल्ली : 1-28; विशेष तौर से देखें, पृ. 3.

मुझे लगता है कि अब मैं लगभग अनायास ही लौट कर गाँधी पर आ पहुँचा हूँ— उन्हीं गाँधी के मुक़ाम पर जो राजनीति के दायरे में चेतना के एक विशिष्ट रूप की सफल अभिव्यक्ति कर सकने वाले लोगों में से एक थे। यह एक ऐसी चेतना थी जिसे अंग्रेज़ भारत में अपना पालतू बनाने में विफल रहे। गाँधी ने भारतवासियों के पाखण्डी रवैये पर होने वाली बहस को उसी दौर में ब्रिटिश आत्म-संदेह के पाठ में रूपांतरित कर दिया। कभी-कभार गाँधी का नैतिकतावाद कर्कश ज़रूर हो जाया करता था, पर कुल मिलाकर उन्होंने समझ लिया था कि अगर एकबारगी साम्राज्यवाद की एक ऐसी सैद्धांतिकी का वर्चस्व स्थापित हो जाए जिसके तहत न कोई विजेता होता है और न ही कोई पराजित, तो नैतिक के साथ-साथ संज्ञानात्मक धरातल पर भी साम्राज्यवाद के हाथ से लड़ाई निकल जाएगी। किपलिंगों के लिए यह समझ एक ख़तरे की तरह थी। वे तो साम्राज्यवाद को कुछ संस्कृतियों की श्रेष्ठता और कुछ की निम्नता के नैतिक वक्तव्य की तरह देखना चाहते थे। इसी वजह से वे यह मानने के लिए भी तैयार थे कि कुछ लोग यदि चाहें तो पश्चिमी संस्कृति पर भारतीय संस्कृति की श्रेष्ठता के बारे में बोलने के अधिकार का उपभोग भी कर सकते हैं। सांस्कृतिक सापेक्षतावाद उस समय तक अपने आप में साम्राज्यवाद के साथ असंगत नहीं होता जब तक एक संस्कृति की श्रेणियाँ राजनीतिक-आर्थिक और प्रौद्योगिकीय शक्ति से बल पाती रहती हैं।

गाँधी ने इस धरातल को दो तरह से गड़बड़ाया। सबसे पहले तो उन्होंने उपनिवेशवाद एक नैतिक मुद्दे के रूप में स्वीकार किया, और फिर ईसाई कसौटियों पर कस कर दिखाया कि किस तरह वह एक परम दुष्टता है। इस तरह वे लड़ाई को किपलिंग के घरेलू मैदान में ले गये। दूसरे, उन्होंने उपनिवेशवाद से होने वाले लाभों और हानियों का अपने तरह का अजीब सा संज्ञानात्मक आकलन किया, और फिर उसे आधुनिकता की अपनी आलोचना का हिस्सा बनाते हुए नतीजा निकाला कि अंग्रेज़ नैतिकता ही नहीं, बल्कि तर्कपरकता के मामले में भी कमतर हैं। उनके इस दुहरे हस्तक्षेप के कारण शासक-संस्कृति की आंतरिक वैधता जोखिमग्रस्त हो गयी, क्योंकि इससे प्रत्येक किपलिंग और प्रत्येक अर्ध-किपलिंग के निजी घाव फिर से हरे हो गये। ये लोग तो मानते थे कि शासकीयता एक पर्दा है जो अपने नैतिक आत्म को इतिहास की उच्चतर नैतिकता के नाम पर छिपाने के काम आता है। उनकी निगाह में इस उच्चतर नैतिकता के भीतर मानवीय

तर्कबुद्धि मूर्तिमान होती है। अफ्रीका के संदर्भ में एक बचकाने क़िस्म के फ्रांसीसी साम्राज्यवादी ने एक बार यह बात कही थी :

> *मुझे पता है कि मुझे अपनी प्रजाति पर गर्व करना ही चाहिए। जब एक श्रेष्ठ व्यक्ति का ख़ुद पर यक़ीन नहीं रह जाता तो फिर वह श्रेष्ठ नहीं रहता।* ... जब एक श्रेष्ठ प्रजाति स्वयं को वरदान मानना बंद कर देती है तो फिर वह श्रेष्ठता का वरदान प्राप्त प्रजाति नहीं रह जाती।[65]

गाँधी ने श्रेष्ठता के वरदान की असुरक्षित और दुर्बल अनुभूति के दोनों, नैतिक और संज्ञानात्मक, पक्षों पर आक्रमण किया।

इस संदर्भ में गाँधी किपलिंगों का विरोध करने वाले उन दूसरे लोगों से अलग थे ज़िनके लिए उपनिवेशवाद एक नैतिक वक्तव्य था। किपलिंगों के ऐसे विरोधियों के लिए भी 'इतिहास' ही आख़िरी नैतिकता थी। ऐसे आलोचक यह भी मानते थे कि उपनिवेशवाद की अनैतिकता का इलाज भी उपनिवेशवाद की ऐतिहासिक भूमिका के हाथों ही होगा जो वह प्रगति के औज़ार के तौर पर निभाता है। दरअसल, स्थिति यह है कि चाहे किसी अधिक ताक़तवर संस्कृति के प्रभाव के तहत शुरू होने वाला सांस्कृतिक पुनर्जागरण हो (उन्नीसवीं सदी के कई सामाजिक-आर्थिक सुधारकों और आज के ज़माने के आधुनिकतावादियों ने इस परिघटना का इसी रूप में वर्णन किया है), या फिर आधुनिक पूँजीवाद अपना कर पूर्ण-विकसित उदारतावाद या साम्यवाद हासिल करने का उद्यम हो (उपयोगितावादियों और कार्ल मार्क्स की भाषा)— इतिहास के आधुनिक विचार में उपनिवेशन करने वाली ताक़त को सांस्कृतिक रूप से श्रेष्ठ (या अधिक विकसित सांस्कृत अवस्था) मानने का विचार अंतर्निहित रहता ही है।[66] इस

---

[65] सिचारी-सोल्जर-ऑफ़-अफ्रीका, एमी सिज़िएर (1977), *डिस्कोर्स ऑन कोलोनियलिज़म,* अनु. जोआन पिंकहैम, मंथली रिव्यू प्रेस, न्युयॉर्क में उद्धृत : 29. इटेलिक शब्द मूल से.

[66] इस तरह की समझ के तत्त्व कई भारतीय चिंतकों में पाए जाते हैं : जैसे, राममोहन रॉय (1945-48), द *इंग्लिश वर्क्स,* खण्ड I-VI, कालिदास नाग और देबोज्योति बर्मन (सम्पा.), साधारण ब्रह्म समाज, कलकत्ता; बंकिमचंद्र चटर्जी (1958), *रचनावली,* खण्ड 1 और 2, साहित्य संसद, कलकत्ता (विशेष रूप से देखें *आनंदमठ* : 715-88); स्वामी विवेकानंद (1898), प्राच्य ओ पाश्चात्य,अद्वैत आश्रम, अलमोड़ा; और नीरद सी. चौधुरी (1951), द *ऑटोबायोग्राफ़ी ऑफ़ एन अननॉन इण्डियन,* मैक्मिलन, लंदन. इस श्रेणी में राममोहन रॉय और बंकिमचंद्र पूरी तरह से फ़िट नहीं बैठते. ख़ासकर राममोहन एक ऐसे समय में जिये और सक्रिय रहे जब विज्ञान, इतिहास और प्रगति के विचारों का आलोचना की शक्तियों के रूप में भारतीय परम्परा में विनियोग करने के बारे में सोचा जा सकता था. रॉय पूरी तरह से आधुनिकता की गिरफ़्त में चली गयी ऐसी दुनिया की कल्पना भी नहीं कर सकते थे जिसमें सभी ग़ैर-आधुनिक संस्कृतियाँ और ग़ैर-आधुनिक पश्चिम की हैसियत सीमांत हो गयी हो. वे एक ऐसे युग की देन थे जो सांस्कृतिक रूप से कहीं अधिक आत्मविश्वस्त था. एक छोटी

प्रकार यह रवैया औपनिवेशिक सिद्धांत के उस प्रमुख सूत्र को मान्यता प्रदान करता है जिसे किपलिंगों ने प्रस्तावित किया था। इसके विपरीत गाँधी ने जिस स्वायत्त विश्व-दृष्टि की पुनःपुष्टि की वह तथ्यों को मूल्यों से अलग करके देखने से इंकार करती थी। यह दृष्टि अस्तित्व की मूल्यगत स्थिति उपलब्ध करने के लिए उपनिवेशवाद जैसा अनैतिक मार्ग अपनाने के लिए तैयार नहीं थी। गाँधी ने एक सच्चा प्रतिवादी बनने का पश्चिमी मानक स्वीकार नहीं किया और आधुनिक पश्चिम की ग़ैर-आधुनिक भारतीय समझ को मान्यता दी। यह समझ आधुनिक पश्चिम को कई सम्भव जीवन-शैलियों में से एक मानती थी— एक ऐसी जीवन-शैली जिसका अनुपात से अधिक विस्तार और ताक़तवर होते जाने के कारण कैंसरग्रस्त हो जाना भारत और पश्चिम दोनों के लिए ही दुर्भाग्यपूर्ण था।

यही है वह समझ जो भारतीय परम्परा में आधुनिकता की सबसे बड़ी और सबसे विचित्र शत्रु है। इसका ताल्लुक़ न तो पश्चिमी की 'रैडिकल' समालोचना से है और न ही भारतीयपन की आक्रामक झण्डाबरदारी से। आधुनिक विज्ञान की ही तरह आधुनिकता हर क़िस्म के हालात में रह सकती है, पर वह अपने लिए दुर्बल हैसियत सहन नहीं कर सकती, और न ही ऐसी भूमिका स्वीकार कर सकती है जिसमें उसे दूसरों को अपने मत में दीक्षित करने के अधिकार से वंचित कर दिया गया हो।

इस समझ के कारण बाहरी और भीतरी लोगों को भारत की परिभाषा या पुनःपरिभाषा करने का मौक़ा तो मिला, लेकिन इस समझ ने ग़ैर-आधुनिक भारतीयों पर उनकी प्राथमिकताएँ बदलने का दबाव डालने से इंकार कर दिया। इन प्राथमिकताओं के आधार पर ही ग़ैर-आधुनिक नज़रिया भारतीयों और ग़ैर-भारतीयों के भारत संबंधी विचारों के प्रतिनिधिक अंश को स्वीकार या अस्वीकार करता था। दरअसल, यह एक अलग क़िस्म की विधि है जिसके ज़रिये संस्कृति अपने मर्म को सुरक्षित रखती है। एक ओर छोटे-छोटे समूह या व्यक्ति भारतीयपन को परिभाषित करने की लगातार कोशिश करते रहते हैं, और दूसरी ओर बड़े-बड़े जन-समुदाय कुछ इस अंदाज़ में अपनी ज़िंदगी गुज़ारते हैं जैसे कि ये

हद तक यह बात बंकिम पर भी लागू होती है.

कबराल ने अफ़्रीका के संदर्भ में ऐसे ही ख़याल ज़ाहिर किये हैं. देखें उनकी रचना, 'आइडेंटिटी ऐंड डिग्निटी इन द कांटेक्स्ट ऑफ़ नैशनल लिबरेशन स्ट्रगल', *रिटर्न टू द सोर्स* : 57-69.

परिभाषाएँ प्रासंगिक ही न हों। संस्कृति इस द्वंद्वात्मकता का इस्तेमाल करती है। निस्संदेह भारतीय सृजनशीलता के मुख्य प्रकरण— यानी भारतीयपन की अकसर होने वाली प्रमुख अभिव्यक्तियाँ भारतीय चेतना के उन पहलुओं की देन हैं जो राष्ट्रीय या सांस्कृतिक रूप से कम आत्मसचेत होते हैं। भले ही ऐसा कम घटित होता हो, लेकिन इस सच्चाई से इंकार नहीं किया जा सकता कि संस्कृति के सीमांतों से इन अभिव्यक्तियों के उद्‌भूत होने की सम्भावना रहती है। आत्म-परिभाषा और उस चेतना, जो आत्मचेतना नहीं है, के बीच सांस्कृतिक तनाव का अपने निजी जीवन या अपनी आत्माभिव्यक्ति में अभिग्रहण करने वाले लोग इन्हीं सीमांतों पर निवास करते हैं।[67]

त्रिलोकी नाथ मदन ने पिछले दिनों याद दिलाया है कि 'हिंदू' शब्द का सबसे पहला इस्तेमाल मुसलमानों द्वारा उन सभी भारतीयों के लिए किया गया था जो इस्लाम में धर्मांतरित नहीं हुए थे। हिंदुओं ने ख़ुद को हिंदू कहना तो हाल ही में शुरू किया है।[68] यानी इस अभिव्यक्ति की निर्मिति में ही एक अंतर्विरोध है। इसका मतलब तो ख़ुद की परिभाषा के लिए हिंदू शब्द का इस्तेमाल करके हिंदू की परम्परागत आत्म-परिभाषा का उल्लंघन करना, और अपने हिंदू धर्म का ज़ोरदारी से दावा करके अपने हिंदूपन से तक़रीबन इंकार करना हुआ। (सदी की शुरुआत में सक्रिय रहे राष्ट्रवादी-क्रांतिकारी ब्रह्मबांधव उपाध्याय के जीवन

[67] एक ज़माने में मैंने दो भारतीय वैज्ञानिकों और देशज वैज्ञानिक सृजनशीलता के उनके प्रारूपों का अध्ययन किया था. इनमें से एक श्रीनिवास रामानुजन पहली श्रेणी में आते हैं, और दूसरे जगदीश चंद्र बोस दूसरी श्रेणी में. पुस्तक लिखते समय मेरी हमदर्दी मुख्य तौर से रामानुजन के साथ थी. मैं समझता था कि वे आधुनिक दुनिया से सुरक्षा के तलबग़ार थे. उस संसार ने उन्हें अपेक्षाकृत कम प्रदूषित कर पाया था, और मुख्यतः इसी कारण से वे उसके प्रति अजान थे. दूसरी तरफ़ बोस के पास एक संवेदनशील बौद्धिक एंटेना था जिसकी मदद से वे अपना रास्ता बनाने में कामयाब रहे. आज मैं अपने इस विचार पर उतना दृढ़ नहीं हूँ. अब मुझे लगता है कि रामानुजन आधुनिकता के बरअक्स इतने कमज़ोर भी नहीं थे. न ही बोस को इतना अप्रामाणिक समझा जाना चाहिए. बोस ने अपने विज्ञान में जिन सांस्कृतिक समस्याओं पर ग़ौर किया, उनकी प्रकृति वास्तविक और तात्कालिक थी. दरअसल, रामानुजन ही नहीं आधुनिकता के बरअक्स बोस भी कमज़ोर थे. आधुनिक विज्ञान के निर्मम संसार में अपना रास्ता बनाते हुए वे एक ऐसे शत्रुभाव से दो-चार हुए थे जो एकदम विजातीय व्यक्ति में तो नहीं पैदा होता लेकिन जिसका सामना चेतना की दहलीज पर खड़े व्यक्ति को करना पड़ता है. आशिस नंदी (1980), *आल्टरनेटिव साइंसेज़ : क्रियेटिविटी ऐंड ऑथेंटिसिटी इन टू इण्डियन साइंटिस्ट्स,* एलाइड पब्लिशर्स, नयी दिल्ली.

[68] देखें, टी.एन. मदन (1970), 'द क्वेस्ट फ़ॉर हिंदुइज़म', *इंटरनैशनल सोशल साइंस जर्नल,* 19 (2) : 261-78. इस प्रकार की दोनों सिरों पर खुली और तरल सांस्कृतिक आत्म-परिभाषा के मनोवैज्ञानिक प्रति-आत्म का चर्चा मेक्किम मैरियट ने आत्म के 'द्रवीभूत' यथार्थ के रूप में की है. देखें उनकी रचना, 'द ओपिन हिंदू पर्सन ऐंड इंटरपर्सनल फ़्यूडिटी', यह अप्रकाशित प्रबंध 1980 में एसोसिएशन ऑफ़ एशियन स्टडीज़ की सालाना बैठक में प्रस्तुत किया गया था.

पर काफ़ी–कुछ आधारित रवींद्रनाथ ठाकुर की रचना *गोरा* हिंदू शब्द में निहित समझौते और भारतीय मध्यवर्ग की सांस्कृतिक और मनोवैज्ञानिक दुविधा की प्रकृति जाँचने का प्रामाणिक प्रयास है।[69]) सौभाग्य से अधिकतर हिंदू सदियों से इस आत्म–चेतना के बिना ही रहते आये हैं। उन्हें निश्चित रूप से हिंदू धर्म की इस विशिष्ट अवधारणा की आवश्यकता नहीं थी, लेकिन उन्नीसवीं सदी के आधुनिकतावादी हिंदू सुधारवादियों का सोच ऐसा नहीं था। इन सुधारवादियों ने ही अपने रणप्रिय शासकों के प्रति अनुक्रिया करते हुए उस हिंदू धर्म का अप्रत्यक्ष ईसाईकरण करने की कोशिश की जो उनकी निगाह में पुंसत्वहीन था। तदनुरूप इन आधुनिकतावादी हिंदुओं ने समकालीन हिंदू धर्म को सामी धर्मों के मुक़ाबले स्थायी रूप से कमतर मानने के बजाय एक ज़माने में अपनी महानता के बावजूद पतित हो चुके ऐसे धर्म के रूप में भी देखा जिसमें कभी सम्भावनाएँ थीं। इसी कारण से इन लोगों ने हिंदुओं को सुधारने और उनके धर्म का आधुनिकीकरण करने की मुहिम चलायी। उन्होंने हिंदुओं को एक समुदाय का बोध और एक समुदाय के रूप में इतिहास का बोध थमाना चाहा।[70]

मुख्यधारा की भारतीय संस्कृति ने राजनीतिक पराजय और अस्थिरता से निबटने का भिन्न तरीक़ा सीख लिया है, भले ही इससे फ़ायदा हुआ हो या नुक़सान। धर्म और राष्ट्रत्व की परस्परव्यापी स्थितियों से निकलने वाला समुदाय या इतिहास का बोध भारतीय आत्म का महत्त्वपूर्ण घटक कभी नहीं रहा। इस संस्कृति ने अधिकांशतः उस राष्ट्रीय आत्म–चेतना को ख़ारिज ही किया है जिसे आधुनिक पश्चिम अकसर भारत के अपने आधुनिक प्रवक्ताओं के माध्यम से उस पर थोपने की कोशिश करता रहा है। इसके विपरीत यह संस्कृति उन विश्वशास्त्रों से ख़ुद को बचाती रही है जो अपने मत में दीक्षित करने की मुहिम चलाने में यक़ीन करते हैं, जो वर्चस्ववादी होते हैं और सांस्कृतिक क्रम–विकास की किन्हीं सेकुलर या ग़ैर–सेकुलर सैद्धांतिकियों में विश्वास करते हैं। आत्मरक्षा के वास्ते ही यह संस्कृति इस विचार को सामने रखती है कि एक भारतीय समझौतापरस्त होता है, उसकी आत्म–परिभाषा तरल होती है, और वह अपने

---

[69] रवींद्रनाथ ठाकुर (1961), *रवींद्र रचनावली,* पश्चिम बंगाल सरकार, कलकत्ता : 1–350.

[70] इसी पुस्तक का पहला हिस्सा देखें. इसके अलावा देखें मेरी रचना 'साइकोलॅजी ऑफ़ कम्युनलिज़्म', *द टाइम्स ऑफ़ इण्डिया,* 19 फ़रवरी, 1978; और 'रिलर्निंग सेकुलरिज़्म', *द टाइम्स ऑफ़ इण्डिया,* 20-21-22 फ़रवरी, 1981.

सभ्य बिरादरों के तौर-तरीक़े सीखने का भी इच्छुक होता है बशर्ते कि इससे उसे कोई फ़ायदा हो। ऐसे कुछ सांस्कृतिक लक्षणों का जातीय-मनोवैज्ञानिक श्रेणियों की तरह और संरक्षात्मक रूढ़छवियों की तरह उपयोग किया जा सकता है। अतएव, उत्पीड़क प्रणाली के शिकंजे में फँसी अन्य संस्कृतियों की तरह भारतीय पौरुषपूर्ण प्रतिरोध की प्रभुत्वशाली अवधारणा स्वीकार करते हुए भी प्रतिवाद नहीं करते, ख़ासकर उस स्थिति में जब उस प्रतिरोध की क़ीमत बहुत ज़्यादा होने का अंदेशा हो।[71] लेकिन इसके बावजूद उनकी अंतर्निहित विद्रोही प्रवृत्ति बरक़रार रहती है जिसके ज़रिये दूसरों के दिमाग़ में मौजूद अपनी मानक रूढ़छवियों को प्रभावी सुरक्षा-आवरणों और उत्तरजीविता के माध्यमों में बदला जाता रहता है। हिंदू राष्ट्रवाद का विकल्प हिंदू धर्म के शास्त्रीय और लोक रूपों के साथ-साथ आत्मचेतना रहित हिंदू धर्म के एक विलक्षण मिश्रण में निहित है। इसी विलक्षण मिश्रण के आधार पर अधिकतर भारतीय, हिंदू हों या ग़ैर-हिंदू, अपनी ज़िंदगी गुज़ारते हैं। यही है वह दहलीज़ी वजूद (लिमिनलिटी) जो किपलिंग को असंतुष्ट कर देता था। यही है वह दहलीज़ी वजूद जिसके आधार पर पिछली दो सदियों में महानतम भारतीय राजनीतिक-सामाजिक नेताओं ने भारतीय के रूप में अपनी आत्म-परिभाषा का शीराज़ा खड़ा किया है।[72]

इसका गाँधी से बेहतर उदाहरण कोई नहीं हो सकता। उनकी राजनीतिक शैली में लोक और शास्त्रीय तत्त्वों का 'हास्यजनक' और 'बेढंगा' मिश्रण होता था। वह राजनीतिक शैली दिखाती थी कि प्रभावी प्रतिरोध और 'प्रतिरोध की न्यूनतम मुद्रा' का 'पाखण्डपूर्ण' घालमेल कैसे किया जा सकता है। ऐसे गाँधी की कभी-कभी चार्ल्स चैपलिन और मिकी माउस तक से एक ग़ैर-गम्भीर क़िस्म की तुलना कर दी जाया करती थी। दक्षिण अफ्रीका के प्रधानमंत्री जान एच. स्मट्स (1870-1950) गाँधी के कट्टरतम शत्रुओं और प्रशंसक मित्रों में से एक थे। गाँधी की दक्षिण अफ्रीका से रवानगी पर उनकी एक क्लांत लेकिन क्षुब्ध टिप्पणी ने इस तरह के मिश्रण की प्रभावकारिता अनायास ही यह कह कर स्वीकार

---

[71] तुलना करें, ई.डी. जेनोवर्स (1970), *रोल, जॉर्डन, रोल : द वर्ल्ड द स्लेव्ज़ मेड,* पैंथियन, न्युयॉर्क; फ्रांज़ फ़ानो, *द रैचेड ऑफ़ द अर्थ.*

[72] इन नेताओं ने आंशिक रूप से भारत की ग़ैर-आलोचनात्मक परम्पराओं से भी निबटना सीख लिया था. इस पहलू को प्रतिमा बॉवेज़ (1977) अपनी रचना *द हिंदू इंटलेक्चुअल ट्रेडिशन,* एलाइड पब्लिशर्स, नयी दिल्ली में पेश करती प्रतीत होती हैं.

कर ली थी, 'संत हमारे तटों से जा चुका है। मेरी दिली ख़्वाहिश है कि यह रवानगी हमेशा के लिए हो।' इसके अलावा मैं यहाँ रिचर्ड लेनॉय द्वारा किया गया डांडी मार्च का वर्णन पेश कर रहा हूँ। इसे लेनॉय ने कई स्रोतों से मिली कतरनों से तैयार किया था। मुझे उम्मीद है कि इस विवरण से उस क्षोभ का सुराग़ मिलेगा जो स्मट्स को ही नहीं, बल्कि आधुनिक भारत में उनके मानस-पुत्रों को भी उस शख़्स और उसके तौर-तरीक़ों पर होता रहता है जिसने न केवल क्षात्रतेज को ख़ारिज कर दिया था, वरन् मुझे तो लगता है कि उसने ब्रह्मतेज को भी अस्वीकार कर दिया था :

> डांडी मार्च अपना दावा दुःख-सुख भरी मानीख़ेज़ घटनाओं के ज़रिये करता है ...
>
> गाँधी ने चौबीस दिन तक अहमदाबाद के अपने आश्रम से डांडी के 241 मील दूर स्थित समुद्रतट तक मार्च किया ताकि वहाँ के नमक को मुट्ठी में उठा कर भारतीय किसानों को कुचल डालने वाले ब्रिटिश राज के नमक क़ानून को तोड़ा जा सके। क़ानून तोड़ने के बाद *वे राजनीतिक कार्रवाई से पीछे हट गये।* ...
>
> नमक सत्याग्रह के पीछे वर्षों तक धीरज से की गयी तैयारियाँ हैं। ... सत्याग्रहियों को सिखाया गया है कि पूर्ण दुर्बलता से शक्ति कैसे प्राप्त की जाती है, अथवा, यह भी कहा जा सकता है कि *निष्क्रियता को कैसे अंजाम दिया जा सकता है।* ... उष्णकटिबंधीय आबोहवा में नमक रोज़मर्रा की ख़ुराक का अंग है। गाँधी ने छह साल से नमक का त्याग पहले ही कर रखा है। अपने 'प्रिय मित्र' भारत के वायसराय लॉर्ड इरविन को उन्होंने एक पत्र लिख कर यह अग्रिम सूचना दी थी कि वे अपने हाथ से नमक क़ानून तोड़ने का इरादा रखते हैं। ...
>
> समुद्र तट पर अपने अठहत्तर कार्यकर्ताओं के मिले-जुले दल के साथ मुट्ठी भर नमक उठाने के लिए मार्च करते हुए लंगोटी-धारी गाँधी की छवि से 1930 में भी एक मायावी-सा कालभ्रम होता है। यह मार्च कम से कम इतने दिन तो चलना ही था कि भारत और दुनिया की आँखें इकसठ साल के उस दुर्बल वृद्ध पर टिक सके जो मार्च के बेरहम सूरज की गर्मी में भी चलता चला जा रहा था। ... 'डांडी मार्च करते हुए वे न्यूज़-रील और वृत्त-चित्र की दुनिया में प्रवेश कर गये। आज के बाद से उनकी कई जगमगाती श्वेत-श्याम झलकें मिलेंगी, एक तेज़ गतिशील आकृति, कुछ अलग तरह के लेकिन चार्ली चैपलिन सरीखे चमकदार क्षण।' (ऐश) गाँधी का मार्च जैसे-जैसे आगे बढ़ा, उनके पीछे 'प्रशासन का शीराज़ा बेआवाज़ ढहता चला गया क्योंकि तीन सौ नब्बे गाँवों के प्रधानों ने अपने पद से इस्तीफ़ा दे दिया था। (ऐश)
>
> ... 'और ये थे गाँधी अपने दोस्तों से घिरे मार्च करते हुए। यह एक तरह का ज़बरदस्त एंटी-क्लाइमेक्स था। न जयकारे थे, न ही ख़ुशी की चीत्कारें थीं, न ही

किसी क़िस्म का भव्य जुलूस, एक तरह से यह तो एक प्रहसन जैसा था ... वहीं था मैं, इतिहास बनते हुए देखता हुआ एक अजीब से एंटी-क्लाइमेक्स में। पूरी तरह से ग़ैर-युरोपियन होने के बावजूद यह घटना दिल की गहराइयों को छू जाने वाली थी।' (बोल्टन)

डांडी पहुँचने के बाद वे सात दिनों तक वहाँ रुके। प्रति दिन आधे औंस वसा और दो औंस शर्करा के साथ भुना हुआ अनाज उनकी ख़ुराक थी। छह अप्रैल की भोर गाँधी उठे, समुद्र में स्नान किया और फिर वहाँ गये जहाँ नमक क़ुदरती तौर पर जमा था। फ़ोटोग्राफ़र तैयार थे। उन्होंने राजद्रोह के दायरे में आने वाली मात्रा का नमक उठाया और अपने पास खड़े व्यक्ति को थमा दिया। सरोजिनी नायडू ने नारा लगाया, 'मुक्तिदाता ज़िंदाबाद'। इसके बाद वे वापस अपने काम में लग गये।

यह ख़बर सारी दुनिया में प्रसारित हुई और कुछ ही दिन में भारत में उथल-पुथल मच गयी। इस धरती के हर कोने में लाखों लोग नमक बनाने लगे। देश के प्रत्येक बड़े शहर में, कराची से मद्रास तक, विशाल प्रदर्शन हुए। पर्देदार औरतें सड़कों पर प्रदर्शन के लिए निकल पड़ीं। एक स्वचालित मशीन की तरह ब्रिटिश प्रशासन अंधी और असंबद्ध क़िस्म की बेइंतिहा हिंसक कार्रवाई में जुट गया। पुलिस और फ़ौज ने जैसे किसी सम्मोहन की गिरफ़्त में आ कर अर्थहीन लगने वाली कार्रवाई शुरू कर दी। प्रतिहिंसक सिपाहियों ने भारतीयों को पीटा, उनके पेट में ठोकरें मारी, उनकी उँगलियों को चबा डाला और उन पर गोलियाँ चलाईं। घुड़सवार दस्तों ने उन पर अपने घोड़े चढ़ा दिये। ... 60,000 से 100,000 के बीच अहिंसक सत्याग्रही जेल गये। बंगाल में चटगाँव की एक घटना को छोड़ कर किसी भी भारतीय ने पलट कर हिंसक प्रहार नहीं किया। डांडी के पास एक शिविर में पेड़ के नीचे सोते हुए गाँधी आधी रात को गिरफ़्तार करके जेल भेज दिये गये। आठ महीने बाद हुई रिहाई के बाद उन्होंने गाँधी-इरविन समझौते को अंजाम दिया जिसके बाद सरकार ने अपने दमनकारी क़दम रोक दिये और राजनीतिक बंदी रिहा कर दिये गये। यही था वह अवसर ... जब नेहरू की आँखों से आँसू फूट पड़े।

लुई फ़िशर ने डांडी मार्च के अपने विवरण को अपनी इस खरी टिप्पणी के साथ ख़त्म किया : 'भारत अब आज़ाद था। तकनीकी रूप से, क़ानूनी रूप से कुछ नहीं बदला था।'[73]

यह था वह धरातल जिस पर लेनॉय की समझ में भारत में होने वाली

---

[73] रिचर्ड लेनॉय, *द स्पीकिंग ट्री* : 400-7; जैफ़्री एश (1968), *गाँधी : अ स्टडी इन रेवोल्यूशन,* हाइनमेन, लंदन : 286; ग्लोरनी बोल्टन के कथन के लिए देखें, फ्रांसिस वाट्सन और मॉरिस ब्राउन (सम्पा.) (1957), *टाकिंग ऑफ़ गाँधीजी,* लोंगमेंस, ग्रीन, लंदन : 58-9 (इटेलिक मूल के अनुसार).

सृजनात्मक राजनीति की 'थमने, रुकने-चलने' शैली का मर्म समझ में आया :

> मिथकों की तरह सत्याग्रह में भी सब कुछ उल्टा-पुल्टा हो रहा है। फिर भी ... यह नतीजा निकाले बिना नहीं रहा जा सकता कि गाँधीवादी सत्याग्रह ख़ास तौर पर विफलताओं को, ज़िमर की भाषा में कहें तो, 'चमत्कारी विकास' में बदलने की गुंज़ाइश देने के लिहाज़ से अनुकूल है। इस तरह आंदोलन दचके खाते हुए संकट-दर-संकट बढ़ता जाता है। 'अव्यवस्था के आर-पार' की इस अकसर पैदा होने वाली स्थिति की समझ ज़िमर ने पुराणिक मिथकों से ली है जिनमें स्पर्धारत शक्तियों की अनिवार्य प्रकृति के बारे में अंतर्दृष्टि मिलती है। ... दु:ख भोगने की स्वीकारोक्ति ... पर ही यह अंतत: निर्भर है ... ख़ास तरह की भारतीय परिस्थितियों में यह 'निष्क्रियता' शायद अधिक प्रभावी होती है ...।[74]

फ़ोर्स्टर की रचना *अ पैसेज टू इण्डिया* की एक अंग्रेज़ पात्र के शब्दों में इसका सार-संक्षेप किया जा सकता है। सम्भवत: उसने भारत से प्रभावित हो कर ही कहा होगा, 'विफलताएँ कई प्रकार की होती हैं, और उनमें से कुछ सफल हो जाती हैं।'

भारतीय संस्कृति का वैशिष्ट्य पकड़ने के लिए कई सामाजिक विश्लेषकों के साथ-साथ इस लेखक ने भी कुछ संस्कृतिपरक आयामों की विलक्षणता या उनके विन्यास में झाँकने की कोशिश की है। यह तरीक़ा पूरी तरह से भ्रामक तो नहीं कहा जा सकता, पर इसके ज़रिये हाथ लगने वाली सच्चाइयाँ कुछ आधी-अधूरी अवश्य होती हैं। इन्हीं में से एक है भारतवासियों के नाम पर अतीत और वर्तमान के बीच, देशज और विदेशज के बीच, एवं हिंदू व ग़ैर-हिंदू के बीच एक स्पष्ट रेखा खींचना। लेकिन, जैसा कि मैं पहले कह चुका हूँ, पश्चिम का आक्रामक संस्करण कभी-कभी भीतर ही मिलता है। उत्साह से ख़ुद को देशज घोषित करने वाला अकसर विदेशज निकलता है; और स्वयं को हिंदू घोषित करने वाला हिंदू दरअसल उस तरह का हिंदू नहीं साबित होता। शायद भारतीय संस्कृति की विलक्षणता किसी ख़ास विचारधारा में निहित न हो कर उन पारम्परिक क्षमताओं में निहित है जिनके दम पर समाज सांस्कृतिक अस्पष्टताओं के साथ रहना सीखते हुए सांस्कृतिक आक्रमणों के ख़िलाफ़ मानस और तत्त्वमीमांसा के धरातल पर प्रतिरक्षा खड़ी करता है। सम्भवत: संस्कृति अपने आप में यह माँग करती है कि

---

[74] लेनॉय, *द स्पीकिंग ट्री* : 404-5.

व्यक्ति की आत्म-छवि के भीतर सीमाओं की परस्परव्याप्ति एक हद तक क़ायम रखी जाए, और आत्म को न तो बहुत स्पष्टता के साथ परिभाषित किया जाए और न ही अ-आत्म के मुक़ाबले उसकी पृथकता यांत्रिक ढंग से स्थापित की जाए। भारत की उत्तर-औपनिवेशिक विश्व-दृष्टि का सुराग़ यहीं से मिलता है। यही है ख़ुद को बचाए रखने की उस रणनीति का दूसरा पक्ष जिसकी मैंने ऊपर चर्चा की है।

मुझे इवान इलिच द्वारा सुनाया गया पंद्रहवीं सदी का एक दृष्टांत याद आता है। कुछ अज़्टेक पुरोहितों को उनके स्पेनिश विजेताओं ने जादूगरी के आरोप में पकड़ लिया। फिर उन्हें ईसाई उपदेश पिलाए गये जिनके जवाब में उन्होंने कहा कि अगर अज़्टेक देवताओं की कथित रूप से मृत्यु हो ही चुकी है तो फिर वे भी मरना पसंद करेंगे। अवज्ञा की इस अंतिम कार्रवाई के बाद स्पेनियों ने उन पुरोहितों को भूखे कुत्तों के सामने फेंकने का अपना कर्तव्य पूरा किया। मुझे नहीं लगता कि ब्राह्मण पुरोहित होते तो इस तरह की परिस्थिति का इसी तरह से सामना करते। मेरा ख़याल है कि वे न केवल ईसाई धर्म ग्रहण कर लेते, बल्कि उनमें से कुछ ने तो मिल कर विदेशी शासकों और उनके देवताओं की भव्य प्रशस्ति भी लिख डाली होती। इसका मतलब यह नहीं है कि वे रातों-रात अच्छे ईसाई बन जाते। ज़्यादा सम्भावना यही है कि हिंदू धर्म में उनकी आस्था वैसी की वैसी ही रहती, और कुछ समय बाद उनकी ईसाइयत ख़तरनाक ढंग से हिंदू धर्म की एक क़िस्म लगने लगती। दरअसल, आपद्धर्म और नाना प्रकार के अस्तित्वों के बीच एकत्व जैसे सिद्धांतों (अस्तित्वों के एकत्व का उसूल एक ऐसा तत्त्वमीमांसक अन्योन्यसंबंध है जिसे कोई भी फ्रॉयडियन आधुनिकतावादी सदाशयता के साथ आत्ममोह के अतिरेक से निकली प्रक्षेपीय बहिर्मुखता (प्रोजेक्टिव एक्स्ट्रॉवर्ज़न) कहना पसंद करेगा।[75])का इस्तेमाल करके वे विदेशज देवताओं के सामने सिर झुकाने और अपनी संस्कृति और अतीत को ऊपरी तौर पर त्यागने को पूरी तरह से न्यायसंगत ठहरा देते। अपनी सभ्यता सुरक्षित रखने का दायित्व पूरा करने के लिए हिंदू लोग आत्मचेतस होने का रास्ता अपनाने के बजाय पारम्परिक रूप से एक मिथकीय-काव्यात्मक समझ का रास्ता अख़्तियार करते रहे हैं। इस तरह से उन्हें अपने विजेताओं के मिशनरी उत्साह को निष्प्रभावी

[75] फ़िलिप स्प्रैट (1966); *हिंदू कल्चर ऐंड पर्सनैल्टी,* मानकतालस, बम्बई.

करने का मौक़ा मिल जाता है। जो प्रक्रिया पश्चिमीकरण जैसी लगती है, वह अकसर पश्चिम को पालतू बनाने का सिलसिला होती है जिसके तहत कभी-कभी तो पश्चिम हास्यास्पद और निहायत ही मामूली सा लगने लगता है। हिंदू पुराणों ने बार-बार यह रेखांकित भी किया है कि नतीजों से बेपरवाह सीधा-सच्चा साहस निजी धरातल पर श्रद्धा और अमरत्व के लिए तो ठीक हो सकता है, पर उससे सामूहिक उत्तरजीविता सुनिश्चित नहीं की जा सकती।[76] सम्भवत: इस भाव की पुष्टि कुछ और शास्त्रों द्वारा भी हो सकती है कि ज्ञानी लोग डायनीज़ियन आयामों (असुर भाव) का आभ्यंतरीकरण करने के बाद उन्हें नियंत्रित कर सकते हैं। ज़रूरी नहीं कि हमेशा उन्हें बाह्य शक्ति मान कर उनके ख़िलाफ़ संग्राम चलाया जाए :

यस्तु सर्वाणि भूतान्यात्मन्येवानुपश्यति।
सर्वभूतेषु चात्मानं ततो न विजुगुप्सते॥[77]

एक अधिक सांसारिक धरातल पर हमारी परिकल्पनाओं के ब्राह्मण यहाँ अपने व्यक्तित्वों का विभाजन करते हुए दिखेंगे। वे मान लेंगे कि जो धर्मांतरण और अवमानना उन्हें झेलनी पड़ रही है, वह दरअसल एक ऐसे आत्म के साथ घटित हो रही है जिसे उन्होंने पहले ही कुछ इस तरह से लिया है कि जैसे वे कोई और हों या वह किसी और का आत्म हो। यह एक ऐसा आत्म है जिसके प्रति व्यक्ति पहले से ही अमूर्त और विमुख-सा हो जाता है। मानसिक संतुलन बनाए रखने और उत्तरजीविता सुनिश्चित करने के ख़ातिर आत्म का ऐसा विभाजन करके कर्ता स्वयं अपने लिए एक विषय में बदल जाता है और इस तरह अपने 'आत्म के अनिवार्य घटक' को भोगी गयी हिंसा और अवमानना से विलग कर देता है।[78] ख़ुद को बचाने की यह कोशिश अपने भीतर उस मनोदैहिक अवस्था

---

[76] मसलन, महाभारत में कृष्ण के सामने मौजूद राजनीतिक और सामाजिक चयनों को एकदम इसी तर्ज पर समझना सम्भव है. शायद इसका अधिक अहम सुराग़ ब्राह्मणों को मिलने वाले आश्रय और सुरक्षा के पारम्परिक दायित्व में मिल सकता है. इसी के साथ अरविंद जैसे योगियों की विकल्पवाची मानकीय सृजनशीलता की ज़िम्मेदारी उठाना भी इसी का अंग है. इसके लिए देखें, लुई दूमो (1970), *होमो हाइरार्किस,* वीडनफ़ील्ड ऐंड निकल्सन, लंदन.

[77] 'जो प्रत्येक अस्तित्व को अपने आत्म में और स्वयं को प्रत्येक दूसरे अस्तित्व में देखता है, इस दृष्टि के अनुसार वह किसी चीज़ से घृणा नहीं करता।' 'ईशोपनिषद', अतुलचंद्र सेन (सम्पा.) (1972), *उपनिषद्,* हराफ़, कलकत्ता : 130-55, विशेषकर पृ. 138.

[78] मनोचिकित्सक एली कोहेन ने जब पहली बार ख़ुद को यातना शिविर का सामना किया, तो उन्होंने भी स्वयं को इसी तरह के विभाजन का सहारा लेते हुए पाया. देखें उनकी 1953 में प्रकाशित रचना *ह्यूमन बिहेवियर इन*

का समावेश करने की तरह समझी जानी चाहिए जिसके तहत व्यक्ति को अपना तात्कालिक संदर्भ आंशिक रूप से स्वप्निल अथवा अवास्तविक जैसा लगने लगता है। दरअसल 'जीवित रहने और मानवीयता बनाए रखने की ख़ातिर उत्तरजीवी को जगत में, पर जगत का न हो कर, रहना होता है'।[79] (तत्त्वमीमांसा के लिहाज़ से इसकी अंतर्वस्तु जो भी हो, अंतिम विश्लेषण में यह भारतीय अध्यात्म द्वारा पश्चिम के प्रति मानस के धरातल पर की गयी प्रमुख अनुक्रिया है। भारतीय अध्यात्म की अधिकतर वैचारिक शाखाओं ने आत्मा (अस्तित्वगत चेतना) और लाक्षणिक चेतना (आधुनिक मनोशास्त्री मुख्यत: इसी का अध्ययन करते हैं) के बीच प्राचीन काल से किये जाने वाले अंतर का इस्तेमाल करके भीतर घटित होने वाले नियंत्रित विच्छेद को एक ऐसा अर्थ प्रदान किया है जो मानसिक स्वास्थ्य के लिए नुक़सानदेह होने के बजाय एक अनूठे और ऊर्जावान यथार्थवाद की पुष्टि करता है। आनंद कुमारस्वामी द्वारा एक बिल्कुल भिन्न अर्थ में प्रयुक्त शब्दों का इस्तेमाल करें तो इसके ज़रिये मनुष्य अपने प्रारब्ध का स्वामी बन सकता है, आवश्यकताओं के परे जा सकता है, एवं 'सभी युगों में सभी घटनाओं का द्रष्टा बन सकता है'।[80] आम तौर पर माना जाता है कि भारतीयों की यथार्थ पर पकड़ कमज़ोर होती है, उनका अहं दुर्बल होता है, वे राजनीतिक प्राधिकार के सामने आसानी से समर्पण कर देते हैं, और सामाजिक स्थितियों में अपनी उपस्थिति स्पष्ट रूप से दर्ज नहीं कराते। इन आयामों की जड़ें हमारे पारम्परिक शिशु लालन-पालन की गहराइयों में कितनी भी टटोली जाएँ, लेकिन इस तर्क से नहीं बचा जा सकता कि ये तमाम पहलू उस संस्कृति का पता देते हैं जिसने पीढ़ी-दर-पीढ़ी उत्तरजीविता की चुनौतियों का सामना किया है। अगर इसी बात को किसी अन्य समय में किसी अन्य उत्पीड़ित के अनुभव पर लागू करके देखा

कंसेंट्रेशन कैम्प, अनु. एम.एच. ब्राक्षमा, नॉर्टन, न्युयॉर्क : 116. इसे टेरेंस डेस प्रेस (1976), *द सरवाइवर : एन एनाटॅमी ऑफ़ लाइफ़ इन द डेथ कैम्प*, ऑक्सफ़र्ड युनिवर्सिटी प्रेस, न्युयॉर्क : 82 पर उद्धृत. 'आत्म के अनिवार्य घटक' का विचार इरविंद गॉफ़मेन का है. इसका अर्थ इस विश्लेषण में प्रयुक्त भारतीयता के मर्म के विचार जैसा ही है. देखें गॉफ़मेन (1962), *असायलम्ज़ : एसेज़ ऑन द सोशल सिचुएशन ऑफ़ मेंटल पेशेंट्स ऐंड अदर इनमेट्स*, एल्डाइन, शिकागो : 319. गॉफ़मेन ने इस समग्र प्रक्रिया को 'द्वितीयक समायोजन' क़रार दिया है. इस प्रक्रिया में किसी निरंकुश परिस्थिति या संस्था द्वारा आरोपित आत्म का अस्वीकार भी शामिल है.

[79] डेस प्रेस, *द सरवाइवर* : 99.

[80] आनंद कुमारस्वामी (1977), 'ऑन दे इण्डियन ऐंड ट्रेडिशनल साइकोलॅजी, ऑर रादर न्युमेटोलॅजी', *सेलेक्टेड पेपर्स*, खण्ड 2 : *मेटाफ़िज़िक्स*, सम्पा. रोजर लिप्सी, प्रिंसटन, प्रिंसटन युनिवर्सिटी प्रेस : 333-78, विशेषकर देखें पृ. 365, 377.

जाए तो जिन पहलुओं को भारतीय 'व्यक्तित्व की विफलताओं' की तरह चिह्नित किया गया है, उन्हें मनुष्य द्वारा मनुष्य पर थोपी गयी पीड़ाओं के प्रति संवर्धित सतर्कता के एक अन्य रूप की तरह, अथवा उनके प्रति कुशाग्र सहज-बोध या अधिक तेज़ प्रतिक्रिया के तौर पर भी समझा जा सकता है।[81] ये पहलू 'प्राधिकार के समक्ष एक बुनियादी क़िस्म के दब्बूपन' (जिसमें दरअसल साम्राज्य के कृत्यों की किपलिंग द्वारा दी गयी ख़ासी निर्लज्ज सफ़ाई देखी जा सकती है) के बजाय जीवन के प्रति आस्था और उससे जुड़ी प्रतिभा के एक रूप की तरफ़ इशारा करते हैं।[82] इंग्लैण्ड में व्यतीत किपलिंग के स्वयं अपने उत्पीड़ित बचपन के एक चित्रात्मक बिम्ब का सहारा लिया जाए, तो कहा जा सकता है कि कुछ लोग क़िस्मत में लिखा कर लाते हैं कि उनकी ज़िंदगी का बड़ा हिस्सा शिकारियों से बचने के लिए लगातार चौकन्ना रहने के लिए मजबूर आखेटीय पशुओं की तरह गुज़रेगा।[83]

आधुनिक पश्चिम की जब से ग़ैर-पश्चिमी दुनिया के साथ भिड़ंत शुरू हुई है, तभी से लगता है कि अज़्टेक पुरोहितों की अनुक्रिया को पश्चिमीकृत दुनिया की निगाह ने साहस और सांस्कृतिक गौरव का मूर्तिमान आदर्श मान लिया है। साथ ही ब्राह्मण पुरोहितों की परिकल्पनात्मक अनुक्रिया इस दृष्टि के अनुसार पाखण्ड और कायरता की शिकार है। लेकिन यह प्रश्न अनुत्तरित रह जाता है कि बावजूद इसके भारतीय समाज के प्रत्येक साम्राज्यवादी प्रेक्षक को यहाँ की रणप्रिय प्रजातियाँ इतनी प्रिय क्यों हैं और साथ ही वह शेष भारत के उन 'स्त्रैण' पुरुषों के प्रति घृणा और जोखिम क्यों महसूस करता है जो अपने विजेताओं के साथ समझौता करने के लिए तत्पर रहते हैं? इन स्त्रैण पुरुषों में ऐसा क्या है जिससे उनके प्रति इतना वैरभाव पैदा होता है? अगर वे इतने ही तुच्छ हैं तो फिर भारत के विजेताओं के लिए उनका इतना महत्त्व क्यों है? आख़िर ऐसा कैसे हुआ कि ऐसे लोग बिना किसी प्रयास के अपने विजेताओं के प्रतिलोम बन गये? ऐसा क्यों है कि इतने ज़्यादा आधुनिक भारतीय भी इस साम्राज्यवादी आकलन से सहमत हो जाते हैं? ये लोग उन भारतीयों के ऊपर तो गर्व करते हैं जिन्होंने

---

[81] हैलिना बिरेनबॉम (1971), *होप इज़ द लास्ट टू डाइ,* अनु. डेविड वेल्श, ट्वायन, न्युयॉर्क : 103, डेस प्रेस, *द सरवाइवर,* में उद्धृत : 87.

[82] गीता सेरेनी (1974), *इनटु द डार्कनेस,* मैक्ग्रॉ-हिल्स, न्युयॉर्क : 183 से तुलना करें.

[83] *स्टैकीज़ रेमिनेंसेज़* (1928), लंदन : 30-1, एडमण्ड विल्सन, 'किपलिंग दैट नोबडी रीड्स' : 22 में उद्धृत.

साम्राज्यवाद से टक्कर ली और पराजित हो गये, लेकिन उन पर गर्व क्यों नहीं करते जो पराजित हो गये और लड़ते रहे?

एक धरातल पर इसका उत्तर आसान है। अज़्टेक पुरोहित अपने अंतिम साहसपूर्ण क़दम के बाद मारे गये और उन्होंने उन लोगों के लिए मंच ख़ाली कर दिया जिन्होंने पहले उनकी हत्या की और फिर उनका प्रशस्तिगान किया। दूसरी तरफ़ नायकत्व से वंचित भारतीय अनुक्रिया सुनिश्चित करती है कि मंच का एक हिस्सा हमेशा ही उन 'कायरों' और 'समझौतापरस्तों' के क़ब्ज़े में रहेगा जो कोई अनुकूल अवसर हाथ लगते ही अपनी उपस्थिति का दावा पेश करने लगेंगे। दूसरे, अज़्टेक पुरोहितों की मिसाल एक दूसरे तरीक़े से उपनिवेशवादियों को लाभ की स्थिति में ला देती है। औपनिवेशिक विश्व-दृष्टि की स्वीकारोक्ति के साथ-साथ उपनिवेशित समाज के निचले तबक़े उपनिवेशकों के लिए पदातिकों के रूप में सेवा करते नज़र आते हैं। ज़ाहिर है कि अज़्टेक पुरोहितों के बेबाक साहस का गुणगान करने में उपनिवेशवादियों का निहित स्वार्थ भी होता है।

लेकिन, इस प्रश्न का एक और उत्तर दिया जा सकता है। औसत भारतीय हमेशा से दुःख के दीर्घकालीन अंदेशों की चेतना के साथ जीवित रहता है। वह ख़ुद को हमेशा एक ऐसे शख़्स के तौर पर देखता है जो अपनी गहनतम आस्थाओं की हिफ़ाज़त के लिए दुर्बल और उत्पीड़ित की निश्चेष्ट और 'स्त्रियसुलभ' चतुराई का इस्तेमाल करता है। वह अपने स्वायत्तता-बोध और आत्माभिमान को अधिक रेखांकित करने से इंकार करके बाह्य दबाव से बच निकलता है। अपने नायकत्व की श्रेष्ठतम स्थिति में वह सत्याग्रही होता है— एक ऐसा व्यक्ति जिसने लेनॉय के शब्दों में 'पूर्ण दुर्बलता' की सामग्री से सत्याग्रह नाम का आंशिक रूप से अवपीड़क हथियार गढ़ लिया है। अपने अ-पराक्रमी साधारणपन में यह व्यक्ति उत्तरजीवी का असली नमूना है। देखने में लगता है कि यह चौतरफ़ा समझौते कर रहा है, लेकिन असल में वह निरुपाय होने, अपना विनियोग करवाने अथवा अपनी रक्षापंक्ति तुड़वाने से इंकार करता है। उसकी अनुक्रिया कहती है कि पराजय तो अनर्थकारी है ही, विजेता द्वारा थोपे गये उसके तौर-तरीक़े भी अनर्थकारी हैं। लेकिन, इससे भी अधिक घातक है अपनी 'आत्मा' खो देना और उसकी जगह विजेता की आत्मा को आत्मसात कर लेना, क्योंकि उस सूरत में पराजित अपने विजेता के ख़िलाफ़ संघर्ष भी विजेता के मूल्यों और असहमति के उसी के द्वारा थमाए गये प्रारूप के मुताबिक़ करने के लिए मजबूर हो जाता

है। एक ताक़तवर, गम्भीर लेकिन स्वीकारोग्य विपक्षी होने से बेहतर है हास्यजनक असहमति का वाहक होना।[84] व्यवस्था के साथ निरंतर 'बुनियादी समायोजन' करने वाले एक यथायोग्य विपक्षी होने के बजाय एक ऐसा घृणायोग्य दुश्मन होना बेहतर है जिसे किसी भी तरह के सम्मान के लायक़ नहीं समझा जाता।[85]

भारतीयपन का अलंघनीय मर्म ज़ोर दे कर कहता है कि एक सच्ची ज़िंदगी गुज़ारने के लिए किसी दूसरे की निगाह में प्राणहीन होना बेहतर है ताकि स्वयं अपने आत्म के लिए जीवित रहा जा सके। स्वयं को अंगीकार करने के लिए 'दुर्बलताओं' में अपनी आस्था बरक़रार रखने की कला सीखना ज़रूरी है— उन दुर्बलताओं में जिन्हें शायद एक न एक दिन इस हिंसक, बंजर और राजनीतिक रूप से सारहीन दुनिया को पलट कर स्वीकार करना होगा।

VI

... राष्ट्रीय मुक्ति लाज़िमी तौर पर *संस्कृति* की कार्रवाई है।

—अमिलकर कबराल[86]

प्राणि-जगत का नियम है दूसरे को खाओ या खाये जाने के लिए तैयार रहो; मानव-जगत का नियम है दूसरे को परिभाषित करो या स्वयं परिभाषित होने के लिए तैयार रहो।

—थॉमस ज़ैज़[87]

जिन्हें मेरी ये बातें एक ढीले-ढाले पुरानी चाल के आख्यान जैसी लगी हों, वे चाहें तो इस पश्चलेख को कथा के नैतिक मर्म की तरह पढ़ सकते हैं।

मैंने अपने पाठ में अलग-अलग शीर्षकों के तहत ऐसी ध्रुवीयताओं की चार श्रेणियों की पड़ताल की है जिनका ताल्लुक़ औपनिवेशिक और उत्तर-

---

[84] दिलचस्पी की बात यह है कि संगठित इस्लाम भारत में हमेशा अपनी पहचान खो देने के डर का सामना करता रहा है. भारत में इस्लाम की मुख्य विचारधारा इस मामले में तो विश्वस्त रही है कि वह राज्य-कौशल और युद्धक शक्ति के मामले में हिंदू धर्म के मुक़ाबले टिकी रहेगी. लेकिन, हिंदू धर्म के दैनंदिन रूपों से निकलने वाली मंद और निद्राजनक प्रशामकता से उसे अंदेशा रहता है कि कहीं यह उस पर पूरी तरह से न छा जाए. लेकिन इस्लाम के लोक-रूपों को इस तरह का डर कभी नहीं रहा, क्योंकि हिंदू धर्म के लोक-रूपों में निहित विश्व-दृष्टि को उसने भी एक बड़ी हद तक अपना रखा है.

[85] गॉफ़मेन, *असायलम्ज़*.

[86] कबराल, 'नैशनल लिबरेशन ऐंड कल्चर' : 43, इटेलिक्स मूलानुसार.

[87] थॉमस ज़ैज़ (1974), द *सेकंड सिन*, रौटलेज ऐंड कीगन पॉल, लंदन : 20.

औपनिवेशिक युगों में पूर्व और पश्चिम में चले अधिकतर विमर्शों के साथ है। ये ध्रुवीयताएँ हैं : सार्वभौम बनाम प्रांतिक, भौतिक (या यथार्थपरक) बनाम आध्यात्मिक (या अवास्तविक), उपलब्धि-उन्मुख (या कुछ कर गुज़रने के लिए तत्पर) बनाम उपलब्धि-उन्मुखता के प्रति अरुचि (अथवा कार्य-सम्पादन के लिए अनुत्सुक), और स्वस्थचित्त बनाम भ्रांतचित्त।[88] मैंने एक पाँचवीं ध्रुवीयता पर भी ग़ौर किया है जिसका संबंध इन चारों से है। यह है : आत्म-सचेत और सुपरिभाषित भारतीयपन बनाम एक तरल और दोनों सिरों पर खुली आत्म-परिभाषा। एक धरातल पर मैंने यह दिखाने की कोशिश की है कि इन ध्रुवीयताओं के दोनों सिरे उस सूरत में मिलते हैं जब समस्या के केंद्र में सभ्यता के विद्वत्तापूर्ण अर्थ-ग्रहण का उद्यम न हो कर उत्पीड़न से निबटना या उसके ख़िलाफ़ प्रतिरोध करना होता है। एक दूसरे धरातल पर मेरा प्रयास यह दिखाने का है कि प्रांतिक, आध्यात्मिक, कुछ कर गुज़रने में दिलचस्पी न रखने वाला और भ्रांत-चित्त उसके मुक़ाबले बेहतर साबित हो सकता है जिसे सार्वभौम, यथार्थपरक, सक्षम और स्वस्थ-चित्त के रूप में ग्रहण किया जाता है।

लेकिन, दोनों में से किसी भी धरातल पर मेरा इरादा मानक रूढ़ छवियों को उलट कर ऐसी नव-रोमानी विचारधारा गढ़ने का नहीं रहा है जो तर्कविरुद्ध, मिथकीय और वीतरागी की सराहना करती हो। न ही मैंने उस लोकप्रिय बिम्ब-योजना को वैध ठहराने की कोशिश की है जिसके तहत साधारण व्यक्ति को

---

[88] अगर मिशेल फ़ूको के इस सूत्रीकरण के आईने में देखा जाए कि भ्रांतचित्त हो या अपराधी, दोनों की क़ैद का ताल्लुक़ उस अकर्मण्य की क़ैद से जो आधुनिक औद्योगिक श्रम के उत्पीड़न की अवज्ञा करता है, तो हमें आख़िरी दो ध्रुवीयताओं के बीच इतनी विषमता भी नहीं लगेगी. देखें, मिशेल फ़ूको (1971), *मैडनेस ऐंड सिविलाइज़ेशन : अ हिस्ट्री ऑफ़ इनसेनिटी इन द एज ऑफ़ रीज़न,* अनु. रिचर्ड हॉवर्ड, टेविस्टॉक, लंदन, अध्याय 2; (1978), *डिसिप्लिन ऐंड पनिश,* अनु. एलन शेरिडान, पेंगुइन, हारमंड्सवर्थ, ख़ास तौर से तीसरा भाग. जैज़ ने द *सेकंड सिन* : 89 में लिखा है :

'मानसिक रूप से अस्वस्थ समझे जाने वालों की दो श्रेणियाँ होती हैं. बावजूद इसके कि दोनों के बीच आमूल अंतर होता है, मनोचिकित्सकों ने सुव्यवस्थित रूप से दोनों के बीच विभेद से इंकार करके उनके बारे में भ्रम पैदा कर दिया है. एक श्रेणी अपर्याप्तता, कौशलविहीनता, निकम्मेपन अथवा मूर्खता को मिला कर बनाई गयी है. संक्षेप में इसे अनफ़िट या **अस्वस्थ** कहा जाता है (भले ही यह अभिव्यक्ति कितनी भी सापेक्षिक क्यों न हो). दूसरी श्रेणी में विरोध करने वाले, क्रांतिकारी और अपने रिश्तेदारों या समाज के ख़िलाफ़ हड़ताल करने वाले डाले जाते हैं. इन्हें संक्षेप में अनिच्छुक क़रार दिया जाता है.

'कारण यह है कि मनोचिकित्सक इन दो श्रेणियों में अंतर नहीं करते. वे अस्वस्थता का कारण अनिच्छा में और अनिच्छा का कारण अस्वस्थता में तलाशते हैं.'

एक तरह के सर्व-ज्ञानी की तरह पेश करके किया जाता है। मेरा सरोकार तो पराक्रमी के बजाय अ-पराक्रमी और दर्शनपरक के बजाय अनुभवपरक के साथ रहा है। मेरी दलील यह है कि मानस और संस्कृति के धरातल पर उत्तरजीविता का संकट होने पर इन ध्रुवीयताओं की संरचना भंग हो जाती है, वे एक हद तक अप्रासंगिक हो जाती हैं और प्रताड़ना का प्रत्यक्ष अनुभव उसके ख़िलाफ़ प्रतिरोध सभी धरातलों पर अहमियत प्राप्त कर लेता है। ऐसा होने पर किसी भी व्यवस्था में उसके प्रताड़ित के भीतर एक बृहत्तर समग्र की धुँधली चेतना का उद्भव होता है जो या तो उस व्यवस्था की विश्लेषणात्मक श्रेणियों के परे चली जाती है या फिर उसे सिर के बल खड़ा कर देती है। परिणामस्वरूप प्रताड़ित सम्भवत: समझ पाता है कि उत्पीड़न की स्थितियों में परम्परागत सार्वभौम की अपेक्षा प्रांतिक के ज़रिये सार्वभौम के कुछ रूपों की रक्षा कहीं बेहतर हो सकती है। प्रताड़ित यह भी समझ सकता है कि स्वप्नदर्शिता से वंचित दुनियाओं में निवास कर रहे परम-भौतिकवादियों के मुक़ाबले दुर्बल की आध्यात्मिकता एक अनुत्पीड़नकारी दुनिया के मूल्यों को ज़्यादा कामयाबी से व्यक्त कर सकती है या उनकी रक्षा करने में सक्षम हो सकती है। प्रताड़ित की समझ में आ सकता है कि उपलब्धि-उन्मुखता के प्रति अरुचि रखने वालों और भ्रांतचित्तों में अपने मानसिक संतुलन को दाँव पर लगाए बिना स्वतंत्रता और स्वायत्तता के सभ्यतामूलक लक्ष्यों की प्राप्ति की सम्भावनाएँ अधिक होती हैं। मेरा अभिप्राय यह है कि ये अपरिहार्य विरोधाभास हैं क्योंकि तर्क-बुद्धिवाद का प्रभुत्वशाली विचार चेतना का पहला सूत्र है जिसे संस्थागत उत्पीड़न की कोई भी सफल संरचना हड़प लेती है। ऐसा विनियोग होने की सूरत में प्रतिरोध के साथ-साथ उत्तरजीविता भी बृहत्तर समग्र का दामन थामने की माँग करती है, भले ही रोज़मर्रा की राजनीति और परम्परागत तर्क के लिहाज से वह प्रक्रिया पराजित होने के लिए कितनी भी अभिशप्त क्यों न हो। मेरा ख़याल है कि यह प्रज्ञा के उस प्राचीन रूप की पुनरावृत्ति का एक दूसरा तरीक़ा है जिसे कुछ संस्कृतियाँ एक रोज़ाना के शालिगरामी सत्य की तरह स्वीकार करती हैं। यह प्रज्ञा कहती है कि नीतिशास्त्र से रहित ज्ञान असल में ज्ञान के घटिया रूप की तरह इतना बुरा नीतिशास्त्र भी नहीं होता।

जिगरी दुश्मन : पच्चीस साल बाद

पुनश्च:

उन लेखकों पर यक़ीन करना बंद कर देना चाहिए जो अपनी किताबों के बारे में बातें करने लगे हों। असल में ऐसे लेखक हमेशा किसी न किसी तरह सिंहावलोकनात्मक ढंग से अपनी रचनाओं को अपेक्षाकृत साफ़-सुथरे और बौद्धिक रूप से अधिक ख़ुशनुमा परिप्रेक्ष्य में पेश करने के चक्कर में रहते हैं। मेरे पास ऐसा करने के लिए पच्चीस साल की अवधि थी। इस जगह हमें यह नहीं भूलना चाहिए कि प्रत्येक किताब एक हद तक अपने आप को ख़ुद लिखती है, और इस अनुभव से गुज़र कर लेखक बदले हुए, और कभी-कभी तो विचलित रूप में, सामने आता है। जिस लेखक पर ऐसा असर नहीं होता, वह अंत में या तो शोध-प्रबंध लिखता हुआ नज़र आता है, या फिर पाठ्यपुस्तक। मैं शोध-प्रबंधों या पाठ्यपुस्तकों के ख़िलाफ़ नहीं हूँ, लेकिन मैं इस अंतर को रेखांकित अवश्य करना चाहता हूँ। मैंने इस पश्चलेख में यह समझने की कोशिश की है कि यह किताब लिखते समय मैं किस रूप में बदला और किस रूप में नहीं। यह मेरी समझ है, और ज़रूरी नहीं कि आप भी इसे मानें।

जिगरी दुश्मन लिखते समय तक मैं एक मनोवैश्लेषिक चिकित्सालय से हाल ही में काम करके निकला हुआ ऐसा क्लिनिकल मनोविद् था जिसे समाजशास्त्री की ट्रेनिंग पहले मिल चुकी थी। दरअसल, इस कृति के पहले हिस्से का शुरुआती मसविदा मनोचिकित्सा की एक प्रतिष्ठित पेशेवर पत्रिका में

छपा था, और दूसरे हिस्से का प्रकाशन असहमति की एक ऐसी पत्रिका में हुआ था जिसे उस समय तक प्रतिष्ठा नहीं मिल पाई थी। इन दोनों लेखों पर बहुत कम लोगों की नज़र गयी। उनके कारण विचारोत्तेजन तो और भी कम लोगों ने महसूस किया। लेकिन, जैसे ही इन्हें एक पुस्तक के रूप में साथ-साथ प्रकाशित किया गया— कुछ लोगों ने इसे बेहद पसंद किया, और कुछ की प्रतिक्रिया नफ़रत के रूप में भी हुई। जो भी हो, यह किताब किसी भी तरह का तहलका मचाने में नाकाम रही। पहला पुस्तकालय संस्करण बिकने में पाँच साल लग गये, और तब कहीं जा कर पेपरबैक संस्करण का नम्बर आया। इसके बाद जो हुआ, उसका कारण मुझे भी पूरी तरह से समझ में नहीं आया है। तब से यह किताब हर साल कम से कम एक बार पुनर्मुद्रित होती है। इसमें अन्य भाषाओं के संस्करणों और अन्य ग्रंथों में हुए पुनर्मुद्रणों की गिनती शामिल नहीं है। इस कृति को मिलने वाली इस मान्यता से मुझे आज भी ताज्जुब होता है। शायद इसका कुछ न कुछ ताल्लुक़ बदलती हुई बौद्धिक आबो-हवा और सरोकारों से है। जब मैंने इसे लिखा था उस समय तक इंदिरा गाँधी द्वारा किया गया नियंत्रित लोकतंत्र का प्रयोग भारत की याद्दाश्त से धुँधला नहीं हुआ था। दूसरी तरफ़ भारत के लोग उसे प्रतिस्थापित करने वाली हुक़ूमत की हास्यास्पद विफलता गले उतारने की चेष्टा कर रहे थे। यही वह समय था जब नयी अवधारणाओं और श्रेणियों की तलाश ने गति पकड़नी शुरू ही की थी। ये अवधारणाएँ और श्रेणियाँ न केवल भारतीय नागरिक के प्रति आदरभाव रखती थीं, बल्कि राज्य के दायरे के बाहर की जा रही राजनीतिक पहलक़दमियों को भी मान्यता दे रही थीं।

किताब लिखते समय मुझे यह देख कर ताज्जुब हुआ कि दक्षिण एशिया में उपनिवेशवाद का ऐसा कोई गम्भीर अध्ययन उपलब्ध नहीं है जिसने शासकों और शासितों के आंतरिक जीवन के बारे में जानने की कोशिश की गयी हो। यह पता लगाने का प्रयास किया हो कि यहाँ के उष्णकटिबंधीय माहौल की गर्मी और धूल में ही नहीं, बल्कि शासकों के समशीतोष्ण सीलन भरे, ठण्डे और अधिकांशतः विषादपूर्ण घरेलू माहौल में भी व्यक्तियों और संस्कृतियों का क्या हश्र हुआ होगा। मेरे चारों तरफ़ ऐसे सुराग़ बिखरे हुए थे जिनसे इशारा मिलता था कि सफ़ेद चमड़ी के लोगों द्वारा किये गये 'दायित्व-निर्वहन' का असर किस तरह अलग-अलग लोगों पर अलग-अलग पड़ा, और उनके सम्पर्क-दायरों में आने वाले लोगों में अलगाव और संकीर्णमनस्कता, शुद्धता और प्रदूषण, विस्मय

और असंतोष के विचित्र प्रारूप दिखाई पड़े। इन प्रारूपों के बारे में कुतूहल और गपशप का माहौल तो था, लेकिन बहुत कम लोगों ने इन सुराग़ों का पीछा करते हुए औपनिवेशिक विकटावस्था का मानचित्र बनाने की कोशिश की। इस बात पर सहमति थी कि उपनिवेशवाद मुख्यतः एक संस्थागत बंदोबस्त है और उसका सबसे महत्त्वपूर्ण पहलू राजनीतिक आर्थिकी है। इस विषय पर लेनिन का काम तो प्रामाणिक मान ही लिया गया था। ट्रॉट्स्की के विमर्श की हैसियत भी उससे थोड़ी कम ही प्रामाणिक थी। भारतवासियों ने दादाभाई नौरोजी और रमेश चंद्र दत्त की रचनाएँ भी पढ़ रखी थीं, लेकिन इनके सूत्रीकरणों को अकसर राष्ट्रवादी आग्रहों के खाने में डाल दिया जाता था।

उपनिवेशवाद को एक जीवन–पद्धति की तरह देखने वालों की संख्या कम थी। उसने जिन विचित्र असंगतियों को जन्म दिया था, और जिस तरह की विलक्षण और गूढ़ सीमाएँ खड़ी की थीं, उन्हें देख सकने वालों की संख्या तो और भी कम थी। मसलन, मेरे बचपन में मेरे इर्द–गिर्द का हर व्यक्ति पूर्वी भारत के राँची स्थित दक्षिण एशिया के सर्वश्रेष्ठ मनश्चिकित्सालय के बारे में जानता था। इस अस्पताल में रह कर मेरी माँ के दूर के चचाज़ाद भाई काफ़ी समय तक इलाज करा चुके थे, लेकिन माँ अकसर तक़लीफ़ से बताया करती थीं कि उन्हें इस इलाज का ख़ास फ़ायदा नहीं हुआ। हमने इस अस्पताल के लगातार समृद्ध होते हुए युरोपियन वार्ड, मरीज़ों के साथ अपनाई जाने वाली ऊँच–नीच और सफ़ेद चमड़ी के पागलों को दूसरों से अलग रखने के बारे में भी सुन रखा था। लेकिन इसके बावजूद यह सवाल किसी के दिमाग़ में नहीं आता था कि क्या पागलपन एक छूत की बीमारी है और क्या भारतीय पागलपन युरोपीय पागलपन के मुक़ाबले ज़्यादा ख़तरनाक होता है? अस्पताल में चल रहे इन बंदोबस्तों को अवमाननाकारी भी नहीं माना जाता था। मेरा अनुमान है कि इस तरह की व्यवस्थाओं को कलकत्ता और बम्बई के विशिष्ट अंग्रेज़ी क्लबों के तौर–तरीक़ों के विस्तार की तरह देखा जाता था। मैंने तो जितने भी बेहतरीन से बेहतरीन भारतीय और ब्रिटिश मनोवैज्ञानिकों, मनोविश्लेषकों और मनोचिकित्सकों को जाना और पढ़ा था, उनमें से किसी की रचनाओं में इसका ज़िक्र नहीं था। उपनिवेशवाद से जुड़ी आत्मनिष्ठताओं का संधान अगर हुआ भी था तो वह जीवनियों, संस्मरणों, साहित्य, कला और सार्वजनिक स्मृतियों के अध्ययन का अनायास परिणाम ही था। यह बात मुझे चकित कर देती थी कि जीवन के

मनोवैज्ञानिक पक्षों से इतने गहन सरोकार रखने वाले समाज में इस विषय में रुचि रखने वाला कोई क्यों नहीं था।

सौभाग्य से मेरे हाथ छह संवेदनशील और बेहतरीन बुद्धिजीवी लग गये जिनका अफ़्रीका से ताल्लुक़ था। इनमें फ्रांज़ फ़ानो और ऑक्टेव मानोनी मनोचिकित्सक, और बाकी चार एमे सिज़िएर, अल्बर्ट मेमी, अमिलकर कबराल और लियोपोल्ड सेंग़र लेखक और चिंतक थे। इनमें से फ़ानो को तो ज्याँ-पॉल सार्त्र के ज़रिये थोड़े से भारतीय जान गये थे, पर उन्हें छोड़ कर बाक़ी किसी को भारतीय अकादमीय संस्कृति के आक्रामक ब्रिटिश-प्रत्यक्षवादी रवैये ने गम्भीरता से नहीं लिया था। लेकिन मेरे लिए ये बुद्धिजीवी ताज़ा हवा के झोंके की तरह साबित हुए, क्योंकि इनमें से कोई भी भारत में उपनिवेशवाद पर लिखने वालों की तरह एंटी-इंट्रासेप्टिव नहीं था। (उस समय तक मैं मनोवैज्ञानिक हेनरी मरे की रचनाओं के ज़रिये एंटी-इंट्रासेप्टिवनेस की अवधारणा जान चुका था। मेरी यह भी मान्यता थी कि इस अवधारणा का उपयोग समकालीन ज्ञान-उद्योग द्वारा इसे दिये गये महत्त्व से कहीं अधिक है। लेकिन, यह एक अलग मसला है।)

फ्रांसीसी में लिखने वाले ये सभी बुद्धिजीवी मानते थे कि संस्थाओं के साथ-साथ उपनिवेशवाद व्यक्तियों और मानसिक स्थितियों द्वारा उत्पादित और संचालित किया जाता है। मैंने अपने दिमाग़ में इन विद्वानों के साथ बहस करते हुए अपने विचारों और व्याख्याओं को माँजना शुरू किया। एक धरातल पर *जिगरी दुश्मन* को इनके साथ किये गये संवाद की तरह पढ़ा जा सकता है। मैंने अकसर ख़ुद को इन विद्वानों के साथ असहमत पाया, लेकिन ऐसा करते हुए भी मैं उनके प्रति स्नेह और कृतज्ञता से परिपूर्ण था।

मैं नहीं जानता कि अफ़्रीकी मूल के फ्रेंच में लिखने वाले बुद्धिजीवियों की इतनी बड़ी संख्या किस तरह औपनिवेशिक शिक्षा के संजाल से बच कर उस हक़ीक़त में झाँकने में समर्थ हुई कि उपनिवेशवाद ने व्यक्ति और संस्कृतियों के रूप में उन्हें किस तरह बदला। इसके विपरीत एशिया की दो सबसे पुरानी सभ्यताओं में ज्ञान के विक्रेता यह मानने से इंकार करते रहे कि उपनिवेशकों और उपनिवेशितों के पास किसी तरह का आंतरिक जीवन और द्वंद्वरत सांस्कृतिक आत्म भी थे। उपनिवेशवाद के साथ चीनी मुठभेड़ से भी मनोवैज्ञानिक रूप से संवेदनशील पैदावार नहीं हुई। लेकिन मुझे यह ज़रूर दिखा कि सभी छह बुद्धिजीवी एक ऐसी औपनिवेशिक ताक़त से समक्ष खड़े थे जिसे ज्ञानोदय के

मूल्यों में धार्मिक क़िस्म की आस्था के लिए जाना जाता था, और जो बुद्धि तथा देकार्तवादी स्पष्टता से कट्टर प्रतिबद्धता रखती थी। ये सभी बुद्धिजीवी अलग-अलग हदों तक इस आस्था से प्रदूषित हुए थे और उन्हें इसके ख़िलाफ़ अपने भीतर आंतरिक संघर्ष चलाना पड़ा था।

उनके इस रवैये के पीछे निश्चित रूप से कुछ न कुछ अफ्रीका की भी भूमिका थी। कभी-कभी मुझे लगता है कि अफ्रीकनों को अर्ध-असभ्य और अर्ध-बालक मानने की सेसिल रोड्स की मान्यता सही थी। इसका कारण यह है कि शायद अफ्रीकी 'परिपक्व' कही जाने वाली विद्वत्ता की परवाह नहीं करते। इसी तरह वे स्वस्थ, सामान्य, वयस्क आलोचना की उस क़िस्म की भी परवाह नहीं करते जिसे महँगी शिक्षा प्राप्त करने वाले भारतीय बेहद पसंद करते हैं। भारतीयों के इस रवैये के बारे में ही रैडिकल अंग्रेज़ अर्थशास्त्री जोआन रॉबिंसन ने एक ख़ूबसूरत टिप्पणी की है कि 'उपनिवेशित होने से भी बुरा अगर कुछ है तो वह है उपनिवेशित महसूस न करना।' वैसे, रॉबिंसन का यह कथन अफ्रीका और एशिया जैसे अनैतिहासिक समाजों में उपनिवेशवाद की प्रगतिशील, सामाजिक क्रम-विकासवादी लेकिन हिंसक भूमिका के बारे में कार्ल मार्क्स के सुपरिचित सूत्रीकरण से निकाला गया है। जो भी हो, *जिगरी दुश्मन* लिखते समय एक क्षण ऐसे आया जब मैंने भी ख़ुद को बालकोचित और असभ्य के पाले में खड़ा पाया।

इस पुस्तक के पहले प्रकाशन के बाद पच्चीस साल की अवधि में अब यह पहले से भी ज़्यादा स्पष्ट हो गया है कि उपनिवेशवाद अधिकांशतः श्रेणियों और ज्ञान की राजनीति का ही खेल है। जब तक यह खेल रहेगा और यह राजनीति रहेगी, तब तक अपने इस या उस रूप में उपनिवेशवाद भी रहेगा। इस खेल का पहला दाँव होता है इतिहास के औज़ार का इस्तेमाल करके अतीत को सपाट कर देना ताकि उन्नीसवीं सदी में प्रतिपादित प्रगति के कुछ सिद्धांतों के लिए एक समतल खेल का मैदान तैयार करके उन समुदायों का बहिर्वेशन अंजाम दिया जा सके जो अपने अतीत के मिथकीय-काव्यात्मक विवरणों का इतिहासीकरण करने से इंकार करते हैं। इन्हीं विवरणों के माध्यम से ये समुदाय न केवल अपने अतीत के दरवाज़े खुले रखते हैं, बल्कि उन्हें अपने आत्म के घटकों की तरह भी प्रयुक्त करते हैं। इनमें से कुछ समुदाय एक वांछनीय समाज से संबंधित अपनी दृष्टियों और यूटोपियायी कल्पनाशीलता को अतीत के साथ भी जोड़े रखते हैं। इसीलिए

ऐसे समुदायों को एक दुहरी विपत्ति का सामना करना पड़ता है। उनकी आत्म-परिभाषा बड़ी आसानी से इतिहास के कूड़ेदान में डाल दी जाती है। उनके पास ऐसा कुछ नहीं रह जाता जिसकी पेशकश वे इतिहास के क्षेत्र में रहने वालों के लिए कर सकें और उन्हें अपने वरिष्ठों और अपने से शक्तिशालियों द्वारा थमाए गये भविष्य को अंगीकार करना ही पड़ता है। अगर इस प्रक्रिया में दक्षिण के देशों में से कोई अपने अतीत को सांस्कृतिक संसाधनों और ज्ञान की परम्पराओं के आगार के तौर पर बचाना चाहता है तो उसे सांस्कृतिक राष्ट्रवाद और रोमानी बकवास क़रार दे दिया जाता है। यानी सामान्य-ज्ञान की भूमण्डलीय संस्कृति के लिए एकमात्र वैध अतीत हेलेनिक (यूनानी) अतीत ही रह गया है। एशिया और अफ़्रीका का सम्पूर्ण आधुनिक अभिजन एक ऐसे लाभकारी सांस्कृतिक मुक़ाम पर ठेल-ठाल कर जमा कर दिया गया है जहाँ से वह एक अलग तरह के भविष्य का ख़्वाब देखने के लिए मजबूर है, एक ऐसा ख़्वाब जिसके साथ-साथ पूर्वजों के प्रति एक उत्कट खिसियाहट भी जुड़ी रहती है। इस अभिजन को अफ़सोस करना पड़ता है कि उनके पूर्वज यूनानी नहीं थे। वे अपराध-बोध और शर्मिंदगी के एहसास के बिना अपने अतीत का सामना नहीं कर पाते।

इस खेल का दूसरा दाँव असहमति की सतर्क निगरानी और प्रबंधन के रूप में माना जाता है। ज़ाहिर है कि उनकी निगरानी ज़रूरी नहीं होती जो प्रभुत्वशाली के अनुरूप होने के लिए तैयार हों, लेकिन उनकी तो करनी ही पड़ती है जो असहमत हों। वर्चस्व की स्थिति में अनुरूपता नहीं, बल्कि असहमति ही किसी व्यवस्था की वैधता की सीमाएँ और रूपरेखा आख़िरी तौर पर तय करती है। औपनिवेशिक संस्कृति पूरी शिक्षा प्रणाली और लालन-पालन की प्रक्रिया डिज़ाइन के धरातल पर पूरी तरह से बदल देती है ताकि मानसिक रूप से संतुलित होने, विवेकसम्मत होने, वयस्क होने और स्वास्थ्य की ऐसी परिभाषाओं के प्रचलन की गारंटी की जा सके जिनके आधार पर सभी तरह की अव्यवस्थित असहमतियाँ स्वतः बचकानी, विवेकहीन और प्रतिगामी के तौर पर कलंकित हो जाएँ। स्थापित प्राधिकार के ख़िलाफ़ उन्हीं परम्पराओं के मुताबिक़ लड़ना सिखाया जाता है जिन पर स्थापित प्राधिकार की ही मुहर लगी हो ताकि धीरे-धीरे बग़ावत करना भी उन्हीं के द्वारा प्रशिक्षण का विषय हो जाए एवं ज्ञान के भूमण्डलीय दुर्गों में तैयार किये जाने वाले शास्त्र के मुताबिक़ ही सही रैडिकल आचरण की ट्रेनिंग दी जा सके। इन आदेशित पाठों की अवज्ञा करने वाली स्थानीय श्रेणियों की रूढ़ छवि

कुछ ऐसी बना दी जाती है मानो वे किसी दकियानूसी अतीत की अवशिष्ट हों जो कारगर नहीं रह गयी हैं और जिन्हें आधुनिक समय द्वारा कूड़ेदान में फेंक दिया जाना ज़रूरी है।

आधुनिक उपनिवेशवाद का मतलब है ब्रिटेन और फ्रांस द्वारा प्रचलित की गयी औपनिवेशिक शैली जिसे स्पेन और पुर्तगाल द्वारा अपनाई गयी विशुद्ध लूटमार और धर्मप्रचारवादी औपनिवेशिक शैली के मिले-जुले संस्करण के बरअक्स देखा जाना चाहिए। इस ब्रिटिश और फ्रांसीसी शैली के मर्म में सामाजिक क्रम-विकास और इतिहास के चरणबद्ध विकास की नयी सैद्धांतिकी है। इस सैद्धांतिकी के अनुसार उपनिवेशवाद एक लोकोपकारी और सभ्यताकारी मिशन की तरह है जिसका पीड़ाजनक दायित्व उपनिवेशीकरण की प्रक्रिया से गुज़र रहे समाजों को उठाना पड़ता है। उपनिवेशितों से उम्मीद की जाती है कि वे उपनिवेशकों द्वारा खड़े किये गये साम्राज्यों के प्रति कृतज्ञ महसूस करेंगे ताकि बदले में उनका आधुनिकता और उदारतावाद की नियामतों से परिचित कराया जा सके। इस सिद्धांत की सफलता का अंदाज़ा इस तथ्य से लगाया जा सकता है कि जिस समय उपनिवेशवाद अपने शिखर पर था, पैंतीस करोड़ भारतवासियों के बीच पचास हज़ार से ज़्यादा गोरी चमड़ी वाले कभी नहीं थे, अगर द्वितीय विश्व-युद्ध की छोटी सी अवधि को छोड़ दिया जाए जब मित्र राष्ट्रों की सेनाओं ने भारत को अपने फ़ौजी अड्डे की तरह इस्तेमाल किया था। दरअसल, भारतवासी ख़ुद पर अंग्रेज़ों के नाम पर हुकूमत कर रहे थे। प्रशिक्षण का यह महाकाय कार्यक्रम इस स्वयंसिद्ध आस्था पर आधारित हो कर चलाया जा रहा था कि पश्चिम जो कल था, वह एशिया और अफ्रीका आज है, और पश्चिम जो आज है, वह एशिया और अफ्रीका कल होंगे।

इस स्वयंसिद्ध आस्था ने उपनिवेशवाद की मृत्यु के बाद भी उसकी उत्तरजीविता की गारंटी की। पूरे के पूरे समाजों ने अपने भविष्य को पूर्व शासकों के वर्तमान के अनुसार दोबारा गढ़ा। यह भविष्यों की चोरी का ही एक रूप था। ऑस्कर वाइल्ड ने हमें बता ही रखा है कि जो अच्छे अंग्रेज़ होते हैं, उन्हें देहांत के बाद पेरिस नसीब होता है। इसी तरह सुशिक्षित और आधुनिक भारतीय और चीनी अच्छे और नेक होने की सूरत में मरने के बाद लंदन और न्युयॉर्क जाने की उम्मीद करते हैं। उपनिवेशवाद ने न केवल उन्हें उत्तम समाज की नयी दृष्टि थमाई, बल्कि प्रगति की अंतहीन और पराजय के लिए अभिशप्त होड़ में भाग लेने की क्षमता से भी लैस कर दिया।

निश्चित रूप से पश्चिम एकाश्म नहीं है, लेकिन उसे एक आधारहीन गप्प के रूप में भी नहीं लिया जा सकता। इस कहानी में वह एक रूपक की तरह है जो शेष विश्व में उत्तम समाज की बची हुई दृष्टियों के साथ लगातार संवाद कर रहा है। इसीलिए वह पश्चिम भी उतना ही अहम है जो पश्चिम की अवज्ञा करता है, उस पश्चिम की भाँति जो पश्चिम के बाहर है। *जिगरी दुश्मन* पर दो लोगों की छाया है : मोहनदास कर्मचंद गाँधी और सिग्मण्ड फ्रॉयड की। इनमें से एक गाँधी ने खुल कर घोषित किया था कि पश्चिम ने उन्हें कम से कम तीन गुरु दिये हैं : लियो टॉल्स्टॉय, हेनरी डेविड थोरो और जॉन रस्किन। इनमें से एक अंग्रेज़ था, एक अमेरिकी और एक रूसी। आज हम श्रीलंका के कुशाग्र गाँधीवादी टी.के. महादेवन को तक़रीबन भुला चुके हैं। महादेवन ने दलील दी थी कि अगर गाँधी ने भारतीय चिंतकों का बेहतर अध्ययन किया होता तो उन्हें अपने पश्चिमी गुरुओं पर कम निर्भर होना पड़ता। मुझे इस तर्क पर संदेह है। गाँधी की मुद्रा महज़ नीतिगत नहीं थी, वह राजनीतिक भी थी। उन्हें असहमतिपरक पश्चिम को अपने उद्यम का अंग बनाना ही था। गाँधी के लिए प्रताड़ित की हस्ती अविभाजित थी और वे विजेता की दण्डमुक्त स्थिति को केवल नाम का ही मानते थे। ज्ञानोदय की अपूर्व संतान होने के बावजूद फ्रॉयड ने भी अपने बाद के जीवन में स्वीकार किया कि उनके आत्म की चूल उनकी जर्मन विरासत पर कम और पूर्वी युरोपीय यहूदी विरासत पर ज़्यादा टिकी हुई थी। इसी मुक़ाम पर मैं सोचना चाहता हूँ कि फ्रॉयड यह मानने की स्थिति में आ चुके थे कि ख़ुद के होने का एक मतलब अपने ही आत्म के भीतर अन्यों की अन्यता को निमंत्रण दे कर रखना भी होता है।

यह पुस्तक स्वीकार करती है कि दिक् और काल के साथ, और आत्म, 'अ-आत्म', और प्रति-आत्म के साथ की गयी एक ख़ास तरह की अन्योन्यक्रिया के माध्यम से औपनिवेशिक, ग़ैर-औपनिवेशिक और उत्तर-औपनिवेशिक का परस्पर साक्षात्कार और एक-दूसरे में होना ऐतिहासिक, अनैतिहासिक और प्रति-ऐतिहासिक की ही भाँति होता है। उस सूरत में बाहरी पूरी तरह से बाहरी नहीं रह जाता और अतीत अवज्ञाकारी ढंग से अतीत होने से इंकार करता है। उत्पीड़क और उत्पीड़क भी एक अटूट युग्म के आख्यानात्मक अंश बन जाते हैं। ध्यान रहे कि शुरुआत में मैंने इन प्रतिलोमों के विलोप का कोई संकल्प नहीं किया था। मेरा ख़याल है कि यह चेतना मेरे आस-पास तैर रही थी। मैंने तो केवल एक मेज़बान की तरह उसे दावत देना, उसके साथ रहना और उस अन्यता को अपना

बनाना सीखा है।

जिगरी दुश्मन में समय अपने आप में स्पर्धा का एक क्षेत्र है जिसमें आम तौर पर बहुलता और ख़ास तौर पर अतीत का खुलापन इतिहास की तरफ़ से जोखिम का शिकार दिखाई देता है— उस इतिहास की तरफ़ से जो अनुत्क्रमणीय और रैखिक हो गया है, और जिसने विकास और भूमण्डलीकरण के विचारों के माध्यम से एक नया नैतिक मक़सद प्राप्त कर लिया है। दक्षिण के संसार का ज़्यादातर हिस्सा आज अपने-अपने आत्म के कुछ हिस्सों से उत्सुकतापूर्वक पल्ला झाड़ने में लगा हुआ है। ख़ासकर उन्नीसवीं सदी में विकसित हुए राष्ट्र-राज्य के विचारों के दो आख़िरी गढ़ों के रूप में भारत और चीन यही कर रहे हैं। इन दोनों को लगता है कि उनका अतीत उनकी अधीनस्थता और अवमानना का ज़िम्मेदार है। वे इतिहास की अंतहीन और पराजय के लिए अभिशप्त होड़ में शामिल हो गये हैं और उन्होंने उन्हीं समाजों को अनुकरणीय मिसाल बना लिया है जिन्होंने कभी उन पर अपना प्रभुत्व थोप कर उनकी अवमानना की थी। वे दुनिया में एक से ज़्यादा जापान बना देना चाहते हैं। नतीजतन, संस्कृति के लिए ख़तरा बाहर से न आ कर भीतर से पैदा हो रहा है, क्योंकि पूर्व-उपनिवेशों के मध्यवर्गों का एक बड़ा हिस्सा मान कर चल रहा है कि प्रगति को सहभागी लोकतंत्र पर प्राथमिकता मिलनी चाहिए। अगर सी.पी. स्नो की भाँति मैं अपने ही एक शालिगरामी फ़िकरे को दोबारा पेश करूँ तो कह सकता हूँ कि दक्षिण के देशों में लोग हैजा, मियादी बुख़ार और पेचिश जैसी ग़रीबों की बीमारियों से मरने के बजाय कैंसर, हृदय रोग और अति-भोग के अन्य दुष्परिणामों से मरना चाहते हैं।

इस विश्लेषण के बावजूद यह मानना पड़ेगा कि भारत जैसी बेहद संकुल और विविधतापूर्ण सभ्यताओं में औपनिवेशिक अनुभव ही सब कुछ नहीं हो सकता। भारत को केवल एक तरह की समरूप राष्ट्रीय संस्कृति वाले राष्ट्र-राज्य के रूप में पुनःकल्पित नहीं किया जाना सम्भव ही नहीं है। भारत का ज़्यादातर हिस्सा आज भी उसके शहरी मध्यवर्गीय दायरे के बाहर निवास करता है। भारत का यह हिस्सा अपने वास्तविक या काल्पनिक अतीतों और भविष्य के अपने अनूठे विचारों के साथ हज़ारों संस्कृतियों और समुदायों के बहुरंगे चित्र का हिस्सा बन कर संतुष्ट है (मैं लिखना तो यह चाहता था कि इस पर उसे गर्व है)। इस विविधता को ख़त्म करना आसान नहीं है। न ही

भारतीय लोकतंत्र अपनी तमाम ख़ामियों के बावजूद यह इजाज़त देगा कि कोई बेहद महत्त्वाकांक्षी और निरंकुश क़िस्म की परियोजना इस देश को हज़ारों नाकारा भाषाओं, दसियों हज़ार विलुप्त जातियों, लाखों-लाख विस्मृत देवी-देवताओं का अजायबघर बना कर रख दे। क़रीब एक सदी पहले कवि और चिंतक रवींद्रनाथ ठाकुर ने कहा था कि भारत में राष्ट्र बनाने का प्रयास ठीक वैसा ही है जैसे स्विट्ज़रलैण्ड द्वारा नौसेना बनाने की कोशिश करना। यह रूपक आज भी उतना ही वैध है। दक्षिण एशिया में समुदायों के संगठन और परस्पर-निर्भरता की प्रकृति भिन्न है और राष्ट्र के किताबी विचार अभी तक इन समुदायों की आत्म-परिभाषा का अंग नहीं बने हैं। लेकिन हमें यह भी समझना होगा कि रवींद्रनाथ ने उपनिवेशवाद द्वारा करोड़ों भारतवासियों पर थोपी गयी अवमानना और राष्ट्रवाद द्वारा थमाई गयी हर समस्या के रामबाण इलाज के आश्वासन की ताक़त को कम करके आँका था। भारत को युरोपियन शैली का एक समुचित राष्ट्र बनाने का दो सौ साल पुराना यह उद्यम बहुत भारी क़ीमत वसूल चुका है और भारतीय अभिजन ख़ुशी-ख़ुशी उसका भुगतान कर चुके हैं। भारत द्वारा हाल ही में उपलब्ध दर्शनीय आर्थिक वृद्धि के कारण यह अभिजन इस देश को और अधिक अनम्य और संकीर्ण रूप से परिभाषित करने के लिए उत्साहित हो गया है। भूमण्डलीकरण ने भारत के विकल्प और सीमित कर दिये हैं।

इसके बावजूद मैं आज अधिक आशावान हूँ, बनिस्पत तब के जब मैंने यह किताब लिखी थी। अस्सी के दशक में लगता था कि अमेरिका और परवर्ती पूँजीवाद के उसके संस्करण का मुख्य विपक्ष सोवियत साम्राज्य है। सोवियत ख़ेमा जिस तरह की बेवजह संस्थागत हिंसा एवं आदिम क़िस्म की निरंकुशता का प्रदर्शन करता था, उससे अमेरिकी साम्राज्य और उससे जुड़ी जीवन-पद्धति एक भूमण्डलीय आभा मिल जाती थी। इसमें सोवियत संघ की ताबेदारी करने वाले दक्षिणी देशों के वामपंथ द्वारा समाजवाद के नाम पर गुलागों, मनुष्य-निर्मित अकालों, मंचित मुक़दमों, सेंसरशिप और निगरानी का बचाव करने की भी भूमिका थी। इसी कारण स्वतंत्रता के लिए गुंजाइशें बहुत कम हो चुकी थीं।

आज अमेरिका का राजनीतिक वर्चस्व और अमेरिकी जीवन-पद्धति का बोलबाला पहले से कहीं ज़्यादा स्पष्ट हो चुका है। रूस, चीन और पूर्वी युरोप जैसे अपने पूर्व-शत्रु और प्रतिद्वंद्वी देशों में अमेरिका की सांस्कृतिक उपस्थिति अपने संकोचहीन रूप में देखी जा सकती है। इन इलाक़ों में अमेरिकी लोकप्रिय

संस्कृति और उपभोग-शैली को स्वीकार करना अवज्ञा और पीढ़ी-अंतराल का मानक बन चुका है। लेकिन, इस विजय के ऊपर तरह-तरह की बग़ावतों और बौद्धिक बहुकेंद्रीयता की बढ़ती हुई माँग का साया मँडरा रहा है। आज यह विजय दैनंदिन जीवन के गणित में उलझे हुए साधारण लोगों की विचित्र और बेसुरी लगने वाली आवाज़ों को सुनने की ज़रूरत पहले से कहीं ज़्यादा महसूस करने के लिए मजबूर है।

आवाज़ों की इस बहुलता के इस संसार में पश्चिम न केवल अपनी मुख्यधारा और असहमति के लिए मशहूर अपनी हस्तियों के साथ प्रवेश करता है, बल्कि अपने ऐसे आत्मों के साथ भी क़दम रखता है जिनका कभी अभिनंदन नहीं किया गया और जो एक हद तक भुलाई जा चुकी हैं। इन आत्मों के माध्यम से पश्चिम न केवल अपनी घरेलू ज़मीन पर बल्कि अपनी सीमाओं के बाहर भी अन्यों के साथ अपने रिश्तों का विन्यास दोबारा तय कर रहा है। इस पुनर्विन्यास को अपने होने की प्रक्रिया में पश्चिम के अतीत से आये प्रेतों का सामना भी करना पड़ रहा है, क्योंकि भारत जैसी संस्कृतियाँ एक ख़ास तरह की प्रवृत्ति से सम्पन्न होती हैं और वह है अन्य संस्कृतियों के उन पहलुओं को सुरक्षित रखना जो उनके भीतर उठा कर ताक पर रख दी गयी हैं। यही कारण है कि विक्टोरियन और एडवर्डियन संस्कृति इंग्लैण्ड के मुक़ाबले भारत के कुछ कोनों में आज भी जीवंत मिल जाती है। भारत में फ़ारस के इस्लामी और इस्लाम-पूर्व संस्करण आज के ईरान के मुक़ाबले कहीं सहजता से बचे रह पाते हैं। दक्षिण एशिया में इस्लाम के सबसे ज़्यादा सृजनशील और मानवीय सूत्र पुष्पित-पल्लवित होते हैं और उनकी हैसियत कोने में पड़े हुए असहमतिमूलक रूपों की न हो कर मुख्यधारा के इस्लाम के अंग के रूप में होती है। और, इस बात से कैसे इंकार किया जा सकता है कि भारत में जितने स्तालिनवादी आज भी हैं, उतने तो रूस में भी नहीं होंगे। दरअसल, भारत में एक प्रवृत्ति है कि वह पराजित हो चुकी ज्ञान-प्रणालियों और विफल हो चुके उद्यमों की आख़िरी शरणस्थली बन जाता है। इस तरह स्वाभाविक रूप से भारत दुनिया के सांस्कृतिक जींस का एक बैंक जैसा बन गया है। इसका कारण यह नहीं है कि यहाँ वैकल्पिक दृष्टियों के साथ विचारधारात्मक रूप से प्रतिबद्ध व्यक्तियों की बहुतायत है, बल्कि इसलिए कि भारत की बहुत सी लघु संस्कृतियाँ अपने समय के ताने-बाने की गिरफ़्त में रहते हुए किसी न किसी तरह बची रही हैं। यद्यपि उन्हें ज़बरदस्त दबाव का सामना करना पड़ा है, पर वे

आत्म-सचेत हुए बिना अनभिप्रेत ढंग से उत्तम समाज की वैकल्पिक दृष्टियों की टुकड़ों में नुमाइंदगी करते रहे हैं, उन्हें जीते रहे हैं। उन्हें विविधता का अभ्यास हो गया है और उन्होंने उनके साथ जीना सीख लिया है। यह भारत में ही हो सकता है कि बोरबों वंश की शाखा, जो न कुछ सुनती है और न कुछ सीखती है, दुनिया से अनजान महाराष्ट्र के किसी कोने में रहती रहे और दस-बीस साल में एक बार कभी अख़बारों के ज़रिये ऐसे पाठकों तक उसकी जानकारी पहुँचे जो उसमें कोई ख़ास दिलचस्पी न रखते हों। भारत के पास दुनिया को देने के लिए कोई मंत्र नहीं है, पर वह हमारे समय के अंतर्विरोधों की नाटकीय नुमाइंदगी करके और दुनिया के अन्य हिस्सों के लिए अनजाने रह जाने वाले प्रयोगों की पेशकश करने के ज़रिये इस विश्व के सारतत्त्व का प्रतिनिधित्व ज़रूर करता है।

यह किताब लिखते समय मैंने 'भूमण्डलीकरण' नाम के किसी पद के बारे में सुना भी नहीं था। यह हमारी शब्दावली का अंग नहीं था। उस समय तक भूमण्डलीय और सार्वभौमिक एक जैसे लगते थे। आज भूमण्डलीय और सार्वभौम के बीच तीखा विभाजन हो चुका है। ऐसा लगता है कि लोगों को भी इस परिवर्तन का धुँधला सा एहसास है। आज अंतर्राष्ट्रीय पर्यटन, बहुजातीय पाक-प्रणालियाँ, बहुसंस्कृतिवाद का नारा, अंतर्राष्ट्रीय फ़िल्में और यहाँ तक कि कॉरपोरेट दुनिया की परिवर्तनशील संस्कृति मिल-जुल कर संस्कृतियों के आर-पार भूमण्डलीय सांस्कृतिक प्रवाहों का प्रतिनिधित्व करती हैं, पर हम सार्वभौमिक कह कर उनकी सराहना करने की ज़रूरत नहीं समझते। लेकिन, दूसरी तरफ़ बावजूद इसके कि ज़ैपाटिस्ट प्रतिरोध-आंदोलन के मूल्यों और विश्व-दृष्टि एवं सैनिक जुंताओं से लड़ रहे बर्मा और थाइलैण्ड के भिक्षुओं के मूल्यों और विश्व-दृष्टि के बीच रैडिकल फ़र्क़ है, स्वतंत्रता के प्रति उनके उत्कट प्रेम ने सांस्कृतिक सीमाओं को सहज रूप से पार कर लिया है। वे भले ही भूमण्डलीय न हों, पर सार्वभौमिक हैं। वे विचारों और कार्रवाई की दुनिया को कुछ ऐसा देते हैं जो सांस्कृतिक रूप से अलग-अलग होने के बावजूद साझा करने योग्य है।

अटलांटिक के आर-पार होने वाली ग़ुलामों की तिजारत और आधुनिक उपनिवेशवाद को भूमण्डलीकरण के दो शुरुआती प्रयासों के रूप में देखा जा सकता है। दास-व्यापार के दायरे में चार महाद्वीप आते थे, और उपनिवेशवाद के दायरे में पाँच। अगर उपनिवेशवाद लोगों और संस्कृतियों के शैशवकरण की कोशिश थी, तो दास-व्यापार इंसानों के जिंसीकरण का प्रयास था। विक्टोरियन

इंग्लैण्ड में बाल-श्रम को न्यायसंगत ठहराने वाले गद्य की तरह दास-व्यापार को जायज़ क़रार देने वाले अलंकृत गद्य ने दासता में विमोचनकारी पहलुओं का प्रदर्शन किया था। आज हमें उन तर्कों से उबकाई आती है। दरअसल, ये दोनों ही प्रयास दावा करते थे कि वे इतिहास, राजनीति और समाज के सेकुलर रुझानों और सार्वभौम मूल्यों पर आधारित हैं, और इस तरह दोनों ही सार्वभौम के तात्पर्य का संक्षिप्तीकरण कर देते थे। आज दास-प्रथा के ख़ात्मे और उपनिवेशवाद की समाप्ति ने भूमण्डलीकरण को अपने ब्रांड की सार्वभौमिकता का झण्डा बुलंद करने और एक नयी पहुँच और वैधता हासिल करने का मौक़ा दे दिया है। इस प्रकार भूमण्डलीकरण के ख़िलाफ़ संघर्ष भूमण्डलीयता के शिकंजे से सार्वभौमिकता को छुड़ाने का संघर्ष बन सकता है। लेकिन यह लड़ाई ऐसा रूप लेने में नाकाम रही है क्योंकि भूमण्डलीकरण के ख़िलाफ़ संघर्ष ज़्यादातर सार्वभौम की औपनिवेशिक परिभाषा की गिरफ़्त में ही रह गया है।

क्या दास-प्रथा और उपनिवेशवाद की यादों के साये भूमण्डलीकरण पर दिखाई पड़ते हैं ? शायद प्रत्यक्षतः नहीं। लेकिन दुनिया के कई हिस्सों में यह डर जताया जा रहा है कि भूमण्डलीकरण के शुरुआती प्रयासों की तरह यह कोशिश भी समाजों और व्यक्तियों को अपनी जकड़ में लेकर या तो अधीनस्थों की तरह या शासकों की तरह उनसे भारी क़ीमत वसूल सकती है। अगर प्रताड़ना और उसका प्रतिरोध अविभाज्य है, तो प्रभुत्वशाली की स्वतंत्रता का संक्षिप्तीकरण और उसके जीवन की समृद्धिहीनता भी अविभाज्य है। उपनिवेशकों का उत्तर-औपनिवेशिक जीवन ख़ुशनुमा नहीं रहा है। यह अलग बात है कि उनमें से बहुत कम को इस बात का एहसास है कि साम्राज्यवाद की नुमाइशी चमक-दमक और क्षणिक शान की उन्होंने कितनी भारी क़ीमत चुकाई है। *जिगरी दुश्मन* में प्रभुत्वशालियों द्वारा चुकाई गयी इस क़ीमत के कुछ हिस्से की लेखा-परीक्षा की गयी है— ये क़ीमतें हैं : स्त्रीत्व से लगने वाला अशक्तकारी भय और पुरुषत्व को विकलांग बना देने वाली जड़ीभूत जेण्डर पदानुक्रमता, शैशव की क्षति और फिर केवल वयस्कता की तैयारी के चरण और तालीम के लक्ष्य के तौर पर उसकी भरपाई, प्रगति और उत्पादकता के परमनिरपेक्ष सेकुलर विचारों के माध्यम से लोगों के जीवंत संसारों का अपवित्रीकरण, और संकीर्ण आयतन वाले आत्म की रचना जिसमें रैडिकल विविधता और भविष्य की दृष्टि-बहुलताओं के लिए जगह नहीं होती।

जिगरी दुश्मन की मान्यता है कि कोई भी संस्कृति किसी दूसरी संस्कृति का प्रति-ध्रुव नहीं होती। इस कृति में उपनिवेशित समाजों को संयुक्त रूप से उपनिवेशिक समाजों के प्रति-आत्म के रूप में नहीं देखा गया है, और न ही उपनिवेशिक समाज इसमें संयुक्त रूप से उपनिवेशितों के आदर्श आत्म का रूप लेते हैं। न ही यह किताब निम्नता-बोध पर मरहम लगाने का काम करती है और न ही उसकी दिलचस्पी अतीत के अतिशय आशावादी आह्वान में है। मैंने इतिहास लिखने के लिए अतीत का खनन नहीं किया है, बल्कि मेरा मक़सद तो सांस्कृतिक और मनोवैज्ञानिक संसाधनों की सम्भावना तलाश करना है। प्रत्येक दृष्टि अपना आधार सार्वजनिक चेतना में खोजती है और उसके लिए उन श्रेणियों का ज़रिया अपनाती है जो समाज की स्मृतियों और मिथकों से उपजती हैं। ऐसा उस सूरत में ख़ास तौर से ज़रूरी हो जाता है जब कोई दृष्टि लोकतांत्रिक व्यवस्था में अपना सबलीकरण करना चाहती है। युरोप में ज्ञानोदय के दौरान ये संसाधन युरोप के हेलेनिक अतीत से चतुराईपूर्वक सम्पादित करके ली गयी स्मृतियों से हासिल किये गये थे। उस हेलेनिक अतीत में यूनान की रहस्यवादी परम्पराओं के लिए कोई जगह नहीं थी, बावजूद इसके कि पायथागोरस जैसी हस्तियाँ उस परम्परा का अंग थीं। जिनके नसीब में इस प्रकार के 'राजनीतिक रूप से सही' पूर्वज नहीं थे, उन्हें अपनी दृष्टियों की रचना अधकचरे स्रोतों से संसाधन ले कर करनी पड़ी।

अंत में, *जिगरी दुश्मन* विकृत आवेगों, आत्म-परिभाषाओं उनके अनभिप्रेत उत्पादों के रूप में हासिल किये गये विकृत ज्ञान के बारे में एक निबंध है। इसका केंद्रीय तर्क सामाजिक तबक़ों या राजनीतिक समूहों के इर्द-गिर्द नहीं बल्कि व्यक्तियों और व्यक्तित्वों के आसपास बुना गया है। यही कारण है कि शासकों और शासितों के नाम पर उपनिवेशवाद द्वारा की जाने वाली दावेदारियाँ रेखांकित करने के लिए यह पुस्तक रुडयार्ड किपलिंग को किसी राजनीतिक या सांस्कृतिक प्रति-ध्रुव के माध्यम से प्रति-संतुलित करने के बजाय उनके बरअक्स उन्हीं के मानसिक हमशक्ल अरविंद एक्रॉयड घोष उर्फ़ श्री अरविंद को रखना पसंद करती है। किपलिंग का भारत में लालन-पालन एक भारतीय बालक के रूप में हुआ था, और एक ख़ुशनुमा बचपन गुज़ारने के बाद उन्हें इंग्लैण्ड स्थित एक उत्पीड़नकारी बोर्डिंग हाउस में भेज दिया गया। वहाँ उनकी स्थिति एक ऐसे बाहरी व्यक्ति की थी जिसके सांस्कृतिक औज़ार विचित्र क़िस्म के थे। एक

बाहरी व्यक्ति के रूप में किपलिंग ने तिरस्कार और अवमानना का सामना किया। उन्होंने सत्ता और प्रभुत्व के इहलौकिक सिद्धांत की निकटता हासिल करने के ज़रिये इस कष्टभोगी स्थिति और भारतीय स्वर्ग से अपने निष्कासन की तक़लीफ़ सहन करना सीखा। इस आक्रामक साम्राज्यवादी विचारधारा ने उनके दूसरे आत्म की आवाज़ नये पदानुक्रमवादी और मनोवैज्ञानिक निज़ाम में फ़िट करके दबा दी। इसके विपरीत उचित शिक्षा प्राप्त करने के लिए इंग्लैण्ड भेजे जाने वाले अरविंद घोष को एक अंग्रेज़ बच्चे की तरह बड़ा किया गया था। उन्हें हर भारतीय चीज़ से दूर रखा जाता था। उन्हें वयस्क होने पर भारतीय होने का सबक़ सीखना पड़ा। भारत लौटने पर ही उन्हें अपनी मातृभाषा दोबारा हासिल हुई। इसके बावजूद उन्होंने अपने खण्डित आत्म को समेकित करने की कोशिश की जिसके परिणाम भिन्न क़िस्म के निकले। यह प्रयास उन्होंने पहले राष्ट्रवाद के माध्यम से किया और फिर रहस्यवाद के ज़रिये। रहस्यवाद ने उन्हें आत्म पर सत्ता क़ायम करने की एक भव्य और पारलौकिक सैद्धांतिकी विकसित करने का मौक़ा दिया जो अंत में पूरे ब्रह्माण्ड पर सत्ता स्थापित करने की तरफ़ गयी। मैंने यह दिखाने की कोशिश की है कि अगर हम किपलिंग को गहरी हमदिली से और अरविंद को बेहद समालोचनात्मक ढंग से देखें, और साथ में एक संदेहवादी मनोचिकित्सक की निगाह भी हो, तो भी हमें किपलिंग की 'स्वस्थ-चित्तता' में बहिर्वेशनकारी, पदानुक्रमवादी और अमानवीय बनाने वाली विश्व-दृष्टि मिलेगी; जबकि अरविंद की 'भ्रांत-चित्तता' विकल्प-निर्दिष्टि के अभाव में स्वतःप्रेरित ढंग से एक ऐसी समावेशनकारी मानवता के विचार के साथ सक्रिय दिखेगी जो भावातीत आत्म की क्षमताओं से सम्पन्न होती है। स्वस्थ-चित्तता और भ्रांत-चित्तता का यही वह परिस्थितिजन्य उत्क्रमण है जिसे व्यक्त करने के लिए मैंने अस्तित्ववादी मनोविश्लेषक रोलो मे से प्रामाणिक बेगुनाही का विचार उधार लिया था।

यह उत्क्रमण भूमण्डलीय सभ्यता में आधुनिक उपनिवेशवाद का विलक्षण योगदान है। यह योगदान राजनीतिक आर्थिकी की उन ख़ास क़िस्मों या ऐतिहासिक चेतना के उन विशेष रूपों से भी बड़ा है जिन पर उपनिवेशवाद ने ज़ोर दिया है। प्रतिरोध की इस कहानी की वजह यही है— यह कहानी जो लाज़िमी तौर पर अ-वीरोचित, स्त्रैण और बालकोचित है। यह प्रगति के उस सिद्धांत का प्रतिरोध है जिसे उपनिवेशवाद दक्षिण की दुनिया में एक आनुषंगिक क्षति के रूप में अपने पीछे छोड़ गया है। इस प्रतिरोध को हमारे समय में

प्रामाणिकता और बेगुनाही पर फिर से दावेदारी करने वाले बृहत्तर संघर्ष के अंग के अलावा किसी और तरीक़े से नहीं देखा जा सकता।

आशिस नंदी

नयी दिल्ली, अप्रैल, 2009

अनुक्रमणिका